对外经济贸易大学
“惠园优博文库”项目资助出版

数字贸易国内规制中的“必要性测试”研究

郜雨虹 著

对外经济贸易大学出版社
中国·北京

图书在版编目（CIP）数据

数字贸易国内规制中的“必要性测试”研究 / 鄢雨虹著. —北京：对外经济贸易大学出版社，2024.9
（惠园优博文库）
ISBN 978-7-5663-2602-7

Ⅰ. ①数… Ⅱ. ①鄢… Ⅲ. ①国际贸易–电子商务–贸易法–研究–中国 Ⅳ. ①D996.1

中国国家版本馆 CIP 数据核字（2024）第 112176 号

数字贸易国内规制中的“必要性测试”研究

鄢雨虹　著
责任编辑： 邸蓓蓓
助理编辑： 代凤洁

出版发行：对外经济贸易大学出版社
社　　址：北京市朝阳区惠新东街 10 号
网　　址：www.uibep.com
资源网址：www.uibepresources.com
邮政编码：100029
邮购电话：010 – 64492338
发行部电话：010 – 64492342
E-mail：uibep@126.com

成品尺寸：170mm×240mm
印　　张：12
字　　数：222 千字
ISBN 978-7-5663-2602-7
印　　刷：北京九州迅驰传媒文化有限公司
版　　次：2024 年 9 月北京第 1 版
印　　次：2024 年 9 月第 1 次印刷
定　　价：52.00 元

序　一

作为本书作者攻读博士期间的指导老师，我有幸见证了鄢雨虹博士在学术领域的成长与发展，很高兴为她即将出版的首部学术专著作序。

鄢雨虹本科就读于西南政法大学民商法学院，硕博均就读于对外经济贸易大学法学院。在对外经济贸易大学法学院读博期间，雨虹始终严于律己、勤奋好学，不仅撰写并发表了多篇学术论文，而且积极参与我主持的国家社科基金重大项目，科研水平有了质的提升。随着学习的不断深入，她逐渐对数字经济时代的国际法前沿问题产生了浓厚的研究兴趣。在与我多次沟通讨论后，雨虹将“数字贸易国内规制中的‘必要性测试’研究”确定为其博士论文题目，并最终以全A的成绩顺利通过校外专家盲审与博士学位论文答辩。本书是以其博士论文为基础，并结合国内外立法等最新实践对相关内容进行了修订或补增，体现了最新的发展动态与趋势。

数字贸易规则中的“必要性测试”源于一项基本的法律原则——比例原则，并由传统国际经贸协定中的“必要性测试”要求演化而来，已构成约束与规范缔约国在数字贸易领域采取国内规制的重要实体法规则。当缔约方之间发生贸易争端时，该测试极易被争端解决机构作为考察被诉国是否违反其条约义务的关键规则，故需准确理解其法律内涵。因此，本书以数字贸易规则中的“必要性测试”这一要求为研究对象，并以 WTO“必要性测试”法理为原点，综合采用多种研究方法，构建了一套考察与评估数字贸易国内规制必要性的前沿理论体系，对于包括中国在内的国家或地区准确适用相关“必要性测试”要求具有十分重要的理论价值与现实意义。

在更广意义上而言，稳步扩大规则、规制、管理、标准等制度型开放，是我国在新时期推进高水平对外开放、发展数字贸易、加快建设贸易强国的必由之路。本书全面梳理我国在数字贸易领域采取的主要国内规制，由此凝练出实践中存在的不足之处并提出了具体对策建议，体现出本书“立足于中国大地、解决中国问题”的学术研究与价值取向，亦在一定程度上为推动我国数字贸易治理能力与治理体系现代化、最终实现中国式现代化与中华民族伟大复兴提供了学理支撑。

我认为，本书为中国国际贸易法学界与实务界人士提供了一把窥探“必要性测试”奥秘的钥匙。期待本书的出版可以引发更多读者对于数字贸易法的进一步兴趣，助力提升国际经贸法学研究的学术水平与成果价值。

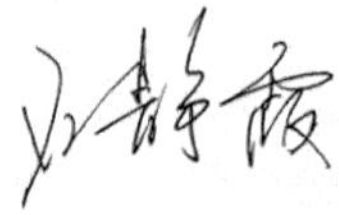

2024 年 6 月 20 日于北京

序　二

作为鄢雨虹博士在中国政法大学从事博士后研究期间的合作导师，我见证了她在法大工作这两年的成长与蜕变；得知她的博士论文即将付梓出版，我甚感欣慰。

党的二十大报告对全面依法治国作出战略部署，强调“在法治轨道上全面建设社会主义现代化国家”，提出“加强重点领域、新兴领域、涉外领域立法，统筹推进国内法治和涉外法治”，这为加强涉外法治工作指明了前进方向。考虑到我国正致力于从国际经贸治理体制机制的建设者与追随者转变为引领者与领导者，中国学术界亟需向国际社会大力宣传我国在进一步扩大对外开放以来取得的相关建设成果，并输出一批从中国视角阐释“必要性测试”等晚近国际经贸规则的学术观点与研究成果，以增强我国在国际经贸治理与规则谈判中的国际影响力与号召力。

“必要性原则”是比例原则中的一项重要子原则，其核心要旨是在所有能实现目的的手段中，只有负面影响最低的手段才是必要的。该原则的提出最初是为了限制政府对公民权利的不当侵害或限制，而后被推广适用于更加广泛的社会治理领域。

当前，宪法、行政法、民法等诸多部门法学者已对该原则进行了深入阐释，部分国际法学者也从国际公法或国际经济法视角对之展开了研究。但随着国内与国际经贸治理的进一步演化与加速推进，有必要结合最新实践适时更新相关研究。

本书的出版恰逢其时。本书首先深入浅出地描绘了“必要性测试”的发展脉络与构成要件，这有助于不同学科背景的读者把握该概念的基本要点。随后，本书以世贸组织（WTO）争端解决机构在多个经典案件中作出的报告为载体，对 WTO“必要性测试”法理进行了深入而准确的阐释与更新，弥补了现有研究滞后于实践发展的不足。在此基础上，本书结合 WTO“必要性测试”法理对晚近经贸协定中的“必要性测试”规则进行了阐释，并以此考察我国数字贸易国内规制实践的不足，进而提出具体的改进路径，这使得本书兼具理论深度与应用价值。

我相信，本书将为有志于投身我国涉外法治事业的读者带来诸多心得与启示，并相信本书将对我国加强涉外经贸法治建设、健全涉外经贸法律制度有所裨益。

2024 年 7 月 10 日于北京

引　言

随着数字技术加速融入社会经济社会发展各领域全过程，数字经济正成为重组全球要素资源、重塑全球经济结构、改变全球竞争格局的关键力量。数字贸易作为数字经济催生的新贸易方式，自然被世界上主要国家视为把握数字时代机遇、防范与应对各类风险与不确定性的重要方式。在此背景下，各国制定出诸多促进数字贸易发展和增强本国数字贸易竞争力的战略、政策、立法，等等。另一方面，由于以《WTO 协定》为代表的早期经贸协定对国内规制这类边境后措施的约束力度不足，部分数字贸易国内规制已成为制约数字贸易进一步自由化与高质量发展的主要体制机制障碍。

为防止一国采取的国内规制造成不必要的国际贸易障碍，并在尊重国家规制权基础上促进数字贸易自由化，《全面与进步跨太平洋伙伴关系协定》（CPTPP）、《区域全面伙伴关系协定》（RCEP）、《服务贸易国内规制参考文件》（SDR Reference Paper）等晚近经贸协定为缔约国在数字贸易领域行使国内规制权施加了“必要性测试”等国际法义务，例如要求缔约国努力避免对电子交易施加任何不必要的规制负担，以及对数据传输采取的限制不得超过为实现正当公共政策目标所必要的限度。

数字贸易国内规制中的“必要性测试”作为平衡国家规制权与贸易自由化的一项重要规则，对其展开系统、深入的研究是对接国际高标准经贸规则、推进高水平制度型开放的应有之义，有助于我国在新时代全面深化改革与扩大开放中把握好开放与监管的尺度，在国际法框架内打造更加市场化、法治化、国际化的营商环境，并推进国家数字治理体系与治理能力现代化。本书采用文献研究、规范研究、社科法学研究、案例研究等方法，在系统梳理、总结和澄清WTO必要性测试法理的基础上，对数字贸易国内规制框架规则中的“不造成不必要规制负担”测试、个人信息保护规则中的“必要与成比例”测试、数据跨境流动正当公共政策目标例外中的“不超过必要/要求的限度”测试这三类典型的“必要性测试”展开了全面研究，类型化地构建出数字贸易国内规制的“必要性测试”理论体系，并以数据跨境流动、源代码与算法这两大数字贸易国内规制领域为例，具体分析了国内相关规制是否可能通过晚近经贸协定中的“必要性测试”。本书还系统考察了中国数字贸易国内规制的现状与基本立场，凝练出不同“必要性测试”给我国带来的具体挑战，并提出了因应之道。

本书的研究表明，数字贸易国内规制中的“必要性测试”与早期经贸协定中的“必要性测试”既存在一定相似性，又存在诸多不同，应结合具体规则中的具体表述进行条约适用与解释。在数据跨境流动领域，由于当前还不存在国际上普遍认同的可替代数据本地化措施的合理可用措施，一国以安全为由采取的数据本地化措施可能因满足一般例外或正当公共政策目标例外中的“必要性测试”而成功抗辩数据本地化措施具有合法性。在源代码与算法规制领域，采取源代码措施的国家能否成功援引相关例外则需区分情况讨论。就中国而言，其备受争议的部分数据本地化措施与源代码措施可能通过“必要性测试”，但也有部分数字贸易国内规制或因难以通过“必要性测试”而存在合法性质疑，本书据此提出了中国因应相关“必要性测试”的具体路径。

目 录

导 论

在分析本书的研究背景和研究意义之前，有必要明确“国内规制（domestic regulation）”的内涵。[①]首先，理解“规制（regulation）”是理解“国内规制”内涵的前提。根据《新牛津英汉双解大词典》，“regulation”指规章、规则、规定、指令等。[②]理论界则对“regulation”的内涵缺乏统一理解。例如，塞尔兹尼克和科林·斯科特等学者宽泛地将“regulation”界定为“公共机构对社会群体重视的活动所进行的持续集中的控制”。[③]但也有学者从政治经济学角度指出所有的工业化都存在市场体系和社群体系这两类经济组织，鉴于“regulation”主要发生在社群体系中，应将其狭义地界定为“国家为了纠正市场失灵以满足集体或公众的利益而寻求指

---

① 国内学者对“domestic regulation”存在“国内规章”“国内法规”“国内管制”“国内规制”等译法。本书倾向于将其翻译为“国内规制”，因为“规制”与“规章”“法规”相比，其不仅可体现各类静态规范，也可体现规范在制定、监督和执行上的动态过程。并且，“规制”与“管制”相比用语更加中性，更符合目前国际规制改革中提倡的放松政府控制、引入多元化治理的理念和趋势。

②《新牛津英汉双解大词典》，上海外语教育出版社 2007 年版，第 1787 页。

③ ［英］科林·斯科特：《规制、治理与法律：前沿问题研究》，安永康译，清华大学出版社 2018 年版，第 3－4 页。

导或鼓励那些如果没有国家干预就不会发生的经济活动”。[①]

从“规制”的广义和狭义定义可以看出该概念的内涵非常宽泛，要准确理解“国内规制”的内涵，则最好将其放置到特定语境中。例如，以《服务贸易总协定》（GATS）第6条为代表的服务贸易规则就是理解服务贸易国内规制的恰当语境。尽管GATS第6条未明确“domestic regulation”的内涵，但第6.1条规定的“每一成员应保证所有影响服务贸易的普遍适用的措施以合理、客观和公正的方式管理”暗示“domestic regulation”的内涵与外延较为宽泛。并且，结合世界贸易组织（WTO）争端解决机构对GATS第6条、第16条、第17条适用问题的解释，可发现服务贸易领域的“domestic regulation”指的是一国在该领域采取的特定几类非歧视性措施。[②]在数字贸易语境下，数字贸易国内规制框架规则也是理解数字贸易国内规制的恰当语境。鉴于该规则同样未对“domestic regulation”进行界定，且未将“domestic regulation”限于资质要求与程序、技术标准、许可要求与程序（下称“QTL措施”），本书将“数字贸易国内规制”宽泛地界定为“一国在数字贸易领域采取的任何非歧视性措施”。

一、研究背景与研究意义

（一）研究背景

互联网、大数据、云计算、人工智能、区块链等技术加速创新，日益融入经济社会发展各领域全过程，各国竞相制定数字经济发展战略……数字经济发展速度之快、辐射范围之广……正在成为重组全球要素资源、重塑全球经济结构、改变全球竞争格局的关键力量，[③]数字贸易作为数字经济发展催生的新贸易方式，已成为全球数字治理的重要议题。[④]在后疫情时代，加快发展数字贸易亦已成为各国把握数字时代机遇、防范与应对各类风险与不确定性的重要方式。但与发展数字贸易的重要性相比，包括我国在内的大部分国家关于数字贸易的规则、规制、管理、标准等仍存在不同程度的缺位或不足，与新一代经贸协定中的相关规则相比存在一定差距，亟须进一步完善数字贸易国内规制体系建设，提升驾驭数字贸易发展的国内规制能力。

1. 部分国内规制已成为限制数字贸易进一步自由化与高质量发展的主要障碍

数字贸易通常可分为数字货物贸易和数字服务贸易两种基本类型，并因数

---

① ［英］安东尼·奥格斯：《规制：法律形式与经济学理论》，骆梅英译，中国人民大学出版社2008年版，第1－2页。

② 根据GATS第6.4条，本条涵盖的非歧视性措施限于资质要求与程序、技术标准、许可要求与程序。

③ 参见习近平：《不断做强做优做大我国数字经济》，载《求是》2022年第2期。

④ 参见张大卫：《扩大制度型开放 促进数字贸易高质量发展》，载《全球化》2023年第5期，第19页。

字贸易中往往伴随数据跨境流动而将该类型包括在内。其中，数字货物贸易指"线上交易+线下交付"的货物贸易，典型例子是通过亚马逊和淘宝等电子商务平台进行的化妆品和手机等实体产品的贸易；数字服务贸易通常包括以数字化方式提供传统服务的贸易（例如在线教育服务）和数字内容服务贸易（例如在线音视频服务）。尽管以 WTO 协定为代表的国际经贸协定消除了大量关税和非关税类市场准入限制，但其对非歧视性国内规制这类边境后措施的约束力度仍有不足，数字贸易国内规制成为制约数字贸易进一步自由化与高质量发展的主要体制机制障碍。

首先，工商登记、报关手续、关税和增值税等税收政策、海淘产品标识要求、电子支付等国内规制限制了数字货物贸易的进一步自由化。其次，部分负担性"QTL 措施"、对服务提供者施加的负担性义务或责任限制了数字服务贸易的进一步自由化。再次，部分国家采取的数据本地存储或加工等数据本地化要求不同程度地阻碍了数据跨境自由流动，制约了数据在支撑数字贸易发展中的作用发挥。最后，鉴于源代码（source code）①和算法（algorithm）②等技术对物联网、车联网和人工智能等行业发展的重要性，以及软件或制造业产品中含有的源代码和算法可能存在潜在技术缺陷或安全漏洞、在关键基础设施中使用外国源代码或引发国家安全风险等因素，部分国家要求外国企业在特定情形下转让或公开其源代码或算法。③但美国和一些企业认为大部分强制转让、公开源代码或算法的做法不仅损害了企业的知识产权与合法权益，打击了企业的创新热情，而且不利于实现安全和隐私等政策目标，反而构成了严重的软件数字贸易壁垒。

2. 必要性测试在国际经贸协定中呈扩张趋势，进一步凸显其重要性

"必要性测试（necessity test）"广泛地存在于国际法领域，是一项重要的习惯国际法规则或成文法规则。在国际公法领域，包含必要性测试在内的比例原则是判断自卫、报复、反措施、对人权的限制等做法是否合法时应考虑的重要原则。④在国际经济法领域，以 WTO 协定为代表的国际经贸协定通过国家安全例外和一般例外等条款，明确要求缔约方采取的相关措施对于保护基本安全利益或实现特定公共政策目标是必要的，WTO 争端解决机构据此逐渐发展出了一

---

① 软件源代码（也称"源程序"或"源码"）是以编程语言编写的接近人类自然语言的符号化指令序列，是软件设计需求和思想的文字表达，通过编译程序转换为机器可读的目标代码后，计算机即可执行相关指令。参见应明、孙彦：《计算机软件的知识产权保护》，知识产权出版社 2009 年版，第 52－54 页、第 98－101 页。

② 根据《美墨加协定》等国际经贸协定的界定，算法指为解决问题或获得结果而采取的一系列明确指令。

③ 如无特别说明，本书所指的"软件"指专有软件或闭源软件（proprietary software）。

④ 参见韩秀丽：《论 WTO 法中的比例原则》，厦门大学出版社 2007 年版，第 91－111 页。

套必要性测试法理。当国内规制涉嫌违反市场准入和非歧视待遇等义务时，上述例外条款中的必要性测试往往是判断争议措施是否合法的重要法律工具。

近年来，必要性测试在国际经贸协定中呈扩张趋势，《全面与进步跨太平洋伙伴关系协定》（CPTPP）、《数字经济伙伴关系协定》（DEPA）和《区域全面经济伙伴关系协定》（RCEP）等区域经贸协定新增了多款包含必要性测试的数字贸易新规则（包括积极义务规则和积极抗辩规则）。例如，CPTPP、DEPA、RCEP、《美墨加协定》（USMCA）的数字贸易国内规制框架规则中均包含了“不造成不必要规制负担”这一积极义务，并在数据跨境流动规则中新增了包含必要性测试的正当公共政策目标例外；CPTPP 和 USMCA 在源代码规则中新增了包含必要性测试的具体例外情形；USMCA 还在个人信息保护规则中新增了要求相关国内规制与存在的风险“必要且成比例”这一积极义务。因此，相关缔约方在遵守传统义务之外还需遵守上述必要性测试新规定。

WTO 协定等传统经贸协定将数据跨境流动、个人信息保护和源代码等数字贸易事项作为例外事项，意味着缔约方原则上有权在上述领域进行国内规制，其仅在相关规制违反市场准入和国民待遇等义务时才需援引国家安全例外和一般例外等条款证明相关规制的合法性。相反，CPTPP 和 USMCA 等晚近区域经贸协定通过规定明确的数据跨境流动、个人信息保护或源代码等规则，将上述事项纳入贸易事项，意味着缔约方在上述领域进行国内规制时原则上应以不违反数据自由跨境流动或个人信息保护等积极义务为条件。在后一种情况下，载于此类数字贸易规则中的必要性测试成为判断相关国内规制是否合法的第一层检验，其重要性得到进一步凸显。

3. 必要性测试对于平衡自由贸易与国家规制权具有不可替代的作用

必要性测试与市场准入、非歧视待遇、互认、国际标准、透明度一样，都是促进贸易自由化的主要法律工具，但其与后五类法律工具相比，在平衡自由贸易与维护国家规制权方面更具优势。这是因为服务贸易领域的市场准入和国民待遇纪律限于缔约方的具体承诺，而相当一部分数字贸易又由服务贸易构成，因而市场准入和国民待遇纪律对缔约方的约束同样以缔约方的具体承诺为限。并且，各国在数字贸易国内规制方面具有不同国情和实践，目前缺乏国际公认的安全和隐私等国际标准，各国达成互认协议和国际标准的进展也较慢。此外，尽管透明度有助于减少隐形保护主义，但其无法消除更持久更深层次的低效率，过高的透明度要求还可能对数字贸易造成过度负担。因此，现阶段上述几类工具在平衡自由贸易与国家规制权方面的作用有限。

相反，必要性测试通常是不同国家达成更高标准数字贸易规则的同时又能保障国家规制权的折中方式。例如，CPTPP、DEPA 和 RCEP 等协定引入了禁止限制数据跨境流动、禁止强制转让或获取源代码等高标准规则，但上述部分规则也规定了包含必要性测试的例外情形，同时协定也允许违反积极义务的缔约方援引国家安全例外和一般例外等例外条款证明争议措施的合法性。其中，例外条款是广大发展中国家缔约方接受相关高标准规则的重要前提，必要性测试则反映了其他缔约方（特别是发达国家缔约方）希望避免例外条款和国家规制权被滥用的诉求。综上，现阶段必要性测试在平衡自由贸易和国内规制权方面具有不可替代的作用。

（二）研究意义

1. 理论意义

第一，系统梳理、总结和澄清 WTO 必要性测试法理。系统梳理和归纳总结宪法与行政法中的比例原则理论以及 WTO 必要性测试法理不仅有助于理解必要性测试的"来龙去脉"、功能价值、构成要素等重要内容，也是研究数字贸易国内规制中的必要性测试前沿理论问题的重要前提和基础，可避免本书在分析上述重要问题时出现误差。并且，目前国内外对 WTO 必要性测试的研究已滞后于争端解决领域对必要性测试法理的发展，因而系统地分析和总结 WTO 必要性测试法理本身就具有较高的理论意义。

第二，建立数字贸易国内规制领域的必要性测试前沿理论体系。在系统研究 WTO 必要性测试法理的基础上，本书以新一代经贸协定中的数字贸易规则为载体，旨在建立数字贸易国内规制领域的必要性测试前沿理论体系。在数字贸易规则中，有三处规则与传统必要性测试表述有所不同：一是数字贸易国内规制框架规则中的"不造成不必要规制负担"测试，二是 USMCA 式个人信息保护规则中的"必要且成比例"测试，三是数据跨境流动规则中的正当公共政策目标例外所包含的"不得超过必要/要求的限度"测试。这三类必要性测试是本书将要重点研究的问题。一方面，鉴于货物、服务和数字贸易具有不同的特点，将其他贸易领域中的必要性测试理论直接照搬到另一个贸易领域中可能产生不合理的结论。另一方面，货物和服务贸易领域的必要性测试理论对于研究数字贸易国内规制中的必要性测试理论具有非常重要的参考价值，因为理论界和实务界普遍认为货物、服务和数字贸易领域的必要性测试之间具有可比性，对必要性测试进行一致性解释有助于实现更高程度的法律确定性。因此，本书将在现有必要性测试理论的基础上，在探究数字贸易国内规制中的必要性测试前沿问题时结合具体情况建构相关理论体系。

2. 实践价值

第一，有助于指导国家在国际法框架内发展与规制数字贸易，打造更加市场化、法治化、国际化的营商环境。党的二十大报告提出，要坚定维护以联合国为核心的国际体系、以国际法为基础的国际秩序、以联合国宪章宗旨和原则为基础的国际关系基本准则。鉴于各国在电子商务国内规制框架、在线消费者保护、数据跨境流动、源代码、算法转让和公开等领域具有不同国情、法律制度和实践，其引发的贸易摩擦不仅不同程度地影响了数字贸易的健康发展，且相关国内规制还涉嫌违反该国在国际经贸协定项下承担的相关义务。又鉴于例外条款中的必要性测试是证明国内规制合法性的重要依据，本书的研究有助于为判断数字贸易国内规制在国际经贸协定中的合法性提供理论参考，在实现“定分止争”功能的同时，帮助包括我国在内的主权国家明确如何在国际法框架内发展与规制数字贸易，打造更加市场化、法治化、国际化的营商环境。

第二，有助于国家改进数字贸易国内规制能力和效率，推进国家数字治理体系与治理能力现代化。一国的数字治理体系与治理能力是一个有机整体，二者相辅相成，良好的数字治理体系有助于提高数字治理能力，提高数字治理能力反过来又能发挥数字治理体系的效能。尽管各国主观上可能希望在通过数字贸易国内规制实现各类正当公共政策目标的同时，对贸易造成的限制也不得超过必要限度，但各国在规制能力和规制效率等方面存在的差异表明国内规制客观上可能对数字贸易造成不必要负担或限制。又或者，监管机构在想要采取能同等实现相关目标与对贸易的限制性也最低的国内规制时，却可能因不了解必要性测试而无从下手。在上述情况下，如果各国能提前理解数字贸易国内规制中的必要性测试，就可以在进行国内规制前预先分析各类规制的必要性，提高数字贸易国内规制的能力和效率，并减少国内规制违反该国在国际经贸协定项下所承担之义务的风险。

第三，有助于中国深化国际合作，为中国参与涉及必要性测试的数字贸易谈判提供理论支持。中国目前采取的数据本地化措施、网络安全审查等制度一直被指责涉嫌违反中国根据已缔结国际经贸协定所承担的条约义务。一方面，中国已正式申请加入 CPTPP 和 DEPA 这两部由发达国家主导的区域经贸协定，而上述协定中的高标准数字贸易规则可能对中国数字贸易国内规制现状构成挑战，因此中国必须明确如何抗辩相关国内规制符合积极义务条款或例外条款中的必要性测试要求。另一方面，中国正积极参与 WTO 电子商务诸边谈判（下称“WTO 电商谈判”），是否在相关规则中包含必要性测试以及包含何种内容的必要性测试也是成员的谈判焦点和难点。因此本书对数字贸易国内规制中的必要性测试前沿理论问题研究也有助于中国深化国际合作，更有的放矢地参与重要经贸协定谈判。

二、研究方法

（一）文献研究方法

文献研究方法是法学研究的重要方法。本书将大量收集和分析国内外学者关于数字贸易国内规制必要性测试的相关文献，构建本研究的理论基础与理论框架，同时发现现有文献中的研究不足或空白，并结合其他的法学研究方法解决这些问题。

（二）规范研究方法

以法律规范本身作为研究对象的规范研究方法是本书的重要研究方法。本书将主要以国际经贸协定中的必要性测试义务条款和例外条款为载体，综合运用《维也纳条约法公约》（VCLT）确立的解释通则、比较分析法和历史研究等方法，研究相关规定的立法背景、发展演进、编排结构、法律内涵、构成要件和法律影响等内容。

（三）社科法学研究方法

鉴于规范研究方法在研究视野上的局限性，以及数字贸易国内规制在实践中的动态性，本书还将采用社科法学研究方法，将社会科学的一般经验运用到法学研究中，以价值中立为原则，对国际经贸协定中的必要性测试规则的状态、范式、成因、发展趋势等问题作出解释，分析其在现实社会的实施效果和状况。

（四）案例研究方法

WTO 专家组和上诉机构报告是 WTO 法律体系的一个重要渊源，对 WTO 规则的理解离不开对相关报告的解读。由于 WTO 必要性测试相关判例较为丰富和复杂，不同学者在解读必要性测试判例时可能曲解争端解决机构的解释，因此本书将把 WTO 争端解决机构发布的报告作为案例分析法的一手资料，通过对“原汁原味”的报告的研读正确理解现有必要性测试理论。

三、本书结构、主要观点与创新点

（一）本书结构

本书由导论、正文和结论构成，其中正文部分共分为五章。

第一章为必要性测试的基础理论。为了体系性、全局性地把握数字贸易国内规制中的必要性测试问题，必须将其放置到上位概念——比例原则中予以理解，故本章将追根溯源地分析宪法与行政法中的比例原则理论。同时，WTO 争端解决机构已就 WTO 协定中的必要性测试规则发展出了丰富的法理，为本书提供了重要的参考资料，对之展开研究、提炼其基本要旨亦是本研究的题中应有之义与重中之重，故本章也将重点分析 WTO 协定中的必要性测试规则与法理。

第二章为必要性测试的前沿理论。本章将聚焦新一代国际经贸协定中的数字贸易/电子商务章节，并以数字贸易国内规制框架规则、个人信息保护规则、数据跨境流动规则这三类具体规则为视角，分析其各自的必要性测试新规，并在第一章的基础理论基础上，继续推进分析必要性测试前沿理论问题。此外，本章第四节还将说明选取第三、四章中的具体数字贸易国内规制领域进行研究的缘由。

第三、四章为具体数字贸易国内规制领域的必要性测试问题。这两章聚焦理论界与实务界最为关注的数据跨境流动、源代码和算法国内规制领域，将基于前两章的基础理论与前沿理论，系统性地分析数据本地化措施、源代码措施等具体国内规制措施是否可能通过国家安全例外、一般例外、特定数字贸易规则中的必要性测试。

第五章为必要性测试的中国因应。本章将全面梳理我国在数字贸易领域的国内规制现状与基本立场，并结合前几章的分析，评估必要性测试对我国的挑战。在此基础上，本章将就我国因应必要性测试提出具体路径。

（二）主要观点

各国宪法和行政法中的比例原则理论以及 WTO 协定和法理是研究数字贸易国内规制中的必要性测试前沿理论和具体适用问题的重要理论基础。经过 WTO 争端解决机构在过去几十年对不同案件中涉及的必要性测试规定进行的解释和澄清，WTO 必要性测试法理逐渐具备了较强的一致性和法律确定性：即便是引入了权衡测试的一般例外，其必要性测试在本质上仍属于最低贸易限制测试（对应各国宪法和行政法中的必要性原则），争端解决机构坚持在一般例外中根据争议目标所保护的利益或价值的重要性安排必要性测试，旨在区分个案更好地尊重被诉方的国家规制权或防止被诉方滥用例外条款损害其他成员的权利，该自由裁量权在不违背 WTO 协定明示条款或《关于争端解决规则与程序的谅解》（DSU）第 3.2 条的情况下是合法的；争端解决机构在根据《关税贸易总协定》（GATT）第 20 条、GATS 第 14 条、《技术贸易壁垒协定》（TBT 协定）第 2.2 条等条款分析争议措施的必要性时均倾向于将必要性测试分为“初步结论”阶段和“最终结论”阶段，且两个阶段均会考察贸易限制性、措施对于实现目标的贡献等内容。

在 CPTPP 和 USMCA 等新一代国际经贸协定的数字贸易章节中，数字贸易国内规制框架规则中的“不造成不必要规制负担”测试、个人信息保护规则中的“必要且成比例”测试以及正当公共政策目标例外中的“不得超过必要/要求的限度”测试是数字贸易国内规制中的必要性测试前沿理论问题。本书结合 WTO 必要性测试法理并运用维也纳条约解释法等研究方法，发现：第一，“不造成不必要规制负担”与“不造成不必要贸易限制”没有必然联系，负担性国内规制不必然对国际贸易造成限制，反之亦然，对“不造成不必要规制负担”测试采用何种法律标准应结合协定文本结构和缔约方原意等因素综合确定；第二，USMCA 在个人信息保护规则中引入“必要且成比例”测试或许是为了限制欧盟等对个人隐私风险容忍程度较低的地区或国家采用高标准的个人信息保护制度，减少此类制度对美国大型数字企业的不利影响；第三，无法确定 CPTPP 式数据跨境流动规则在正当公共政策目标例外中采用“不得超过要求的限度”

而非“不得超过必要的限度”表述的意图在于不采用必要性测试还是旨在采取更加严格或宽松的必要性测试，因此缔约方或起草者需进一步明确“要求的”内涵；RCEP 式正当公共政策目标例外中，允许被诉方自行决定限制数据跨境流动或采取数据本地化措施必要性的自裁权范围也包括目标正当性要求，但被诉方在行使自裁权时要接受“两层善意测试”的约束。

一国限制数据跨境流动的国内规制既可能涉嫌违反该国在国际经贸协定中承担的市场准入、非歧视待遇、服务国内规制等传统义务，也可能涉嫌违反该国在数字贸易章节下承担的允许数据跨境自由流动和禁止数据本地化等义务（如有）。此时，该国通常可援引基本安全例外、一般例外或正当公共政策目标等例外证明争议措施的合法性。本书研究表明，为保障国家安全而采取数据本地化措施的国家成功援引基本安全例外的主要障碍为相关规制可能不符合基本安全例外所列的具体客观情形。相比之下，一国成功援引一般例外或正当公共政策目标例外的可能性更大，因为基于风险路径、相关标准和最佳实践以及跨境隐私保护体系（CBPRs）均可能无法被认定为是可替代数据本地化措施的合理可用措施。

一国要求软件所有人转让或允许获取其源代码或算法的国内规制（“源代码措施”）可能涉嫌违反该国所缔结之国际经贸协定中的源代码等规则。此时，该国只能援引源代码规则中的例外情形或对大部分章节水平适用的国家安全例外或一般例外来证明源代码措施的合法性。本书研究表明，采取源代码措施的国家成功援引国家安全例外的可能性同样较小，因为源代码措施可能不符合援引基本安全例外所要求的任一要件。采取源代码措施的国家能否成功援引确保遵守法律法规相关例外则需区分情况讨论：与为了确保遵守自主创新类法律法规而采取的源代码措施相比，加大研发投入和引进外国技术人才等替代措施是否可能构成合理可用的替代措施需要结合个案具体情况判断，例如被诉方的科研发展水平、经济发展水平、国家财政情况等；与为了确保网络安全类法律法规而采取的源代码措施相比，判断基于风险路径等效性的关键在于确定一国期待的网络安全保护水平，同时需综合考虑该国的加密技术和整体法律环境等其他因素。

根据中国已签署的国际经贸协定，中国不同程度地承担了促进数字贸易进一步自由化的义务，因此中国的数字贸易国内规制可能涉嫌违反市场准入、非歧视待遇、不对电子交易施加不必要规制负担、促进数据自由跨境流动等义务。此时，中国只能援引国家安全例外、一般例外或正当公共政策目标等例外来证明争议措施的必要性或合法性。结合中国在已签署的国际经贸协定中承担的相关义务和作出的具体承诺，本书发现必要性测试可能对中国构成以下挑战：第一，中国的工商登记制度、对电商平台经营者施加的部分义务可能无法通过“不造成不必要规制负担”测试；第二，部分数据本地化措施和源代码措施不一定符合援引基本安全例外的条件；第三，中国可能因缺乏健全的国家机关工作人员保守在执法或司法中所获秘密信息等制度而降低源代码措施对于实现安全可控目标作出的贡献，进而降低源代码措施在确保遵守法律法规相关例外中被认定为必要的可能性。对此，本书建议中国以现有服务贸易具体承诺为基础编制负面清单、发展评估数字贸易国内规制必要性的规制影响评估、利用国际规制合作输出数字贸易国内规制的中国方案来应对上述挑战。

（三）创新点

1. 研究视角的创新

近年来，数字贸易规则特别是数据跨境流动规则是学术界的研究热点。国内外文献对上述规则的研究包括分析规则的成因、适用要件、规则背后的价值取向等内容，或者对不同国际贸易协定中的相似规则进行比较分析，但很少有学者深入研究过数据跨境流动等数字贸易规则中的例外情形和必要性测试。因此，本书在研究视野上具有创新性。

2. 研究内容的创新

本书在研究内容上的创新主要表现在以下五个方面。第一，完善和更新现有的 WTO 必要性测试理论。尽管已有学者系统地研究过现有必要性测试，但因年代较远、选取的案例较为老旧，相关理论已经落后于现有发展，亟须进一步更新或更正。第二，以现有必要性测试为基础分析数字贸易国内规制中的必要性测试前沿问题。第三，以 WTO 基本安全例外中的必要性测试法理为基础，分析 RCEP 数据跨境流动规则中的“其认为”赋予缔约方的自裁权范围和限度。第四，分析限制数据跨境流动和强制转让或获取源代码或算法的国内规制成功援引基本安全例外条款的可能性。第五，分析相关替代措施是否可能作为部分数字贸易国内规制的合理可用替代措施。

第一章

必要性测试的基础理论

尽管数字贸易国内规制中的必要性测试是一个相对专业、小众的法律概念，但其并非 CPTPP 和 DEPA 等新一代国际经贸协定所独创，而是一个源于上位概念——比例原则，并基于传统国际贸易协定中的必要性测试法理演化而来的法律术语，故全面、系统地把握比例原则理论以及传统国际贸易协定中的必要性测试法理是研究数字贸易国内规制中的必要性测试的前提。就比例原则理论而言，鉴于各国国内法（特别是宪法与行政法）中的比例原则理论对国际经贸协定中必要性测试的规则制定与法理发展具有重要影响，本章第一节重点分析各国宪法与行政法中的比例原则理论，以明确其与国际经贸协定中必要性测试法理之间的互动关系。就传统国际贸易协定中的必要性测试法理而言，鉴于 WTO 协定及其法理是解释国际经贸协定的重要国际法渊源，本章第二节以 WTO 协定为视角，对其必要性测试规则与法理进行全面回顾、梳理与总结。

第一节 宪法与行政法中的比例原则理论

各国在政治、历史、文化等方面的差异表明，不同法律制度中的比例原则概念不可能完全相同。尽管如此，各国国内法中的比例原则概念仍存在一些共性。并且，在经济全球化和国际经贸协定趋同化等因素的共同推动下，不同法律制度之间的学习、互动和借鉴日益增多，这不仅促使各国对比例原则的认识与适用差异日渐缩小，而且也推动国际经贸协定中的必要性测试规则与法理进一步发展。

一、比例原则的演进与比较

比例原则在成为正式的法律概念之前早已广泛体现在日常生活和法哲学思想中。例如，“以牙还牙、以眼还眼”和“杀鸡焉用宰牛刀”等谚语均体现了比例原则精神。到了 19 世纪末，比例原则开始作为法律概念逐渐走入国家制度领域。以德国为代表的大陆法系国家和以美国为代表的英美法系国家均逐渐发展出了各自的比例原则，但德国式与美国式比例原则在名称、功能定位和运用方式等方面存在一定差异。

（一）从德国传播到欧洲等其他国家和地区的比例原则

自 18 世纪末起，“比例”成为普鲁士行政法中的一个法律概念。随后，普鲁士行政高等法院在一系列案件中判决警察行为因不符合必要性原则而违法，促进了比例原则在行政法中的进一步发展。[①]不过，这一时期限制基本权利仅需满足“依法律作出”这一形式要求即可，对立法者缺乏实质约束力，一定程度上助推了后来德国纳粹政党的专制统治。“二战”结束后，最小侵害手段和狭义比例等体现比例原则的术语开始被明确写入德国行政法中。[②]尽管德国基本法（即波恩宪法）未明确规定比例原则，但德国联邦宪法法院在对大量案件的合宪性审查中严格遵循了“基本法中涵盖的除人的尊严以外的所有权力均受比例概念及其所有要件的约束”的理念，促使比例原则从行政法层面提升到了宪法层面。[③]此外，德国法中的比例原则在“二战”后也通过判例法和成文法路径逐渐

---

① See Aharon Barak, *Proportionality: Constitutional Rights and Their Limitations*, translated by Doron Kalir, Cambridge University Press, 2012, p.178 – 181.

② 例如，《黑森州公权力直接强制执行法》第 4 条规定：“在直接强制执行时，应当选择对相关方与公众损害最小的手段，并且损害与行为所追求的目的不能明显不成比例。”《联邦行政执行法》第 9 条规定：“强制手段应当与其所追求的目的成均衡性比例。强制手段应当尽可能最小损害相关方与公众的利益。”

③ See Aharon Barak, *Proportionality: Constitutional Rights and Their Limitations*, translated by Doron Kalir, Cambridge University Press, 2012, p.178 – 181.

传播到了其他国家和地区，其中欧洲是最早受到影响的地区。不仅如此，南非共和国、中国香港地区、以色列、澳大利亚、新西兰、智利、秘鲁等国家或地区自 20 世纪末以来也逐步接纳了比例原则。[①]

（二）比例原则在美国法中的发展演进

尽管美国成文法和判例法中几乎均未明确使用过“比例”表述，但法院普遍运用了比例原则进行合宪性审查，只是在运用方式和程度上与德国式比例原则相比存在一定差异。[②]

1905 年的“Lochner v. New York”案被普遍认为是美国法院审查对个人生命、自由和财产的限制是否合宪时运用比例原则的开端。[③]美国法院在 1938 年的“United States v. Carolene Prod. Co.”案中作出的“脚注四”则奠定了美国区分不同权利案件、将不同审查标准融入比例原则各要件中进行合宪性审查的基础。[④]但美国法院在涉及“休眠贸易条款”[⑤]的跨州贸易案件中对贸易和经济事务采用的是中等审查强度，且会先判断州法是否存在目的上的歧视性：当法院认定州法对跨州贸易采取了区分来源地的差别对待或存在经济保护主义目的时，其通常会采取“本身测试（per se test）”直接认定州法因存在歧视而归于无效；[⑥]而当法院认定州法不具有歧视性目的时，其会采取“不当负担平衡测试（undue burden balancing test）”或“实际歧视本身测试（virtually per se discrimination test）”来比较实施州法所获得的正当本州利益及其对跨州贸易造成的负担。[⑦]就审查“休眠贸易条款”时需权衡的因素而言，将 1945 年的“Southern Pacific Co. v. Arizona”案和 1970 年的“Pike v. Bruce Church”案结合起来可得出比较完整的审查内容，例如是否存在对跨州贸易限制更低

---

① See Aharon Barak, *Proportionality: Constitutional Rights and Their Limitations,* translated by Doron Kalir, Cambridge University Press, 2012, p.194 – 202.

② 参见王蕾：《比例原则在美国合宪性审查中的类型化运用及其成因》，载《比较法研究》2020 年第 1 期，第 63 页。

③ Lochner v.New York，198 U.S. 45（U.S. Supreme Court 1905）.转引自王蕾：《比例原则在美国合宪性审查中的类型化运用及其成因》，载《比较法研究》2020 年第 1 期，第 66 – 68 页。

④ 参见王蕾：《比例原则在美国合宪性审查中的类型化运用及其成因》，载《比较法研究》2020 年第 1 期，第 68 – 73 页。

⑤ “休眠贸易条款（Dormant Commerce Clause）”，又称“潜伏贸易条款”，指《美国宪法》第 1 条第 8 款第 3 项，该条款排他性地授权国会管理与印第安部落的贸易、跨州贸易、跨国贸易。参见韩秀丽著：《论 WTO 法中的比例原则》，厦门大学出版社 2007 年版，第 66 页。

⑥ 1923 年的“Pennsylvania *v.* West Virginia”案和 1978 年的“Philadelphia *v.* New Jersey”案就属于这一类型。Pennsylvania *v.* West Virginia，262 U.S.553（U.S.Supreme Court 1923）；Philadelphia *v.* New Jersey，437 U.S.617（U.S.Supreme Court 1978）.

⑦ See James M. McGoldrick, *The Dormant Commerce Clause: The Endgame—From Southern Pacific to Tennesse Wine & Spirits—1949 to 2019*, 40 Pace Law Review 106 – 116 (2020).

的替代措施。[①]

（三）对德国式与美国式比例原则的比较

德国式与美国式比例原则的共同点是二者不同程度地体现了区分案件类型采用不同审查标准（Standard of Review）的特点。尽管德国式比例原则在每个案件中均强调对各要件的顺序适用，而美国式比例原则自 1938 年的“United States v. Carolene Prod. Co.”案开始就采取了类型化的审查标准，但实践中采用德国式比例原则的法院同样发展出了类型化的审查标准。例如，德国联邦宪法法院在 1979 年“共同决定”案中提出了审查强度由弱到强的三种审查标准，欧盟法院在适用比例原则时也对不同经济和社会等领域的案件采取了类型化的审查标准。[②]通过采用类型化的审查标准，上述国家和地区均一定程度上实现了立法、行政和司法机关权力分配的精妙平衡。在 WTO 争端解决领域，专家组和上诉机构在根据例外条款分析争议措施的必要性时，也会根据争议目标所保护的利益或价值的重要性安排必要性测试，这是否也是为了确定不同案件中的必要性测试审查标准呢？对此，本书将在分析正当公共政策目标例外中的“不得超过必要/要求的限度”测试时分析这一问题。

德国式与美国式比例原则的区别主要有以下三点。第一，比例原则各要件在个案中的运用情况不同。采用德国式比例原则的法院在每个案件中原则上均会对各要件进行分析；采用美国式比例原则的法院则会根据不同的权利类型采用类型化的审查标准，而不同审查标准对比例原则各要件的运用情况不同。[③]第二，法院在决定审查标准上的自由裁量权不同。尽管德国式比例原则也存在类型化的审查标准，但最终适用何种审查标准可由法官根据案情自行决定；美国

---

① 在“Southern Pacific Co.*v.*Arizona”案中，为了对涉及的国家利益和州利益的相对权重进行平衡，法院考察了以下几个因素：第一，对跨州贸易造成负担的性质和程度；第二，对跨州贸易造成负担的本州和本地利益的性质和程度；第三，本州和本地法律在政治上的自我矫正性；第四，允许不一致地方规制的多样性是否存在重大危险；第五，是否存在需要规制统一性或规制多样性的需求；第六，对跨州贸易造成的是直接还是间接负担；第七，是否存在暗示国会意愿的联邦法律。“Pike *v.* Bruce Church”案还新增了对是否存在对跨州贸易限制更低的替代措施的考察。See James M. McGoldrick Jr., *The Dormant Commerce Clause: The Endgame—From Southern Pacific to Tennessee Wine & Spirits—1949 to 2019*, 40 Pace Law Review 60 – 81 (2020).

② “共同决定”案中的三种审查标准是明显不当审查、可支持性审查和强烈内容审查，其中明显不当审查关注立法或行政行为是否明显违反比例原则，可支持性审查要求有证据证明决定是“基于合乎事理的可支持性判断”；强烈内容审查则要求法院积极审查是否有充分可靠的证据支撑所作出的决定。参见刘权：《比例原则审查基准的构建与适用》，载《现代法学》2021 年第 1 期，第 147 – 148 页。

③ 例如，美国对采用合理性审查的案件适用的比例原则主要对应德国式比例原则中的适当性原则/要件，而对采用中等强度审查强度和严格审查强度的案件适用的比例原则对应德国式比例原则中的必要性原则/要件和狭义比例原则/要件。参见王蕾：《比例原则在美国合宪性审查中的类型化运用及其成因》，载《比较法研究》2020 年第 1 期，第 68 – 73 页。

式比例原则的审查标准取决于权利的重要性，法官的自由裁量权较小。第三，类型化的审查标准对法院的约束力不同。鉴于德国是大陆法系国家，划分审查标准的先例对德国联邦宪法法院并无强制约束力，因而其可根据个案决定具体的审查标准；而美国作为英美法系国家，其判例法传统要求法院必须遵循先例、确保“同案同判”，因而美国法院在个案中更多地只能机械地遵循先例确定的类型化审查标准。[①]

德国式与美国式比例原则之间的区别可能源于各国宪法观念差异所导致的比例原则在功能定位上的差异。具体而言，德国式宪法认为大部分权利都是相对权，因此预设了权利之间、权利与公共利益之间可能存在冲突、需要对权利进行限制的前提，并据此明确规定了“对限制权利的限制”条款，比例原则是法院审查对权利的限制是否合宪的一项宪法原则。而美国宪法体现了“人权具有消极性，将国家约束好人权即可得到保障”的消极权利观，其认为宪法权利之间以及与政府目标之间不存在真正的冲突，因此宪法未规定“对限制权利的限制”条款，比例原则只是美国法院审查对权利的限制是否正当和实现整体社会效果的工具，而非平衡基本权利与公共利益的宪法原则。[②]本书认为，WTO 例外条款、TBT 协定第 2.2 条、《卫生和检疫措施协定》（SPS 协定）第 5.6 条等条款类似于德国式宪法中的“对限制权利的限制”条款，即 WTO 成员在谈判时就预见到了自由贸易价值与成员追求的其他公共利益或价值发生冲突的可能性，因此预先在上述条款中通过规定必要性测试等内容对如何协调价值冲突问题作出了制度性安排。

二、比例原则的构成要件

分析比例原则的构成要件有助于明确必要性原则在比例原则理论中的功能定位和核心内容，进而有助于比较并明确宪法和行政法中的必要性原则与国际贸易法中的必要性测试法理的异同，并帮助本书更有的放矢地研究数字贸易国内规制中的必要性测试前沿理论问题。本部分将以较为主流的“三阶说”为基础，分析比例原则中的适当性原则、必要性原则和狭义比例原则。

（一）适当性原则

适当性原则关注法律或行政行为与其追求的目的是否存在手段与目的之间的合理联系，要求手段能够实现或有助于实现目的。换言之，该原则不要求选

---

① 参见刘权：《比例原则审查基准的构建与适用》，载《现代法学》2021 年第 1 期，第 150 页；王蕾：《比例原则在美国合宪性审查中的类型化运用及其成因》，载《比较法研究》2020 年第 1 期，第 76 – 77 页。

② 参见王蕾：《比例原则在美国合宪性审查中的类型化运用及其成因》，载《比较法研究》2020 年第 1 期，第 75 – 76 页。

择的手段能完全实现目的，但要求手段对实现目的不能完全没有贡献、仅有微不足道（marginal or negligible）的贡献或者手段不利于目的的实现。可见，适当性原则不要求高效实现目的，也不要求确定能实现目的，一个对促进目的实现较低效的手段也可能通过适当性测试。相应地，实践中可能存在多个有助于实现目的的手段。就适当性原则的法律标准而言，通常需要裁判者在事实基础上结合自身所处社会中的生活经验和科学知识，运用逻辑和常识进行判断。

（二）必要性原则

必要性原则指在所有能同等程度实现或有助于实现目的的手段中，只有限制程度最低的手段才是必要的。但在司法实践中，法院通常不会穷尽对所有可能的手段的比较，而是只在当事方提出的可供对比的手段中进行限制程度大小的比较，这时产生的最低限制性手段实际上属于“更低”限制性手段。①

必要性原则的法律标准由两大要素构成：一是最低限制性（least restrictiveness），即替代手段的限制性更低；二是同等有效性（equivalence，下称“等效性”），即替代手段能实现或有助于实现相同程度甚至更高程度的目的。一般而言，如果一个手段不符合必要性原则中的任一要素，则无法认为该手段是实现目的所必要的。

在必要性原则分析中，可以结合案情采用定量或定性分析方法。当存在多个可不同程度实现目的的手段，且手段所造成的限制和获得的收益比较容易量化时，采用定量分析法不失为一个更优选择。而为了提升对必要性原则进行定量分析的准确性，理论界提出可结合相对成本和边际成本等经济学方法来考察手段的必要性。例如，有学者提出可采用相对损害的计算公式 $I=C\div B$（I 为相对损害，C 为损害，B 为收益），将手段转换为对于实现目的具有等效性的手段，此时各个手段所造成的绝对限制就变成了在 1 个单位收益下的相对损害，从而可在等效性前提下比较各个手段的相对损害。②但也有学者指出分析手段的相对成本或平均成本并不恰当，提出运用边际成本方法计算手段对于实现目的的效率。③本书认为，采用何种经济学方法并无对错之分，而是反映出成本或效率取向，不同裁判者也可能基于对成本或效率的更多关注而采用不同的定量分

---

① 参见蒋红珍：《论比例原则——政府规制工具选择的司法评价》，法律出版社 2010 年版，第 252 页。

② 假设手段 M_1、M_2、M_3 的收益分别是 B_1（35）、B_2（60）、B_3（80），损害分别是 C_1（30）、C_2（50）、C_3（60），那么手段 M_1、M_2、M_3 的相对损害分别是 0.86、0.83、0.75。换言之，在手段等效性前提下，手段 M_3 的相对损害更低，因而其是能够同等实现目的且损害更低的手段。参见刘权：《论必要性原则的客观化》，载《中国法学》2016 年第 5 期，第 188－190 页。

③ 若运用这一方法重新审视本段中的假设，则可发现尽管手段 M_3 的相对成本最低，但采取手段 M_2 的额外成本是 10（60－50），获得的额外收益是 20（80－60），因而手段 M_2 相比手段 M_3 在边际意义上更有效率。参见戴昕、张永健：《比例原则还是成本收益分析：法学方法的批判性重构》，载《中外法学》2018 年第 6 期，第 1531 页。

析法。

在更多情况下，对权利造成的限制和为实现目标所获得的收益通常是难以量化的，此时在必要性原则分析中采用相对抽象的定性分析法是更普遍的做法。例如，为了确定是否存在最低限制手段，需采用客观标准并依赖常识来比较争议手段与替代手段各自造成限制的范围、效果、持续性和发生的可能性等因素。①还有学者尝试将经济学分析方法引入对必要性原则的定性分析。例如，杨登杰、罗伯特·阿列克西、阿哈龙·巴拉克等国内外学者主张依据经济学上的“帕累托最优理论”严格解释等效性。根据该理论，手段在促进某原则时应不对其他原则造成损害，否则即不符合该理论。据此，若一个替代手段的限制程度更低，但产生了争议手段没有导致的负面效果，例如造成了对相同个人或其他人的额外权利限制，或增加了国家行政或财务负担，则不能认为该替代手段符合等效性要素。②

但也有学者反对采用“帕累托最优理论”过分严格地解释等效性。例如，有学者认为采用“帕累托最优理论”将使得大部分手段都难以通过必要性测试，其主张采用福利经济学中的卡尔多—希克斯效率标准，综合考虑各项因素并关注手段带来的净收益。③尽管根据这一标准选择的最高效手段可能对权利造成的损害也最大，但卡尔多认为效率而非分配是衡量正当性的核心标准，是否需要通过补偿让受损者变成受益者是政治学家而非经济学家考虑的问题。④

（三）狭义比例原则

狭义比例原则（又称“均衡性原则”），是指手段为了实现目的而获得的收益与造成的损害之间应存在成比例的关系。就本质而言，适当性原则和必要性原则是基于事实判断的目的与手段测试，是对手段的必要性测试；狭义比例原则是基于价值判断的收益与损害测试，是对目的的必要性测试。就追求的目标或功能定位而言，必要性原则关注的是如何最大程度地减少手段对权利的损害；狭义比例原则关注的是如何平衡损害和收益，考察正当目的是否有必要以对权

---

① 例如，对权利造成限制的时间更短或范围越窄表明限制性更低。See Aharon Barak, *Proportionality: Constitutional Rights and Their Limitations,* translated by Doron Kalir, Cambridge University Press, 2012, p.326－331.

② 参见杨登杰：《执中行权的宪法比例原则：兼与美国多元审查基准比较》，载《中外法学》2015 年第 2 期，第 371－372 页；Robert Alexy，*Constitutional Rights，Balancing，and Rationality*，16 Ratio Juris 131，135（2003）；Aharon Barak, *Proportionality: Constitutional Rights and Their Limitations,* translated by Doron Kalir, Cambridge University Press, 2012, p. 323－326.

③ 参见戴昕、张永健：《比例原则还是成本收益分析：法学方法的批判性重构》，载《中外法学》2018 年第 6 期，第 1535 页。

④ 参见郑雅方：《论我国行政法上的成本收益分析原则：理论证成与适用展开》，载《中国法学》2020 年第 2 期，第 211 页。

利损害最小的手段实现，从而在保障基本权利的基础上增进整体社会福利。[①]正如阿哈龙·巴拉克所言，一个符合必要性原则的手段不一定符合狭义比例原则，而一个不符合必要性原则的手段却可能符合狭义比例原则，一语道破了必要性原则和狭义比例原则各自独特的功能定位。[②]

狭义比例原则是一个抽象的、形式的原则，其本身没有为行政决定是否合乎比例规定任何具体的法律标准，致使适用该原则时的主观性和不确定性较大，可能造成决策者滥用自由裁量权、不均衡地衡量利益或出现“结果导向型”分析等问题。[③]有鉴于此，比较激进的观点认为法院在对立法或行政行为进行实质审查时应放弃抽象的狭义比例原则甚至比例原则，转而采用具体的成本收益分析方法。[④]但为狭义比例原则进行辩护的学者认为该原则并不是空洞的，提出该原则不是为了提供单一和固定的解决方案，而是要求裁量者结合具体情况进行具体衡量，以求在个案中实现动态平衡。[⑤]为了解决狭义比例原则分析中的非理性和不确定性等问题，国内外学者提出了诸多建议。例如，有学者提出了进行狭义比例分析时通常可遵守的基本原则。[⑥]也有学者尝试在狭义比例原则分析中引入更加直观和具体的方法来克服狭义比例原则的抽象性所带来的非理性等问题。例如，罗伯特·阿列克西提出了著名的权衡法则（law of balancing）和权重方程（weight formula）；[⑦]阿哈龙·巴拉克提出了重点比较收益和损害的边际社

---

① 参见刘权：《比例原则的的精准化及其限度——以成本收益分析的引入为视角》，载《法商研究》2021年第4期，第105页；刘权：《均衡性原则的具体化》，载《法学家》2017年第2期，第24–25页。

② See Aharon Barak, *Proportionality: Constitutional Rights and Their Limitations,* translated by Doron Kalir, Cambridge University Press, 2012, p.356.

③ 参见刘权：《均衡性原则的具体化》，载《法学家》2017年第2期，第17–18页。

④ 参见戴昕、张永健：《比例原则还是成本收益分析：法学方法的批判性重构》，载《中外法学》2018年第6期，第1536–1538页。

⑤ 参见杨登杰：《执中行权的宪法比例原则：兼与美国多元审查基准比较》，载《中外法学》2015年第2期，第375–381页。

⑥ 参见王书成：《论比例原则中的利益衡量》，载《甘肃政法学院学报》2008年第2期，第28–29页；蒋红珍：《论比例原则——政府规制工具选择的司法评价》，法律出版社2010年版，第300–305页；刘权：《比例原则审查基准的构建与适用》，载《现代法学》2021年第1期，第152页。

⑦ 根据阿列克西的第一权衡法则“对一个原则的未满足程度或损害越大，满足另一个原则的重要性就必须越大”，需要确定手段对原则的未满足程度或损害程度、另一个原则的重要性以及该原则的重要性是否能证立对前一原则的未满足程度或损害程度。而根据第二权衡法则“对一项基本权利的干涉越大，其经验前提的可靠性就必须越大”，阿列克西设计了完整的权重方程：$W_{i,j}=(I_i \times W_i \times R_i) \div (I_j \times W_j \times R_j)$（i和j为不同的原则，变量I为干涉强度、W为原则的权重、R为经验事实认定的可靠性，$W_{i,j}$为受损害的原则i的具体权重）。转引自戴昕、张永健：《比例原则还是成本收益分析：法学方法的批判性重构》，载《中外法学》2018年第6期，第1536–1538页；刘权：《均衡性原则的具体化》，载《法学家》2017年第2期，第20–21页。

会重要性的平衡规则；[①]刘权等学者主张将成本收益分析方法作为狭义比例分析的辅助性方法；[②]加拿大学者戴维·M. 贝蒂从当事人视角出发，提出了将狭义比例原则中的价值判断转化为事实判断的商谈方法。[③]

本书认为，在狭义比例分析中保留一定程度的抽象性从而确保个案审查的灵活性是有必要的，但另一方面提升狭义比例分析的具体性也有助于克服分析中的非理性和不确定性等问题。不同学者提出的具体化狭义比例原则分析的方法不是非此即彼的关系，裁判者应对其持批判吸收的态度，结合具体情况确定最恰当的分析方法。

第二节　国际贸易法中的必要性测试法理

一般而言，国际经贸协定彼此之间是相互独立的，各协定通常仅对缔约方具有法律约束力，因而 WTO 争端解决机构发展的必要性测试等法理也仅对 WTO 成员有法律约束力。[④]但鉴于 CPTPP、DEPA、RCEP 等区域经贸协定明确并入了 WTO 必要性测试等条款，且规定解释协定时应考虑 WTO 争端解决机构对并入条款作出的解释，专家组或仲裁庭在这种情况下当然应考虑相关 WTO

---

① 也即，如果避免对权利造成损害的边际社会重要性和发生可能性越高，那么实施限制性法律获得的收益（公共利益或其他基本权利）的边际社会重要性就应该更高、更紧急，发生可能性也要更高。See Aharon Barak, *Proportionality: Constitutional Rights and Their Limitations,* translated by Doron Kalir, Cambridge University Press, 2012, p.342 – 365. 例如，一国为了保护公共健康而通过了禁止公民生产危害公共健康的产品的法律，该禁令对职业自由权利造成了损害。根据阿哈龙提出的平衡规则，此时狭义比例分析中要比较的就不是公共健康的社会重要性和职业自由的社会重要性，而是比较该禁令实施后所获得的公共健康收益的边际社会重要性和避免对职业自由权利造成损害的边际社会重要性。假设禁令实施前公共健康与职业自由的社会重要性均为 100，禁令实施后公共健康的社会重要性变为 300，职业自由的社会重要性变为 150，那么禁令实施后公共健康的边际社会重要性为 200，职业健康的边际社会重要性为 50。鉴于公共健康的边际社会重要性大于职业健康的边际社会重要性，可以认为禁令符合狭义比例原则。

② 参见刘权：《比例原则的的精准化及其限度——以成本收益分析的引入为视角》，载《法商研究》2021 年第 4 期；郑雅方：《论我国行政法上的成本收益分析原则：理论证成与适用展开》，载《中国法学》2020 年第 2 期；刘权：《均衡性原则的具体化》，载《法学家》2017 年第 2 期，第 28 – 29 页。

③ 具体而言，法官在适用比例原则时不是权衡者而是监督者，其不能以保障权利优先或公共利益优先为立场，或者采用成本收益等分析方法，而是应采取当事人观点优先立场，通过商谈将当事人最重要的利益和观点转换为事实问题。See David M. Beatty, *The Ultimate Rule of Law*, Oxford University Press, 2005, p.162 – 168. 转引自刘权：《均衡性原则的具体化》，载《法学家》2017 年第 2 期，第 22 页。

④ 参见陈咏梅：《WTO 法在区域贸易协定解释中的适用探究》，载《现代法学》2014 年第 4 期，第 156、160 页。

必要性测试法理。[①]即便区域经贸协定未并入WTO必要性测试条款，或未明确专家组或仲裁庭在解释本协定中的必要性测试规定时应否参考WTO法理，专家组或仲裁庭仍应根据解释条约的习惯国际法——《维也纳条约法公约》第31.3条（c）项所内含的体系整合原则，将“适用于当事国间关系之任何有关国际法规则”与上下文一并考虑。[②]此时，若WTO协定被认定为“国际法规则”中的其他条约，那么WTO协定中的相似条款及其法理将成为解释区域经贸协定相关条款时应当考虑的法理依据。此外，区域经贸协定的专家组或仲裁庭还可能将WTO法理认定为习惯国际法的潜在渊源，或者将WTO法理视为《国际法院规约》中的司法裁决而将其作为解释协定的辅助渊源。[③]综上，鉴于WTO协定中的必要性测试条款及其法理是解释区域经贸协定中的必要性测试规则时通常应依据或参考的重要国际法渊源，有必要全面回顾、梳理与总结WTO必要性测试法理，作为研究数字贸易国内规制中的必要性测试问题的理论基础。

一、GATT与GATS一般例外中的必要性测试

WTO争端解决领域存在关于GATT和GATS一般例外的丰富案例报告，是研究WTO必要性测试法理的重要文献。鉴于上述两个条款在结构和文本规定上基本一致，本部分将一并考察WTO争端解决机构就一般例外中“必要的”所发展的必要性测试法理。

（一）萌芽阶段（1996—2000）：承继GATT时期的最低贸易限制测试

GATT时期发生的美国337案对WTO早期的必要性测试法理产生了较大影响。专家组在本案中首次解释了GATT第20条（d）项中的必要性含义：如果存在合理可用的符合GATT其他条款的替代措施，那么当事方不能证明违反GATT措施是必要的。即便不存在合理可用的符合GATT其他条款的替代措施，

---

① 例如，CPTPP第8.4条和第29.1条、RCEP第6.4条和第17.12条等多个条款均并入了TBT协定第2.2条、GATT第20条和GATS第14条等包含必要性测试的WTO规则。在此基础上，CPTPP第28.12.3条、RCEP第19.4.2条规定对于纳入本协定的任何WTO协定条款，专家组应当考虑WTO争端解决机构对此作出的解释，同时专家组的裁定和决定不得增加或减少本协定项下的权利和义务。并且，RCEP第19.4条脚注还允许专家组审议未纳入该协定的WTO协定条款的相关法理。

② 自2000年起，联合国国际法委员会就开始研究国际法的“碎片化”问题，并在2006年发布了整合过去几年研究成果的综合报告。报告指出，国际法的体系性在VCLT第31.3条（c）项中得到了最清晰的正式表述，当不同规范之间产生重叠或冲突等问题且没有其他任何解释手段能提供解决办法时，本条就可能被用来解决相关问题。报告还指出VCLT第31.3条（c）项中的“国际法规则”涵盖习惯、一般原则和其他条约等国际法的所有渊源。See Martti Koskenniemi, *Fragmentation of International Law: Difficulties Arising from the Diversification and Expansion of International Law*, Report of the Study Group of the International Law Commission, A/CN.4/L.682, 2006, paras.413, 420, 426.

③ 参见陈咏梅：《WTO法在区域贸易协定解释中的适用探究》，载《现代法学》2014年第4期，第155－159页。不过该学者也分析了WTO一般例外等条款的判例法被发展为习惯国际法的可能性和困难。

缔约方仍有义务在合理可用的替代措施中选择与 GATT 其他条款违反程度更低的措施。[①]在泰国香烟案中，专家组指出 GATT 第 20 条例外的目的是要允许缔约方为了追求压倒性的公共政策目标而施加与 WTO 协定不符的贸易限制性措施，只要该违反是不可避免的。不符措施只有在不存在合理可用的、与 GATT 相符或违反程度更低的替代措施时才能被使用。[②]可见，本案中的“最低贸易限制测试”同样指成员必须使用合理可用的与 GATT 违反程度最小的措施。此后，美国汽油案等 WTO 早期案件也承继了 GATT 专家组在美国 337 案和泰国香烟案中发展的最低贸易限制测试法理。[③]一方面，WTO 早期案件塑造了必要性测试法理的“骨架”，使得后续案件均以“最低贸易限制测试”解释例外条款中的“必要的”术语。另一方面，这一时期仍以“与 GATT 不符的程度”作为必要性测试的法律标准，且未对“合理可用”要素予以过多关注，受到了理论界的较多批评。[④]

（二）发展阶段（2000 年至今）：必要性测试的分析结构和法律标准逐渐明晰

韩国牛肉案中引入的权衡概念对后续 WTO 必要性测试法理的发展具有深远影响。自该案开始，专家组和上诉机构不仅均将权衡测试作为在 WTO 例外条款下分析争议措施必要性的必备环节，而且逐渐将权衡作为最低贸易限制测试的前置环节，同时将考察目标所保护的价值或利益的重要性作为权衡测试的起点。但上诉机构在韩国牛肉案中提出的权衡理念和结合案情进行的推理均较为简短，没有说明不同要素之间如何相互作用从而影响最终结论的得出，导致部分后续案件的专家组对争议措施必要性的分析存在模棱两可甚至不一致的问题。欧盟海豹案等上诉机构报告对争议问题进行澄清后，WTO 必要性测试法理的一致性和连贯性得以加强。

1. 韩国牛肉案：在最低贸易限制测试中首次引入权衡概念并提出三项权衡标准

WTO 争端解决机构在本案中对 GATT 第 20 条采用了双层分析法，第一层分析争议措施是否符合第 20 条任一项的规定，第二层分析争议措施是否符合“序言”规定。为了使一项违反 GATT 的措施能通过第 20 条（d）项获得合法性，

---

① GATT Panel Report, United States - Section 337 of the Tariff Act of 1930, L/6439-36S/345, adopted 7 November 1989, para. 5.26.

② GATT Panel Report, Thailand - Restrictions on Importation of and Internal Taxes on Cigarettes, DS10/R-37S/200, adopted 7 November 1990, para. 74.

③ WTO Appellate Body Report, United States - Standard for Reformulated and Conventional Gasoline, WT/DS2/AB/R, adopted 20 May 1996, p. 16.

④ See Steve Charnovitz, *Exploring the Environmental Exceptions in GATT Article XX*, 25 Journal of World Trade (1991); Filippo Fontanelli, *Necessity Killed the GATT Art XX GATT and The Misleading Rhetoric about "Weighing and Balancing"*, 4 European Journal of Legal Studies 45 – 46 (2012); Ming Du, *The Necessity Test in World Trade Law: What Now?*, 15 Chinese Journal of International Law 817 (2016).

主张该项的被诉方必须证明争议措施符合两个条件：第一，措施被设计来确保遵守符合 GATT 的法律法规；第二，措施对于确保法律法规的遵守是必要的。在简单地分析并认定双轨销售体系符合第一个条件后，上诉机构开始分析双轨销售体系的必要性。①

上诉机构在考察权威字典对“必要的”文义解释后，认为 GATT 第 20 条（d）项中的“必要的”是一个范围，它不限于绝对必要或不可或缺，相当接近不可或缺也属于“必要的”范围。紧接着，上诉机构引入了权衡概念，指出在审查措施对于确保法律法规的遵守是否必要时应考虑该法律法规所保护的利益或价值的重要性、措施对于实现目标的贡献程度以及措施的贸易限制性，并分别提出了上述要素的权衡标准：争议措施追求的普遍利益或价值越重要，该措施就越容易被认为必要（权衡标准 1）；争议措施对实现目标的贡献程度越大，该措施就越容易被认为必要（权衡标准 2）；对进口产品影响相对较轻的争议措施比具有严重或广泛贸易限制效果的措施更容易被认为必要（权衡标准 3）。随后，上诉机构总结，确定一个并非不可或缺的措施是否符合 GATT 第 20 条（d）项的必要性要求是一个对多个要素进行权衡的过程，并提到美国 337 案采用的最低贸易限制测试，表示权衡是在确定是否存在合理可用的符合 WTO 协定的替代措施或违反程度更低的替代措施中完成的，因此在审查争议措施是否必要时韩国必须证明不存在合理可用的替代措施。②最终，韩国因未能证明替代措施并非合理可用而败诉。③

2. 欧共体石棉案：灵活运用权衡测试尊重成员在公共健康领域的规制权

为了保护工人和消费者的健康，法国在 1996 年根据劳动法案和消费者法案通过了第 96－1133 号法令（本案的争议措施），一方面禁止制造、加工、销售、进口任何类型的石棉和石棉制品（进口禁令），另一方面允许在替代品无法实现相同功能时在特定条件下使用含有温石棉纤维的特定产品（控制使用措施）。④本案专家组指出，欧共体援引 GATT 第 20 条（b）项证明争议措施的合法性需满足两个条件：第一，使用温石棉产品对人类健康造成了风险；第二，争议措施对于保护人类生命或健康是必要的。鉴于欧共体初步证明了使用温石棉产品对人类生命或健康构成了风险而加拿大未提出反驳，本案的关键问题同样是法国

① WTO Appellate Body Report, Korea - Measures Affecting Imports of Fresh Chilled and Frozen Beef, WT/DS161/AB/R, adopted 10 January 2001, paras. 156－158.

② WTO Appellate Body Report, Korea - Measures Affecting Imports of Fresh Chilled and Frozen Beef, WT/DS161/AB/R, adopted 10 January 2001, paras. 159－167.

③ WTO Appellate Body Report, Korea - Measures Affecting Imports of Fresh Chilled and Frozen Beef, WT/DS161/AB/R, adopted 10 January 2001, paras. 175－182.

④ WTO Panel Report, European Communities-Measures Affecting Asbestos and Asbestos-Containing Products, WT/DS135/R, adopted on 5 April 2001, paras. 2.3－2.7.

的争议措施对于实现健康目标是否必要。

上诉机构指出，成员毫无争议有权决定具体情况下其认为恰当的健康保护水平（the right to determine the level of protection of health that they consider appropriate in a given situation，下称“ALOP 权利”），然后充分尊重了法国提出的保护水平，即停止石棉相关风险的扩散，并认为通过禁止所有形式的闪石石棉并严格限制使用温石棉，进口禁令很明显被设计和使用来实现该保护水平。[①] 随后，上诉机构援引美国 337 案和韩国牛肉案采用的最低贸易限制测试，认为可以将权衡测试引入审查替代措施是否合理可用的过程：鉴于保护人类生命或健康的价值具有最高的重要性和重大性，接下来的问题就是审查是否存在可同等实现目标且比禁令的贸易限制性更低的替代措施。对于加拿大提出的将控制使用措施作为替代措施的主张，上诉机构认为若替代措施包含争议措施想要停止的持续风险，那么法国不能被合理期待采用任何替代措施，因为该替代措施会阻碍法国实现其追求的保护水平。因此，上诉机构维持了“欧共体初步证明了不存在合理可用的替代措施”的专家组裁定，认为法令对于保护 GATT 第 20 条（b）项的人类健康是必要的。[②]

3. 美国博彩案：因起诉方未提出合理可用的替代措施而单独适用权衡测试

美国曾通过《电信法》《旅行法》《非法赌博商业法》这三部联邦法及相关州法的部分条款禁止跨境提供博彩服务（本案的争议措施）。鉴于美国初步证明了争议措施对于实现 GATS 第 14 条（a）项中的公共道德目标是必要的，而安提瓜没能提出可能合理可用的替代措施，上诉机构最终裁定争议措施是实现目标所必要的措施。本案上诉机构在审查争议措施的必要性时援引了韩国牛肉案中引入的权衡测试，但作出了三点澄清。

第一，相比韩国牛肉案仅仅是列出了需要权衡的因素以及权衡标准，本案上诉机构澄清了权衡测试的先后顺序以及确定利益或价值重要性的功能：首先，权衡从审查利益或价值的相对重要性开始，然后才是权衡其他因素，例如措施对于实现目标的贡献以及措施对国际贸易的限制效果这两个在大部分案件中均相关的因素；其次，应根据利益或价值的重要性比较争议措施与可能的替代措施，争议措施是否必要、替代措施是否合理可用是在将利益或价值纳入考虑后，在权衡和比较基础上确定的。[③]

---

① WTO Appellate Body Report, European Communities - Measures Affecting Asbestos and Asbestos-Containing Products, WT/DS135/AB/R, adopted 5 April 2001, para. 168.

② WTO Appellate Body Report, European Communities - Measures Affecting Asbestos and Asbestos-Containing Products, WT/DS135/AB/R, adopted 5 April 2001, paras. 171 – 174.

③ WTO Appellate Body Report, United States - Measures Affecting the Cross-Border Supply of Gambling and Betting Services, WT/DS285/AB/R, adopted 20 April 2005, paras. 306 – 307.

第二，上诉机构澄清了最低贸易限制测试中的“合理可用”标准：GATS 第 14 条（a）项中规定的“必要的”要求反映了成员的共识：GATS 实质义务不应该被轻易偏离；如果一项替代措施仅仅理论上可行但被诉方无法采用或给被诉方施加了过高成本或重大技术困难等不当负担，那么该替代措施不是合理可用的。[①]

第三，上诉机构澄清了 GATS 第 14 条（a）项的举证责任分配问题。具体而言，被诉方不负有首先证明不存在合理可用的可以实现公共道德目标的替代措施的责任，特别是不需要确定贸易限制性更低的替代措施范围并证明所有的替代措施均不能实现其期待的目标，WTO 协定没有规定如此不切实际且通常不可能的证明责任。当起诉方没有提出合理可用的替代措施时，被诉方只需提供证据和主张证明争议措施的必要性以供专家组审查。此时，若专家组认为被诉方初步证明了争议措施的必要性，那么专家组应裁定争议措施是必要的。只有当起诉方提出了可能合理可用的替代措施时，被诉方才负有证明替代措施并非合理可用的额外责任。[②]基于此，上诉机构不赞同专家组提出的“美国在采取争议措施前应探索和穷尽所有合理可用的符合 WTO 法的替代措施，否则不能证明其争议措施的必要性”推理，也不认为与安提瓜进行协商是合理可用的替代措施，因为协商的结果具有不确定性，无法将其与争议措施进行比较。可见，安提瓜未能提出可能合理可用的替代措施供被诉方反驳和争端解决机构审查是其败诉的重要原因。

4. 巴西轮胎案：增加通过权衡测试得出争议措施是否必要的初步结论环节

本案的一个争议问题是巴西禁止进口翻新轮胎的措施（下称“进口禁令”）能否通过 GATT 第 20 条（b）项获得合法性。上诉机构提到美国博彩案的权衡测试从分析价值的重要性开始，同时需要审查贡献和贸易限制性等因素，因此回顾了专家组的权衡过程。就贡献程度而言，专家组指出当追求的目标和争议措施之间存在目的和手段的真实联系时贡献即存在，并结合风险的性质和证据等情况对贡献程度进行了定性分析，裁定进口禁令有助于对实现目标作出贡献。上诉机构肯定了专家组结合本案案情对贡献程度采用的定性分析法，也认可专家组所说的进口禁令在某些情况下可能是符合 GATT 第 20 条（b）项的必要措施。但上诉机构不赞成专家组提出的“由于措施旨在最大程度地减少风险，因此即便其只作出了微不足道的贡献也可能被认为是必要的”观点。相反，上诉机构认为当措施对国际贸易造成了类似进口禁令一样严重的限制效果时，似乎

---

① WTO Appellate Body Report, United States - Measures Affecting the Cross-Border Supply of Gambling and Betting Services, WT/DS285/AB/R, adopted 20 April 2005, para. 308.

② WTO Appellate Body Report, United States - Measures Affecting the Cross-Border Supply of Gambling and Betting Services, WT/DS285/AB/R, adopted 20 April 2005, paras. 309 – 311, 320.

除非该措施对实现目标作出重大贡献，否则很难认为该措施是必要的。[①]基于此，上诉机构在审查后进一步明确进口禁令对实现目标作出了重大贡献。

随后，上诉机构指出如果初步审查需权衡的所有因素后发现争议措施是必要的，该结果必须通过与替代措施进行比较来最终确认。在审查欧共体提出的相关替代措施后，上诉机构认为这些替代措施都只是进口禁令的补充性措施，它们共同构成了处理废弃轮胎的一个全面政策的相互支持性元素而非真正的替代措施，因此维持了替代措施并非合理可用的专家组裁定，并最终维持了“进口禁令对于保护人类、动植物生命是必要的”专家组裁定。[②]

5. 欧盟海豹案：澄清权衡测试未就进口禁令的贡献标准预先设置任何门槛要求

为了回应欧盟境内保护海豹福利的公众关切，欧盟在2009年通过了一项由以下内容构成的单边贸易规则（下称“海豹制度”）：全面禁止海豹产品在欧盟境内销售（禁令）；三类允许的例外措施，分别是土著居民传统捕猎行为例外（IC例外）、海洋资源管理计划例外（MRM例外）、旅行者或其家庭的个人使用例外（旅行者例外）。鉴于海豹制度对部分国家的相关产品贸易造成了影响，加拿大和挪威向WTO提起了诉讼。在上诉阶段，争端双方对贡献采用的法律标准产生了争议。[③]上诉机构指出，巴西轮胎案中的进口禁令具有两方面特征：一是禁令是被设计和实施来解决废弃轮胎问题的完整政策的一部分，公共卫生或环境问题的复杂性导致可能只能通过一系列相互影响的措施来解决相关问题，短期内很难将一个措施对实现目标作出的贡献与另一个措施对实现目标作出的贡献区分开；二是预防性措施的效果可能要随着时间推移才能显现。正是因为巴西轮胎案中的进口禁令是整体政策的一部分，其对实现目标的影响暂时无法识别，因此关注的是禁令有助于对实现目标作出的重大贡献。上诉机构在巴西轮胎案中很谨慎地没有暗示其对贡献采用的法律标准具有一般适用性。因此，上诉机构不认为巴西轮胎案对GATT第20条中的贡献程度预先设定了具有一般适用性

---

① WTO Appellate Body Report, Brazil - Measures Affecting Imports of Retreaded Tyres, WT/DS332/AB/R, adopted 17 December 2007, paras. 143 – 155.

② WTO Appellate Body Report, Brazil - Measures Affecting Imports of Retreaded Tyres, WT/DS332/AB/R, adopted 17 December 2007, paras. 156 – 212.

③ 加拿大和挪威提出既然专家组认为应审查作为整体的海豹制度可否通过GATT第20条（a）项获得合法性，就应该审查作为整体的欧盟海豹制度而非禁令是否作出了重大贡献，而专家组错误地将“作出了一些贡献”和“作出了贡献”等同于“作出了重大贡献”。欧盟则认为上诉机构在巴西轮胎案中保留了“当进口禁令未作出重大贡献也可能被认为必要”的可能性，并确立了“当措施作出的贡献并非微不足道时就应认为贡献是重大的”法理，同时指出上诉机构在美国原产地标识案中也不赞同贡献程度存在最低门槛要求。WTO Appellate Body Report, European Communities - Measures Prohibiting the Importation and Marketing of Seal Products, WT/DS400/AB/R, WT/DS401/AB/R, adopted 18 June 2014, paras. 5.207 – 5. 208.

的门槛要求。上诉机构进一步强调，权衡测试要求全面考察所有因素，贡献只是其中一个因素，措施的必要性不可能通过贡献一个因素就能确定，例如还要考察替代措施。必要性分析过程的灵活性不允许对任何因素预先设定门槛性要求。上诉机构进一步指出，即便海豹制度在性质上具有高度贸易限制性，但它在根据案件具体情形和争议措施特殊性质进行各方面权衡后，仍有可能认为该制度符合 GATT 第 20 条（a）项的必要性要求。因此，上诉机构不赞同存在一般适用的重大贡献门槛标准，指出专家组使用重大贡献标准进行分析有误，但上诉机构在审查专家组的贡献分析后认为专家组关于海豹制度整体贡献的结论无误。[①]在进一步审查并确认不存在合理可用的替代措施后，上诉机构暂时裁定海豹制度可以通过 GATT 第 20 条（a）项获得合法性。[②]

6. 阿根廷货物和服务贸易措施案：对以往必要性测试法理的一次综合运用

出于税收透明目的，阿根廷为避免本国征税系统遭遇非合作司法管辖区有害税收活动带来的风险并避免洗钱带来的风险而颁布了第 589/2013 号法令，巴拿马主张法令中的 8 项措施违反了 GATS 相关条款，阿根廷则援引 GATS 第 14 条（c）项抗辩相关措施具有合法性。专家组裁定阿根廷的争议措施符合 GATS 第 14 条（c）项的必要性要求。[③]在上诉审查阶段，巴拿马提出争议措施既不是被设计来确保法律法规的遵守，且对于确保法律法规的遵守也不是必要的。上诉机构回顾专家组对措施必要性的审查路径后维持了专家组的相关裁定。本案是对以往 WTO 必要性测试法理的一次综合运用，具体表现在以下几个方面。

第一，延续欧盟海豹案的法理，指出必要性测试包含对一系列因素的权衡过程，并且在大部分案件中还需要将争议措施与替代措施进行比较。该分析包含一个“为作出整体裁定，涉及放入等式中的所有变量并在单独审查每个变量后评估它们之间相互关系”的全面权衡实践。正是基于权衡和比较，并考虑争议的利益或价值，专家组确定争议措施是否必要或者符合 WTO 协定的替代措施是否合理可用。[④]

第二，延续韩国牛肉案的权衡标准，强调恰当的权衡过程要求尽可能确定

① WTO Appellate Body Report, European Communities - Measures Prohibiting the Importation and Marketing of Seal Products, WT/DS400/AB/R, WT/DS401/AB/R, adopted 18 June 2014, paras. 5.209 – 5.259.

② WTO Appellate Body Report, European Communities - Measures Prohibiting the Importation and Marketing of Seal Products, WT/DS400/AB/R, WT/DS401/AB/R, adopted 18 June 2014, paras. 5.260 – 5.280.

③ WTO Panel Report, Argentina- Measures Relating to Trade in Goods and Services, WT/DS453/R, adopted 9 May 2016, paras. 2.1 – 2.40, 7.568 – 7.764.

④ WTO Appellate Body Report, Argentina - Measures Relating to Trade in Goods and Services, WT/DS453/AB/R, adopted 9 May 2016, para. 6.182.

措施对于实现目标的具体贡献程度。上诉机构专门提到专家组得出的“措施对于实现目标作出了贡献”结论有一定问题，强调专家组的责任是定性或定量分析贡献程度而非仅仅是否作出了贡献，因为“贡献程度越大，该措施就越容易被认为必要”。①

第三，延续美国博彩案的法理，在起诉方未确定任何可能合理可用的替代措施时，专家组仅审查需要权衡的相关因素来确定争议措施是否符合例外条款某一项的必要性要求。本案中，专家组在权衡了利益或价值的重要性、贡献、贸易限制性要素后，考虑到巴拿马没有确定任何合理可用的替代措施，得出争议措施对于确保法律法规的遵守是必要的。②

此外，上诉机构还进一步澄清了 GATS 第 14 条（c）项中“设计”要求的功能及其与必要性测试的关系。首先，“为了确保法律法规的遵守”限定了 GATS 第 14 条（c）项的范围，表明“设计”属于门槛性要求，当争议措施不符合“设计”要求时无须再进行必要性测试。③其次，“设计”要求和必要性测试是回答争议措施对于确保法律法规的遵守是否必要的两个既有区别又有联系的因素。上诉机构认为二者未完全相互独立，其分析可能存在交叉，有些考量可能对于二者都是相关的。④

（三）GATT 和 GATS 一般例外中的“序言”要求

尽管 GATT 和 GATS 等一般例外中的“序言”（chapeau）要求与本书研究主题并无直接关联，但鉴于 CPTPP 和 DEPA 等包含必要性测试的正当公共政策目标例外中同样规定了类似要求，为了论证的完整性，本部分将简要分析 WTO 争端解决机构就“序言”所发展的法理。WTO 上诉机构在美国汽油案和美国虾/海龟案等案件中指出设置 GATT 第 20 条“序言”的目的和宗旨在于避免本条例外被成员滥用，从而有助于在成员援引例外条款的权利和该成员尊重其他成员

---

① 尽管上诉机构指出专家组在贡献分析中仅认定“措施对于实现目标有贡献”而没有定性或定量地确定具体贡献程度存在一定问题，但上诉机构最终还是维持了专家组关于措施必要性的裁定。WTO Appellate Body Report, Argentina - Measures Relating to Trade in Goods and Services, WT/DS453/AB/R, adopted 9 May 2016, para.6.234.

② WTO Appellate Body Report, Argentina - Measures Relating to Trade in Goods and Services, WT/DS453/AB/R, adopted 9 May 2016, para.6.197.

③ “GATS 第 14 条（c）项要求首先审查争议措施与法律法规的关系，在此目的下指示专家组在审查措施是否为了确保遵守法律法规时详细审查措施的设计。当措施的设计表明其确保了法律法规的遵守时（即便措施无法保证绝对确定地实现结果），也可以认为措施是为了确保法律法规的遵守。但如果审查措施的设计后发现措施无法确保法律法规的遵守，就不需要再分析措施对于确保法律法规的遵守是否必要。” WTO Appellate Body Report, Argentina - Measures Relating to Trade in Goods and Services, WT/DS453/AB/R, adopted 9 May 2016, para. 6.202.

④ WTO Appellate Body Report, Argentina - Measures Relating to Trade in Goods and Services, WT/DS453/AB/R, adopted 9 May 2016, para.6.205.

根据 WTO 协定享有的权利之间取得平衡。[①]根据相关 WTO 法理，例外条款中的“序言”由三大要件构成：一是对措施的适用将导致歧视，二是歧视必须具有武断或不合理的特点，三是歧视发生在具有相同条件的国家之间。[②]

首先，上诉机构在美国汽油案、美国虾/海龟案和欧盟海豹案中依据 VCLT 解释通则中的有效解释原则，表示 GATT 第 20 条“序言”与 GATT 第 3.4 条中的“歧视”标准不同。[③]其次，上诉机构在巴西轮胎案中澄清，在审查是否存在不合理歧视时通常需考察歧视的成因和理由，而非完全取决于对歧视效果（例如数量限制效果）的评估，尽管在特定案件中歧视效果与其他因素相比可能是决定歧视是否合理的相关因素。[④] 再次，为了防止成员滥用或不正当利用例外条款，可以对“武断、不合理歧视或对国际贸易的变相限制”一并进行解读，它们共同赋予了彼此意义。[⑤]最后，尽管“条件”具有很多字典含义，但就“序言”而言，只有“序言”的上下文、GATT 第 20 条列出的例外情形特别是一国采取争议措施追求的具体公共政策目标以及争议措施涉嫌违反的 GATT 实体条款对于解释不同国家之间的“条件”是否相同才是相关的。[⑥]

二、SPS 协定义务条款中的必要性测试

澳大利亚鲑鱼案[⑦]、美国影响中国家禽进口案[⑧]、澳大利亚苹果进口

① WTO Appellate Body Report, United States - Standard for Reformulated and Conventional Gasoline, WT/DS2/AB/R, adopted 20 May 1996, p. 22; WTO Appellate Body Report, United States- Import Prohibition of Certain Shrimp and Shrimp Products, WT/DS58/AB/R, adopted 6 November 1998, paras. 153 – 159.

② WTO Appellate Body Report, United States- Import Prohibition of Certain Shrimp and Shrimp Products, WT/DS58/AB/R, adopted 6 November 1998, para. 150.

③ WTO Appellate Body Report, United States - Standard for Reformulated and Conventional Gasoline, WT/DS2/AB/R, adopted 20 May 1996, p. 23; WTO Appellate Body Report, United States - Import Prohibition of Certain Shrimp and Shrimp Products, WT/DS58/AB/R, adopted 6 November 1998, para. 150; WTO Appellate Body Report, European Communities - Measures Prohibiting the Importation and Marketing of Seal Products, WT/DS400/AB/R, WT/DS401/AB/R, adopted 18 June 2014, para. 5.298.

④ WTO Appellate Body Report, Brazil - Measures Affecting Imports of Retreaded Tyres, WT/DS332/AB/R, adopted 17 December 2007, paras. 229 – 230.

⑤ 例如，“变相限制”包括对国际贸易的变相歧视，“对国际贸易的隐藏或未宣布限制或歧视”也并未穷尽“变相限制”的含义。不论“变相限制”涵盖何种内容，其都可以被恰当地理解为包含任何以 GATT 第 20 条为幌子采取的、等同于对国际贸易进行武断或不合理歧视限制的变相措施，反之亦然。WTO Appellate Body Report, United States - Standard for Reformulated and Conventional Gasoline, WT/DS2/AB/R, adopted 20 May 1996, p. 25; WTO Appellate Body Report, Brazil - Measures Affecting Imports of Retreaded Tyres, WT/DS332/AB/R, adopted 17 December 2007, paras. 239.

⑥ European Communities - Measures Prohibiting the Importation and Marketing of Seal Products, WT/DS400/AB/R, WT/DS401/AB/R, adopted 18 June 2014, paras. 5.299 – 5.301.

⑦ WTO Appellate Body Report Australia - Measures Affecting Importation of Salmon, WT/DS18/AB/R, adopted 6 November 1998.

⑧ WTO Panel Report, United States - Certain Measures Affecting Imports of Poultry from China, WT/DS392/R, adopted 25 October 2010.

案[①]、印度农产品进口案[②]、俄罗斯猪肉进口措施案[③]、韩国核辐射进口禁令案[④]在专家组或上诉机构阶段均涉及 SPS 协定第 5.6 条。其中，上诉机构在澳大利亚鲑鱼案中发展出的“三叉测试”非常经典并不断被后续案件引用。鉴于专家组和上诉机构关于 SPS 协定第 5.6 条发展的必要性测试法理较为一致，本部分将重点考察 WTO 争端解决机构在澳大利亚鲑鱼案中的相关解释。

上诉机构在澳大利亚鲑鱼案中指出，首先，替代措施必须同时满足三大要件才能说明争议 SPS 措施违反了 SPS 协定第 5.6 条：（1）考虑了技术和经济可行性；（2）能够实现成员恰当的保护水平；（3）比争议 SPS 措施的贸易限制性明显更小。同时，上诉机构指出 SPS 协定第 5.6 条包含了每个条件都应该被满足的“三叉测试”，任何一个条件未被满足均不能说明争议措施违反了该条。[⑤]其次，SPS 协定附件 A 第 5 段明确规定成员认为适当的保护水平是成员的权利，并且本协定多个条文也暗示确定成员认为恰当的保护水平是成员的义务。尽管上诉机构认为成员无须定量地确定其认为恰当的保护水平，但也指出成员不可模糊或模棱两可地确定其认为恰当的保护水平，以致适用本协定包括第 5.6 条变得不可能。只有当成员没有确定其认为恰当的保护水平或者没有足够准确地界定其认为恰当的保护水平时，专家组才能基于成员实际采用的 SPS 措施所反映出来的保护水平去确定成员认为恰当的保护水平。[⑥]

三、TBT 协定义务条款中的必要性测试

美国金枪鱼第二案、美国原产地标识案和澳大利亚平装香烟案对 TBT 协定第 2.2 条进行了较为完整的审查。并且，三个案件所发展的必要性测试法理不仅具有一致性和连贯性，也进一步明确了贡献程度、目标正当性、贸易限制性等要素的法律标准，这对于解释其他 WTO 协定中的必要性测试也有参考价值。

---

① WTO Appellate Body Report, Australia - Measures Affecting the Importation of Apples from New Zealand, WT/DS367/AB/R, adopted 17 December 2010.

② WTO Appellate Body Report, India - Measures Concerning the Importation of Agricultural Products, WT/DS430/AB/R, adopted 19 June 2015.

③ WTO Appellate Body Report, Russian Federation - Measures on the Importation of Live Pigs, Pork and Other Pig Products from the European Union, WT/DS475/AB/R, adopted 21 March 2017.

④ WTO Appellate Body Report, Korea - Import Bans, and Testing and Certification Requirements for Radionuclides, WT/DS495/AB/R, adopted 26 April 2019.

⑤ WTO Appellate Body Report, Australia - Measures Affecting Importation of Salmon, WT/DS18/AB/R, adopted 6 November 1998, para. 194.

⑥ WTO Appellate Body Report, Australia - Measures Affecting Importation of Salmon, WT/DS18/AB/R, adopted 6 November 1998, paras. 199 – 207.

（一）美国金枪鱼第二案：确立必要性测试的基本框架

为了避免捕捞金枪鱼过程中造成海豚伤亡，美国建立了海豚安全标识制度（下称“争议法规”）。墨西哥认为争议法规违反了TBT协定第2.2条等条款，并提出了允许“AIDCP标识”与争议法规在美国市场共存这一替代措施。本案的一大争议是争议法规对于实现消费者信息目标和保护海豚目标是否必要。对此，上诉机构对必要性测试的法律标准作出了如下澄清。

首先，TBT协定第2.2条对正当目标进行的是不完全列举，未列出的目标同样可能是正当的。对于未明确列出的目标的正当性应采用何种法律标准和审查标准，上诉机构指出TBT协定第2.2条、TBT协定序言6和7以及其他WTO协定条款所承认的目标对于确定目标是否正当具有指导和提示意义，同时应采取客观和独立评估路径审查目标的正当性。

其次，上诉机构运用平义解释和系统解释方法，指出“实现正当目标”关注的是技术法规对实现正当目标的贡献水平，这与争端解决机构根据例外条款在必要性测试的“初步阶段”对贡献采用的“期待的保护水平”标准存在显著差异。对此，专家组必须确定技术法规明示或暗示的实际贡献程度，或技术法规对于实现正当目标是否没有贡献。

再次，本条中的两句话均反映了必要性概念，第2句话说明了第1句话的含义和范围，因此本条必要性评估包括对技术法规的贸易限制性、贡献程度和不实现目标可能造成的风险的关联分析；在大部分情况下，还要将技术法规与替代措施进行比较。

最后，“考虑不实现目标可能造成的风险”表明应根据风险性质和不实现目标可能造成的结果的权重比较争议措施和替代措施。就举证责任而言，起诉方负有证明技术法规为实现正当目标所造成的贸易限制性超过必要限度的责任，并需要提出可能合理可用的替代措施来进行初步证明。①

（二）美国原产地标识案：进一步明确正当目标和贡献的法律标准

美国1946年《农产品销售法》等法律法规中规定了牛肉和猪肉产品的强制性原产地标识要求（下称“COOL措施”），要求在零售层面就牛肉和猪肉等涵盖产品告知消费者原产地。其中，只有由完全在美国出生、饲养和屠杀的动物制成的涵盖产品才能被授予美国原产地标识。这一要求使得被进口到美国但在美国饲养或屠杀的动物制成的牛肉或猪肉产品无法被授予美国原产地标识。加拿大和墨西哥认为COOL措施违反了TBT协定第2.2条等条款。上诉机构在审查争议法规的必要性时进一步明确了目标正当性和贡献的法律标准。

---

① WTO Appellate Body Report, United States - Measures Concerning the Importation, Marketing and Sale of Tuna and Tuna Products, WT/DS381/AB/R, adopted 13 June 2012, paras. 311 – 323.

第一，TBT 协定第 2.2 条列举的目标具有高度概括性，本条未表明正当目标之间存在阶层差异，与列举目标重要共性有关的是未列出目标本身的性质与内容，TBT 协定第 2.2 条和序言明确列出了目标以及其他 WTO 协定条款也为判断目标的正当性提供了指南和提示。鉴于加拿大没能证明 COOL 措施的目标不正当，上诉机构维持了目标具有正当性的专家组裁定。①

第二，不论是第 2.2 条还是作为整体的 TBT 协定均未要求专家组在审查目标时确定被诉方希望实现的目标的水平，第 2.2 条要求专家组评估的是技术法规对于实现目标的贡献水平（即“实际贡献水平”标准）。②并且，上诉机构进一步援引 GATT 第 20 条（b）项下“当争议措施和追求的目标之间存在目的和手段的真实联系时，贡献就存在”的法理，澄清 TBT 协定第 2.2 条未就贡献水平预设任何门槛性要求，这与其依据例外条款在必要性测试的“初步结论”阶段审查争议措施的贡献所采用的法律标准一致。③

（三）澳大利亚平装香烟案：澄清贸易限制性和替代措施等效性的法律标准

为解决肥胖、烟草、过量消费酒精等引起的慢性病，澳大利亚在 2009 年确立了实质提升烟草产品价格和禁止烟草产品广告等十一大行动领域，据此采取了统一烟草产品零售包装和外形的平装香烟措施（下称“TPP 措施”）以及其他一系列控烟措施。洪都拉斯等国主张 TPP 措施违反了 TBT 协定第 2.2 条等条款。本案上诉机构重点澄清了贸易限制性和替代措施等效性的法律标准。

首先，是否存在贸易限制性取决于竞争条件或竞争机会的不利改变是否足以表明对国际贸易造成限制效果。当一项措施仅仅改变了进口市场中个体生产者的竞争条件，而专家组无法预见措施对作为整体的进口生产者竞争条件的影响时，上诉机构不认为专家组如何得出争议措施必然对国际贸易造成限制性效果的结论，更不必说贸易限制程度。④

---

① WTO Appellate Body Report, United States - Certain Country of Origin Labelling (COOL) Requirements, WT/DS384/AB/R, WT/DS386/AB/R, adopted 23 July 2012, paras. 446 – 452.

② WTO Appellate Body Report, United States - Certain Country of Origin Labelling (COOL) Requirements, WT/DS384/AB/R, WT/DS386/AB/R, adopted 23 July 2012, paras. 392 – 396.

③ WTO Appellate Body Report, United States - Certain Country of Origin Labelling (COOL) Requirements, WT/DS384/AB/R, WT/DS386/AB/R, adopted 23 July 2012, paras. 461 – 466. 澳大利亚平装香烟案的上诉机构也澄清，若争议技术法规不具有贸易限制性，或者具有贸易限制效果的措施对于实现正当目标没有贡献或无法作出贡献时，可能就不需要比较分析。WTO Appellate Body Report, Australia - Certain Measures Concerning Trademarks, Geographical Indications and Other Plain Packaging Requirements Applicable to Tobacco Products and Packaging, WT/DS435/AB/R, WT/DS441/AB/R, adopted 29 June 2020, para. 6.4.

④ WTO Appellate Body Report, Australia - Certain Measures Concerning Trademarks, Geographical Indications and Other Plain Packaging Requirements Applicable to Tobacco Products and Packaging, WT/DS435/AB/R, WT/DS441/AB/R, adopted 29 June 2020, paras. 6.375 – 6.459.

其次，上诉机构澄清了替代措施等效性的法律标准。专家组基于替代措施未解决 TPP 措施试图解决的香烟包装设计问题以及替代措施会使澳大利亚控烟政策的一个方面无法得到解决而裁定替代措施无法作出与 TPP 措施同等的贡献。上诉机构澄清，尽管替代措施实施目标的方式与 TPP 措施不同，但如果它对实现目标作出的贡献与技术法规实现目标的贡献是相似或可比的，那么不论它是否构成整体措施的一部分，也不论它作出的贡献是否来源于作为整体的政策产生的协同效应，这都不应成为决定替代措施等效性的标准。[①]

四、必要性测试法理小结

本节对专家组和上诉机构相关报告的分析表明：TBT 协定和 SPS 协定中的必要性测试法理因文本规定较为明确而具有较强的连贯性，并处于不断细化和完善的发展阶段；而 GATT 第 20 条和 GATS 第 14 条的必要性测试法理因条文规定较为简单、模糊性较大，经历了较为波折的演进阶段才逐渐形成了较为连贯和一致的必要性测试法理。表 1.1 为 WTO 必要性测试法理总结。

分析 WTO 一般例外、TBT 协定第 2.2 条和 SPS 协定第 5.6 条中的必要性测试法理后，可发现三者的共同点为均可以对必要性测试采用“初步结论 + 最终结论”的分析结构，且两个阶段均需审查贸易限制性和贡献要素。[②]就 WTO 一般例外和 TBT 协定第 2.2 条而言，当专家组在“初步结论”阶段发现争议措施没有贸易限制性或者无法对实现目标作出任何贡献时，专家组即可作出争议措施是否必要的最终裁定；并且，当起诉方未提出可能合理可用的替代措施时，专家组也可在“初步结论”阶段作出争议措施是否必要的最终裁定。

三类必要性测试法理的区别则主要体现为以下四点。第一，是否需进行权衡测试，特别是是否需按照权衡标准 1 安排必要性测试。在审查 WTO 一般例外时，专家组需运用权衡测试中的权衡标准 1 确定目标所保护的利益或价值的重要性，并需要根据所确定的利益或价值的重要性决定争议措施的必要性和替代措施是否合理可用；在审查 SPS 协定第 5.6 条和 TBT 第 2.2 条时，专家组则无须考察争议目标所保护的利益或价值的重要性。第二，最低贸易限制性要素在“最终结论”环节的法律标准不同。WTO 一般例外和 TBT 协定第 2.2 条未要求替代措施的贸易限制性应显著小于争议措施，但 SPS 协定第 5.6 条脚注明确要求替代措施

---

① WTO Appellate Body Report, Australia - Certain Measures Concerning Trademarks, Geographical Indications and Other Plain Packaging Requirements Applicable to Tobacco Products and Packaging, WT/DS435/AB/R, WT/DS441/AB/R, adopted 29 June 2020, paras. 6.473 – 6.506.

② 尽管 WTO 争端解决机构未明确是否可参考一般例外在 SPS 协定第 5.6 条的必要性测试中引入“初步结论”阶段，但本书认为可以，因为这不仅不会影响对该条的适用，反而有助于预先过滤掉明显不符合要求的 SPS 措施。

的贸易限制性必须显著小于争议措施。第三，贡献要素的法律标准不同。SPS 协定第 5.6 条及其脚注表明专家组在确定争议措施的贡献或比较争议措施与替代措施的贡献是否相同时必须采用“期待的保护水平”标准，专家组在适用 WTO 一般例外时通常采用“期待的保护水平”标准，在适用 TBT 协定第 2.2 条则通常采用“实际贡献水平”标准。第四，替代措施是否为审查争议措施必要性的必备内容。SPS 协定第 5.6 条明确规定必须通过比较争议措施与替代措施来认定争议措施是否必要，因此如果某一 WTO 成员未提出可能合理可用的替代措施则可能无法主张另一 WTO 成员违反了本条义务；但 WTO 一般例外和 TBT 协定第 2.2 条未明确这一问题，实践中专家组在起诉方未提出可能合理可用的替代措施的情况下，会在“初步结论”阶段作出争议措施是否必要的最终裁定。不过，鉴于起诉方提出看似合理可用的替代措施并非难事，专家组在“最终结论”阶段审查争议措施的必要性时更关注替代措施的等效性和合理可用性问题。

在掌握 WTO 必要性测试法理后，至少可以解决国内外理论界关于权衡测试的功能定位之争。也即，争端解决机构无意以权衡测试取代最低贸易限制测试，而是将其作为最低贸易限制测试的预备阶段，主要目的在于筛除对于实现目标是否必要且显而易见的争议措施情形。因此，权衡测试从性质上来说仍然属于必要性测试。至于争端解决机构为何坚持根据目标所追求的利益或价值的重要性安排必要性测试以及其是否有权进行价值判断、其是否应进行价值判断，本书将在分析正当公共政策目标例外中的必要性测试前沿问题时回应上述疑问。

表 1.1　　WTO 必要性测试法理总结

	GATT/GATS 一般例外	TBT 协定第 2.2 条	SPS 协定第 5.6 条
必要性测试的文本表述	……本协定的任何规定不得解释为……： (a) 为保护……所必需的措施； ……	各成员应保证技术法规的制定、采用或实施在目的或效果上均不对国际贸易造成不必要的障碍。为此目的，技术法规对贸易的限制不得超过为实现正当目标所必需的限度，同时考虑正当目标未能实现可能造成的风险。此类正当目标特别包括……	……各成员应确保对贸易的限制不得超过为达到适当的动植物卫生检疫保护水平所要求的限度，同时考虑其技术和经济可行性。(脚注 3：为了第 5.6 条的目的，除非将技术和经济可行性纳入考虑后存在另一个合理可用的措施能达到相同卫生或检疫保护水平，且其贸易限制效果显著小于争议措施，否则争议措施并未超过要求的贸易限制程度。)

续表

初步结论环节	争议措施所保护的利益或价值的重要性	权衡从审查利益或价值的相对重要性开始	/（但争端解决机构可能应起诉方请求进行目标正当性审查）	WTO 争端解决机构未明确是否可参考一般例外，在必要性测试中引入初步结论阶段
	贸易限制性	均需审查争议措施是否对国际贸易具有限制性以及限制程度		
	贡献	通常审查争议措施能否对实现期待的保护水平作出并非微不足道的贡献（或者说措施和目标之间存在目的和手段的真实联系）以及具体贡献水平	审查争议措施对于实现目标作出的实际贡献水平是否并非微不足道以及具体贡献水平	
最终结论环节	争议措施所保护的利益或价值的重要性	应根据利益或价值的重要性比较争议措施与可能的替代措施，争议措施是否必要、替代措施是否合理可用是在将利益或价值纳入考虑后在权衡和比较基础上确定的	/	/
	最低贸易限制性	审查替代措施的贸易限制性是否低于争议措施		只能审查替代措施的贸易限制性是否显著低于争议措施
	等效性	通常审查替代措施能否同等达到被诉方的期待保护水平	审查替代措施能否达到与争议措施相同的实际贡献水平	只能审查替代措施能否同等达到被诉方的期待保护水平
	合理可用性（狭义）	均需考虑替代措施是否合理可用，例如替代措施是否仅具有理论可行性、是否给被诉方施加了过高成本或重大技术困难等不当负担		必须考虑技术和经济可行性

第二章

必要性测试的前沿理论

在 CPTPP 和 DEPA 等新一代国际经贸协定中，已有三类数字贸易规则设置了必要性测试新规，分别是设置“不造成不必要规制负担”测试的数字贸易国内规制框架规则、设置“必要且成比例”测试的个人信息保护规则以及设置“不得超过必要/要求的限度”测试的数据跨境流动规则。上述必要性测试新规与 WTO 协定中的必要性测试规则相比，既有一定的相似性，又存在适用领域与措施等方面的诸多差异，准确把握其法律内涵构成条约适用与解释的重中之重。鉴于此，本章运用本书第一章建立的必要性测试基础理论，综合采用多种研究方法，全面解构 CPTPP 和 DEPA 等数字贸易规则中的必要性测试新规，以明确其入约背景和法律标准等前沿理论问题，并为本书第三、四章分析必要性测试新规在具体数字贸易国内规制领域的适用问题提供理论指导。

第一节　国内规制框架规则中的“不造成不必要规制负担”测试

当前，CPTPP、USMCA、DEPA 和 RCEP 等国际经贸协定均规定了相似的数字贸易国内规制框架规则，但在规则命名上有所不同。[①]数字贸易国内规制框架规则通常由两方面内容构成：一是要求缔约方采取或维持管理电子交易的法律框架，但列举的示范法和缔约方遵守示范法的严格程度有所不同；[②]二是要求缔约方努力避免对电子交易施加任何不必要的规制负担，CPTPP、USMCA 和 DEPA 还要求缔约方促进利益相关方参与发展本国电子交易法律框架。在 WTO 电商谈判中，中国、中国香港、美国、新加坡、加拿大等部分 WTO 成员也主张设置数字贸易国内规制框架规则。[③]其中，包括中国在内的上述成员均主张基本沿袭 CPTPP 第 14.5 条第 1 款的规定，同时中国和巴西也提出了替代 CPTPP 第 14.5 条第 2 款的方案。[④]

数字贸易国内规制框架规则的管辖范围较广，其适用于一国对电子交易采取的任何国内规制。该规则中的必要性测试针对“规制负担”，与该表述类似的必要性测试也存在于其他协定中。例如，GATS 第 6.4 条（b）项、[⑤]《电信参考

---

① 例如前三部协定称该规则为“国内电子交易框架”，RCEP 称该规则为“国内监管框架”。Article 14.5 of CPTPP; Article 19.5 of USMCA; Article 2.3 of DEPA; Article 12.10 of RCEP.

② RCEP 在要求缔约方遵守示范法方面采用的“考虑（taking into account）”一词相比 CPTPP、USMCA 和 DEPA 采用的“与……一致（consistent with）”更加宽松，暗示缔约方在考虑后有权采取与相关国际公约和示范法不一致的国内规制。

③ WTO, WTO Electronic Commerce Negotiations Consolidated Negotiating Text-December 2020 Revision, INF/ECOM/62/Rev.1, p. 5 (2020).

④ 中国主张将第 2 款中的“不造成不必要负担”测试变为强制性义务（提案采用了“应当”的措辞），相比以往协定所采用的“努力（endeavour to）”更加严格，并且还创造性地规定成员应确保其规制框架支持以产业为导向的电子商务发展。

⑤ GATS 第 6.4 条规定：“为保证有关资格要求和程序、技术标准和许可要求的各项措施不致构成不必要的服务贸易壁垒，服务贸易理事会应通过其可能设立的适当机构，制定任何必要的纪律。此类纪律应旨在特别保证上述要求：（a）依据客观的和透明的标准，例如提供服务的能力和资格；（b）为保证服务质量而造成的负担不得超过必要限度（not more burdensome than necessary to ensure the quality of the service）；（c）如为许可程序，则这些程序本身不成为对服务提供的限制。”本书认为，尽管数字贸易国内规制规则与服务贸易国内规制纪律中的必要性测试在相关表述和细节上有所差异，但本质上并无不同。

文件》（Reference Paper）第 3 条的“普遍服务”条款、[①]《会计准则》第 15 段、[②]GATT 第 10.2 条、[③]《进口许可程序协定》（“ILPA 协定”）第 3.2 条[④]的必要性测试均采用了“负担”表述。这里的主要问题是，在“不造成不必要规制负担”与“对贸易造成的限制不得超过必要限度”等具有类似表述的必要性测试中，“负担（burden）”与“限制（restriction）”是因具有相同内涵而应采用相同的必要性法律标准，还是因具有不同内涵而应采用不同的必要性法律标准？对此，本节将以“不造成不必要规制负担”在国际经贸协定中的发展演进为切入点，分析与该测试相关的重要法律问题。

一、本测试的发展演进

数字贸易国内规制框架规则中的“不造成不必要规制负担”测试较早可追溯到乌拉圭回合关于 GATS 第 6 条服务国内规制多边纪律的谈判历史。在乌拉圭回合中，WTO 成员普遍承认即使是为了解决市场失灵、外部性或追求其他非经济目标而进行的非歧视性国内规制也可能对服务贸易造成不当限制，但却未就具体规则达成一致意见。[⑤]最终，成员一方面在 GATS 序言中承认成员有权对其领土内的服务提供进行规制和采用新法规，另一方面也在 GATS 第 6.4 条中授权服务贸易委员会在未来通过恰当的机构制定和发展任何必要的纪律，以防止成员的非歧视性国内规制造成不必要的服务贸易壁垒，并允许成员根据《电信参考文件》第 3 条对电信普遍服务自愿作出额外承诺。

从 GATS 第 6.4 条的结构和表述可以看出，本条“序言”与列出的三项要求之间存在“目的和具体要求”的关系，并且列出的三项要求是关于服务国内

① GATS《电信参考文件》第 3 条规定：“任何成员均有权定义其希望维持的普遍服务义务。此类义务本身将不被视为具有限制竞争性，只要它们是以透明、非歧视和竞争中立的方式进行管理的，且未比该成员定义的普遍服务义务更难以负担（are not more burdensome than necessary for the kind of universal service defined by the Member）。”

② 《会计准则》第 15 段规定：“申请程序和相关文件提供为确保申请人满足资质和许可要求而造成的负担不得超过必要限度（shall be not more burdensome than necessary）。例如，主管机关对文件的要求不得超过根据许可目的严格要求的必要限度，且不得对文件格式施加不合理要求。若申请人在完成申请过程中存在微小错误，应给予其纠正机会。应通过最低负担程序（the least burdensome procedure）来确定文件的真实性，并在可能的情况下允许已经验证的副本代替原始文件。”

③ GATT 第 10.2 条规定：“缔约方采取的按既定统一办法提高进口货物关税或其他费用的征收率或者对进口货物及其支付转让实施新的或更负担性的规定、限制或禁止的普遍适用的措施，非经正式公布，不得实施。”

④ ILPA 协定第 3.2 条规定：“非自动许可不得对进口造成实施限制造成的效果之外的额外贸易限制或扭曲效果。非自动许可程序的范围和持续时间应与其使用的措施相对应，且造成的管理负担不得超过管理措施所绝对必要的限度（shall be no more administratively burdensome than absolutely necessary to administer the measure）。”

⑤ 参见石静霞：《WTO 服务贸易法专论》，法律出版社 2006 年版，第 224－227 页。

规制多边纪律的最低要求，服务贸易委员会有权规定其他确保“QTL 措施”不造成不必要贸易壁垒的具体要求。[①]同时，为了防止 WTO 成员在服务国内规制多边纪律达成前实施减损其具体承诺的“QTL 措施”，本条第 5 款还规定了一个附条件的“停滞条款”。[②]也即，对于成员在 GATS 承诺表中已作出承诺的部门，其不得再采取使这些承诺失效或被减损的国内规制，除非这在该成员作出承诺时不可预见；对于成员未在 GATS 承诺表中作出承诺的部门，GATS 不禁止其进行国内规制。

服务国内规制多边纪律谈判的早期成果是 WTO 专业服务工作组在 1995 年至 1998 年期间谈判并达成的《会计部门互认协议或安排指南》和《会计准则》。[③]上述文件原本打算在多哈回合谈判结束后纳入 GATS，但因多哈回合谈判陷入僵局而一直未能生效。1999 年，WTO 成立国内规制工作组（WPDR）取代了专业服务工作组，其主要任务是制定具有水平适用性的服务国内规制纪律，并为具体部门制定相关纪律。不过，尽管大部分成员认为应重点讨论发展适用于所有服务部门的必要性测试和透明度规则，但必要性测试多边谈判可谓一波三折。2005 年，WTO 香港部长级宣言呼吁成员加强谈判，争取在多哈回合谈判结束前达成最终文本以供投票通过。2011 年“主席进展报告”反映了成员在过去几年取得的谈判进展，并在 2009 年“主席提案草案”基础上增加了两条关于必要性测试的替代方案。[④]2012 年至 2015 年，WTO 服务国内规制多边纪律谈判放缓，直到 2016 年才恢复正常谈判。

2017 年 12 月，中国和欧盟等 59 个 WTO 成员在阿根廷举办的第 12 届 WTO 部长级大会上决定在国内规制工作组之外同时推进服务国内规制谈判，并发表了联合声明倡议（JSI）。[⑤]在 2017 年“国内规制纪律通讯文件（修订版）”中，中国、中国香港、智利、摩尔多瓦、秘鲁、新西兰和瑞士共 7 个成员主张包括

---

① See Pangiotis Delimatsis, *International Trade in Services and Domestic Regulation*, Oxford University Press, 2007, p. 113.

② GATS 第 6.5 条规定：“（a）在一成员已作出具体承诺的部门中，在按照第 4 款为这些部门制定的纪律生效之前，该成员不得以下列方式实施使此类具体承诺失效或减损的许可要求、资格要求和技术标准：（i）不符合本条第 4 款（a）项、（b）项或（c）项中所概述的标准的；且（ii）在该成员就这些部门作出具体承诺时，不可能合理预期的。（b）在确定一成员是否符合第 5 款（a）项下的义务时，应考虑该成员所实施的有关国际组织的国际标准。注：‘有关国际组织’指成员资格对至少所有 WTO 成员的有关机构开放的国际机构。……”

③ Council for Trade in Services, Guidelines for Mutual Recognition Agreements or Arrangements in the Accountancy Sector, S/L/38 (1997); WTO, Disciplines on Domestic Regulation in the Accountancy Sector Adopted by the Council for Trade in Services on 14 December 1998, S/L/64 (1998).

④ Working Party on Domestic Regulation, Disciplines on Domestic Regulation Pursuant to GATS Article VI: 4 Chairman's Progress Report, S/WPDR/W/45, p. 7 (2011).

⑤ Joint Ministerial Statement on Services Domestic Regulation, WT/MIN(17)/61 (2017).

必要性测试："如果成员采取或维持与服务提供的批准相关的措施，成员应确保上述措施为确保服务质量而造成的负担不得超过必要限度。在决定成员是否遵守了本条或第 6.1 条（a）和（c）项的义务时，应考虑对成员可适用的相关国际组织的国际标准。"[①]2019 年 5 月，部分成员发布了第二份"服务国内监管联合声明"。[②]但成员在 2020 年 1 月和 12 月达成的"服务国内规制参考文件（草案）"和"服务国内规制联合倡议主席注解（修订版）"中均未包含必要性测试。[③]同年 12 月，中国在 WTO 电商谈判的合并文本中主张将 GATS 第 6 条在可适用的范围内作为 WTO 电商诸边协定不可分割的部分。[④]2021 年 7 月 20 日，美国宣布加入 WTO 服务国内规制诸边谈判。2021 年 11 月 26 日，服务国内规制 JSI 谈判成员结束"参考文件"文本谈判并在 2021 年 12 月 2 日正式签署了协议，但该协议中同样未包含必要性测试。[⑤]

目前，全球 350 多个区域经贸协定中有相当一部分协定在（跨境）服务贸易章节的国内规制规则中均纳入了水平适用的必要性测试，但在具体结构或表述上有所差异，主要可分为四类协定。[⑥]同时，大部分区域经贸协定也规定 GATS

---

① Communication from Albania; Argentina; Australia; Canada; Chile; China; Colombia; Costa Rica; The European Union; Hong Kong, China; Iceland; Israel; Japan; The Republic of Kazakhstan; The Republic of Korea; Liechtenstein; The Former Yugoslav Republic of Macedonia; Mexico; The Republic of Moldova; New Zealand; Norway; Peru; The Russian Federation; Switzerland; The Separate Customs Territory of Taiwan, Penghu, Kinmen and Matsu; Turkey; Ukraine; and Uruguay, Disciplines on Domestic Regulation (Revision), WT/MIN(17)/7/Rev.2, WT/GC/190/Rev.2, p. 7 (2017).

② WTO, Joint Statement on Services Domestic Regulation, WT/L/1059 (2019).

③ Draft Reference Paper on Services Domestic Regulation, INF/SDR/RD/4 (2020); Joint Initiative on Services Domestic Regulation Note by the Chairperson Revision, INF/SDR/W/1/Rev.2 (2020).

④ "[Parties/Members] agree that provisions in Article VI of the General Agreement on Trade in Services concerning domestic regulation shall apply to this Agreement to the extent possible.To this end, the provisions shall be incorporated into and made an integral part of this Agreement, mutatis mutandis..." WTO, WTO Electronic Commerce Negotiations Consolidated Negotiating Text-December 2020 Revision, INF/ECOM/62/Rev.1, p. 54 (2020).

⑤ WTO, Declaration on the Conclusion of Negotiations on Services Domestic Regulation, WT/L/1129 (2021).

⑥ 第一类协定基本沿袭了 GATS 第 6.4 条的结构和内容，例如 RCEP 第 8.15 条和《日本－蒙古国自贸协定》第 7.8 条。第二类协定将"不造成不必要的服务贸易壁垒"作为了一般要求而非目的，并将"……负担不超过必要限度"作为了具体要求之一，例如《内地与澳门关于建立更紧密经贸关系的安排》（《内地与澳门 CEPA》）第 20 条和《香港－智利自贸协定》第 11.7 条。第三类协定未规定"不得构成不必要服务贸易壁垒"的目的限制，而是仅保留了"……负担不超过必要限度"等具体要求，例如《加拿大－洪都拉斯自贸协定》第 11.8 条。第四类协定采用了融合 GATS 第 6.4 条和《会计准则》第 2 段部分表述的做法，例如《欧盟－智利自贸协定》第 102 条规定"为了确保措施不构成不必要的贸易壁垒，缔约方应努力确保任何此类措施……（b）为了确保实现正当政策目标而造成的贸易限制未超过必要限度"。

第 6.4 条谈判结果生效后将与缔约方共同审议相关结果，以使得相关谈判结果在本协定下生效。此外，部分区域经贸协定还在（跨境）服务贸易章节的其他条款或其他章节中规定了适用于具体领域的必要性测试。①

对“不造成不必要规制负担”测试发展演进的回顾表明“不造成……负担”是一个广泛存在于货物、服务、知识产权和数字贸易等规则领域的规定，这强烈暗示了数字贸易国内规制框架规则中采用该术语并非偶然，“负担”很可能具有区别于“限制”的相对特定内涵。并且，鉴于 VCLT 解释通则通常在原则上要求对同一术语进行相对连贯和一致的解释，本书对数字贸易国内规制框架规则中的“负担”内涵等问题采用的研究方法和结论也有助于理解和解释其他协定或规则中与“负担”规定相关的问题。

二、本测试的适用解析

探究“负担”的内涵和“不造成不必要规制负担”测试的法律标准是本部分的重点内容。同时，为了更全面地把握“不造成不必要规制负担”测试的适用问题，本部分也将一并分析数字贸易国内规制框架规则的涵盖承诺和涵盖措施、相关规则竞合带来的必要性测试竞合等与该测试密切相关的问题。

（一）涵盖承诺与涵盖措施的确定

在区域经贸协定下，解决数字贸易国内规制框架规则中的“不造成不必要规制负担”测试的适用问题需结合数字贸易章节与其他章节的关系来理解。例如，RCEP、CPTPP 和 USMCA 等国际经贸协定在数字贸易章节中均规定本章的数字贸易措施也要适用（跨境）服务贸易和投资等章节中的义务（包括例外、具体承诺表或不符措施等条款规定的义务），表明缔约方在服务贸易具体承诺表中保留的措施不受电子商务章节管辖。②因此，包含“不造成不必要规制负担”测试的数字贸易国内规制框架规则涵盖的承诺也限于缔约方以正面清单或负面清单方式作出的承诺。鉴于“服务国内规制参考文件”要求成员以 GATS 第 18

① 例如，尽管 CPTPP 和 USMCA 等美式经贸协定未在跨境服务贸易章节的国内规制规则中规定水平适用的必要性测试，但 CPTPP 知识产权章节第 18.28 条要求缔约方基于《统一域名争议解决政策》中的原则或不造成过度负担等原则建立相关域名争端解决程序，第 18.31 条规定当缔约方提供保护或承认地理标识的国内行政程序时，其保护地理标识的申请或请求手续不得具有过度负担性。USMCA 跨境服务贸易章节第 15.10 条要求缔约方努力确保在服务部门施加的授权程序不对中小微企业造成不成比例的负担，关税与贸易便利化章节第 7.17 条要求缔约方涉及过境运输的手续、文件要求和关税控制所造成的负担不得超过识别过境货物和确保本国过境要求被满足的必要限度，良好规制实践章节第 28.4、28.5、28.13、28.14 条等条款也将减少或消除不必要规制负担作为良好规制实践的具体要求或目标之一。此外，RCEP 知识产权章第 11.30 条和第 11.59 条也规定了与 CPTPP 第 18.28 条和第 18.31 条极为相似的必要性测试要求。

② RCEP 第 12.3 条；CPTPP 第 14.2 条；USMCA 第 19.2 条。

条为依据，将该文件第二部分作为额外承诺纳入各自的具体承诺表，且可将第三部分关于金融服务的替代性纪律也作为额外承诺纳入具体承诺表，[①]这意味着在 WTO 电商诸边协定签署后，签署“服务国内规制参考文件”的 WTO 成员对数字贸易国内规制框架规则作出的承诺还包括上述成员在 GATS 具体承诺表中作出的额外承诺。

一般来说，大部分国内规制均属于要求行政相对人承担作为或不作为义务的负担性措施（burdening measures），其不仅涵盖信息披露、标准或许可等政策工具，也涵盖停业整顿、暂停资格、扣押物品等执行工具。[②]鉴于服务国内规制纪律明确将其涵盖措施限定为“QTL 措施”，而数字贸易国内规制框架规则未对涵盖措施作出任何限定，应该认为该规则所涵盖的措施不限于“QTL 措施”，而是可能涵盖限制数据跨境流动、数据本地化、网络安全审查等所有影响电子交易的国内规制。

（二）相关规则竞合带来的必要性测试竞合问题

鉴于数字贸易与服务贸易具有范围上的交叉性，国际经贸协定也普遍规定影响以电子方式交付或提供服务的措施应同时遵守数字贸易规则和服务贸易规则，因此“QTL 措施”可能同时涉嫌违反多个数字贸易和服务贸易规则，引发规则竞合问题。例如，一个对数字贸易造成不必要规制负担的非歧视性“QTL 措施”可能同时对外国服务提供商进入本国市场产生市场准入限制效果，此时该措施就涉嫌违反数字贸易国内规制框架规则以及（跨境）服务贸易章节中的市场准入和国内规制规则。当国际经贸协定未对相关规则的竞合问题作出明确规定时，从理论上来说，该“QTL 措施”应在缔约方作出承诺的范围内同时适用相关规则，这就产生了数字贸易国内规制框架规则与服务贸易国内规制规则中的必要性测试竞合问题。但问题是，分别适用不同的必要性测试可能得出该措施是否违反协定义务的不一致结论，会降低规则适用的法律确定性和可预见性。

理论界和实务界普遍同意条约中的每项规则应具有相对确定的适用范围。例如，为了确保每类规则具有相对确定的适用范围以提升法律确定性，WTO 成员在 GATS 第 6.4 条授权立法中进一步明确了服务国内规制纪律的涵盖措施范围，明确了几类规则之间不存在重叠适用的关系：《会计准则》第 1 段明确排除适用于限制进入本国市场或限制对外国提供者适用国民待遇的、应受 GATS 第 16 条和第 17 条管辖的措施，第 2 段也将“QTL 措施”限于不受 GATS 第 16 条

---

① WTO, Declaration on the Conclusion of Negotiations on Services Domestic Regulation, WT/L/1129, p.4 (2021).

② 参见蒋红珍：《论比例原则——政府规制工具选择的司法评价》，法律出版社 2010 年版，第 279 页。

和第 17 条管辖的措施；[①]“服务国内规制参考文件”在“纪律的范围”条款中也规定本纪律不适用于成员根据 GATS 第 16 条和第 17 条在具体承诺表中列出的任何条款、限制、条件或资格。[②]这些规定进一步明确了国内规制、市场准入和国民待遇规则为相互排斥的关系，服务国内规制纪律管辖的是非歧视性的、与几类市场准入数量限制无关的质量措施，从而确保 WTO 成员在“服务国内规制参考文件”中作出的额外承诺不会影响其在 GATS 具体承诺表中已列出的市场准入和国民待遇保留。[③]因此，应认为数字贸易国内规制框架规则以及（跨境）服务贸易章节中的市场准入和国内规制规则也不应具有重叠适用的关系，而是存在相互排斥的关系。

在解决上述几类规则的重叠适用问题后，还需要解决具体适用哪一条规则的问题。对此，本书认为可适用“以具体承诺为准”“国内规制规则优先于市场准入规则”“硬法优先于软法”等规则来明确具体适用的规则。首先，一国采取的“QTL 措施”是否同时违反市场准入和国内规制规则应以该国的具体承诺为准。如前所述，（跨境）服务贸易等章节中的不符措施等规则优先于数字贸易规则适用。因此，若一国未对某服务部门作出市场准入和国民待遇承诺，那么该国在该部门采取的“QTL 措施”就未违反市场准入和国内规制规则，此时也就不存在规则竞合问题。

其次，在一国作出具体承诺的范围内，当国内规制规则与市场准入规则产生竞合时，“QTL 措施”应对非歧视性措施优先适用国内规制规则。在美国博彩案中，专家组指出 GATS 第 6 条和第 16 条是相互排斥的，在二者发生规则竞合时，如果争议措施属于第 16 条列出的任一数量限制情形，那么该措施应优先适用市场准入规则。鉴于美国禁止远程赌博的争议措施构成了第 16 条所列举的“零配额”措施，而美国在具体承诺表中对赌博和博彩服务的跨境提供模式作出了市场准入承诺，因此美国违反了据此承担的市场准入义务。[④]但也有学者质疑

---

① 《会计准则》第 1 段规定：“……本纪律因此不解决限制进入本国市场或限制对外国提供者适用国民待遇的、应根据 GATS 第 16 和第 17 条列表的措施……”；第 2 段规定：“成员应确保无须根据 GATS 第 16 或第 17 条列表的与许可要求和程序、技术标准、资质要求和程序相关的措施不以造成不必要会计服务贸易壁垒的目的或效果被准备、采纳或适用。为此目的，成员应确保此类措施对于实现正当目标所造成的限制不超过必要限度（are not more trade-restrictive than necessary）。正当目标特别指……。”

② WTO, Declaration on the Conclusion of Negotiations on Services Domestic Regulation, WT/L/1129, p.6 (2021).

③ See Kim Kampel & R V Anuradha, WTO Negotiations on Domestic Regulation: Considerations for Commonwealth Small States in the Context of COVID – 19, International Trade Working Paper 2021/07, Commonwealth Secretariat, 2021, p. 7, 12.

④ WTO Appellate Body Report, United States - Measures Affecting the Cross-Border Supply of Gambling and Betting Services, WT/DS285/AB/R, adopted 20 April 2005, paras. 213, 264 – 265.

本案将美方禁令解读为“零配额”的做法，指出这种为了确保服务质量而采取的、顺带造成第 16 条列出的数量限制效果的措施应优先适用第 6 条。[①]因此，本书也赞同当服务贸易国内规制规则、数字贸易国内规制框架规则与市场准入规则发生规则竞合时，为确保服务质量而采取的非歧视性“QTL 措施”应优先适用服务贸易和（或）数字贸易国内规制规则。

最后，当服务贸易国内规制规则和数字贸易国内规制框架规则发生竞合时，可适用“硬法优先于软法”规则。鉴于目前大部分经贸协定中的数字贸易国内规制框架规则必要性测试采用的是“应努力避免”表述，而服务贸易国内规制规则采用的多为“应当”表述，当二者发生规则冲突时就可优先适用服务贸易国内规制规则。但当两类规则对于必要性测试采用的均为“应当”表述时，此时是否存在规则竞合问题就与“为了确保服务质量”的解释问题密切相关。例如，当规制数字贸易的“QTL 措施”并非为了追求确保服务质量目标时，该措施适用数字贸易国内规制框架规则就更加恰当，因为该规则未对国内规制措施追求的目标作出任何限定。不过，鉴于目前 WTO 成员对于“确保服务质量”的内涵与外延存在不同理解，这种情况下的规则竞合问题仍有待进一步研究。[②]

（三）对电子交易造成的“负担”的内涵探究

尽管大部分国内规制均属于负担性措施，但“负担”具有何种内涵却是一个尚未解决的问题。在 GATS 第 6.4 条授权立法谈判中，WTO 秘书长曾提出应澄清“为确保服务质量而造成的负担不得超过必要限度”和“为实现合法目标而造成的贸易限制不得超过必要限度”两种表述的含义。[③] WTO 成员也就“负担”与“限制”是否具有相同的含义进行过多次讨论，但未达成统一意见。例如，韩国认为涉及“负担”表述的《会计准则》第 15 段和 ILPA 协定第 3.2 条都是关于许可程序的规定，表明“贸易限制性”针对国际贸易，“负担性”针对许可程序。[④]欧盟则认为这两个表述的含义基本相同，但它也提出需进一步研究

---

① 参见石静霞、胡荣国：《试从 GATS 第 6 条与第 16 条的关系角度评“美国博彩案”》，载《法学》2005 年第 8 期，第 103－104 页。

② 例如，WTO 秘书处认为《会计准则》第 2 段提到的合法政策目标中，确保服务质量和消费者保护是对所有服务部门普遍适用的目标。但也有代表就保护消费者是否属于确保服务质量目标的子项提出了疑问，还有代表认为保护消费者是独立于确保服务质量目标之外的目标。WPDR, Application of the Necessity Test: Issues for Consideration Informal Note by the Secretariat, JOB No.5929, paras.18, 20 (2001).

③ WPDR, Report on the Meeting Held on 17 May 1999 Noted by the Secretariat, S/WPDR/M/1, para. 7 (1999).

④ 但韩国也指出，尽管“负担”和“贸易限制性”这两个不同表述在关注的问题等方面存在细微差别，但它们的影响却没什么不同，不论采用哪种表述均要求审查是否存在负担更小或贸易限制程度更小的替代措施。WPDR, The Necessity Test, Communication from the Republic of Korea, S/WPDR/W/9, paras. 2, 5, 6, 15, 16 (2000).

二者的影响，以及如何在服务国内规制多边纪律中使用相关表述以获得更加明确的结果。[①]鉴于二者的内涵尚未厘清，WTO 成员和服务国内规制工作组在谈判中经常对这两种表述互换使用，二者的确切内涵被进一步模糊。[②]对此，本书将以 VCLT 解释通则为依据探究“负担”的内涵。

1. 平义解释方法

鉴于平义解释在条约解释中具有优先地位，WTO 争端解决机构在解释某个术语时也往往会先查阅权威字典，分析“负担”与“限制”是否具有相同的内涵应从字典释义开始。根据《简明牛津字典》，名词形式的“burden”指负荷，（船）承载能力、吨位，负载量；必须的支出等。“restrictive”指施加限制的；“restriction”指限制性或被限制；进行限制的事物；对行动施加的限制。[③]根据《新牛津英汉双解大词典》，名词形式的“burden”指负担，担子；精神负担；任务，责任；（船）载重量等。“restrict”指限制，控制；限定某人只做某事，限定某人仅拥有某物，限定某人只待在某处；限定某事（尤指活动）于某地、某时、某一类人。“restriction”尤指法律的限制，限定，限制规定；受限制、受约束；“restrictive”指限制性的、约束性的。[④]

《简明牛津字典》和《新牛津英汉双解大词典》的释义表明“burden”和“restrictive”从文义上看并无直接关联：“burden”主要针对物理性或精神性负累、开支、任务或责任，“restrict”“restrictive”“restriction”更强调对人、物、事件或行动等施加的约束。例如，尽管一项国内规制对经济活动造成了沉重负担，但如果各国均采取了该项规制，那么很难认为该规制对国际贸易产生了限制性效果。同理，一项对外国提供者造成贸易限制的国内规制也可能未达到造成繁重负担的程度。二者的区别印证了 WTO 秘书处的观点：“一个负担超出必要限度的措施不一定具有贸易限制性，反之亦然。”[⑤]这也与马库斯·克拉耶夫斯基学者的观点具有一致性：“一个对经济活动造成负担的措施不一定对国际贸易产生限制性效果。”[⑥]

总之，平义解释方法表明“负担”与“限制”是两个各有侧重的相对独立概念：“负担”更强调工作量、义务或责任的沉重性，“限制”更强调对人、物、

---

① WPDR, Communication from the European Communities and Their Member States-Domestic Regulation: Necessity and Transparency, S/WPDR/W/14, para.17 (2001).

② Inter alia, WPDR, Report of the Meeting Held on 7 and 18 February 2005, S/WPDR/M/29, para.112 (2005).

③ See *The Concise Oxford Dictionary*, Oxford, Clarendon Press, 1982, p. 889.

④ 参见《新牛津英汉双解大词典》，上海外语教育出版社 2007 年版，第 280、1809 – 1810 页。

⑤ WPDR, Report on the Meeting Held on 20 March 2001, S/WPDR/W/11, p. 10 (2001).

⑥ See Markus Krajewski, *Article VI GATS*, in R.Wolfrum, P-T Stoll, C. Feinaugleeds eds., Max-Planck Commentaries on World Trade Law Volume 6, Martinus Nijhoff, 2008, p. 239.

事件或行动施加的约束。

2. 系统解释方法

在解释条约时还应采用 VCLT 第 31.1 条规定的系统解释方法，即将某一条款所处的章节甚至整个经贸协定作为解释该条款的上下文。在系统考察 WTO 协定中涉及“贸易限制性”和“负担”表述的条款后，我们至少可以得出以下三项结论。第一，条约起草者在同一文件的相似规则中分别采用不同表述暗示这些表述很可能具有不同内涵。例如，《会计准则》第 2 段和第 15 段中的必要性测试就分别采用了“贸易限制性”和“负担”表述。第二，“限制性”并非一定对应实体措施，“负担”也并非一定对应程序措施。例如，TBT 协定附件 1 将“技术法规”界定为包含实体规定和管理规定等文件，SPS 协定附件 A 第 1 条将“动植物检疫措施”界定为包括程序在内的法律法规，因此适用 TBT 协定第 2.2 条“对贸易造成的限制不得超过必要限度”测试的技术法规和适用 SPS 协定第 5.6 条“贸易限制不得超过必要限度”测试的 SPS 措施均不限于实体措施；GATS 第 6.4 条“序言”所涵盖的“QTL 措施”包含实体措施和程序措施，因此（b）项适用“负担不得超过必要限度”测试的措施也不限于程序措施。第三，当起草者有意限定适用必要性测试的措施类型时，其往往会在具体条文中明确作出限定。例如，《会计准则》第 15 段将“负担”限于申请程序和相关文件，ILPA 协定第 3.2 条将“负担”限于管理负担，CPTPP 知识产权章节第 18.28 条和第 18.31 条也将“负担”限于程序措施，此时“不造成不必要负担”测试就仅适用于程序措施。

总之，运用系统解释方法进一步发现：第一，“负担”和“限制性”很可能具有不同的内涵；第二，主张“负担”一定对应程序措施的观点是以偏概全的，“负担”或“限制性”对应实体措施还是程序措施应结合争议条文的规定和上下文综合认定。

3. WTO 法理作为解释条约的重要国际法渊源

在国际经贸协定中，“限制”与“贸易”经常以“对贸易的限制”的表述形式同时出现，因此 WTO 争端解决机构将 TBT 协定第 2.2 条等条款中的“贸易限制性”解释为对国际贸易产生的限制性效果。[①]相反，“负担”往往未与“贸易”一同出现。鉴于 WTO 协定是解决国际经贸协定的重要国际法渊源，WTO 法理或许可以解释这一现象。WTO 上诉机构在阿根廷进口措施案中指出，尽管一项进口许可程序在未构成对进口的限制效果情况时也可能产生一些负担，但并非所有对进出口施加的条件或负担都会被认为违反 GATT 第 11 条，只有对进

① E.g., WTO Appellate Body Report, United States - Measures Concerning the Importation, Marketing and Sale of Tuna and Tuna Products, WT/DS381/AB/R, adopted 13 June 2012, para. 319.

出口产品产生了限制性条件的进口许可程序才会违反。[①]可见，本案上诉机构认为负担性措施不一定具有“贸易限制性”，从侧面表明“负担”和“限制性”很可能是两个具有不同内涵的概念。

4. 特殊文义方法

鉴于法律文本具有表述上的专业性，有时不能以惯常人的思维去理解某个法律术语。因此，VCLT 第 31.4 条还规定了特殊文义方法，即如果确定当事国在条约中采用的某一术语具有特殊文义，那么应以该特殊文义理解该术语。[②]根据《布莱克法律词典》第 9 版，名词形式的“burden”指职责或责任；进行阻碍或压迫的事物；对土地使用或土地价值的限制；妨害；对个人或财产施加的妨害、限制或义务。“restriction”指限度或限定性条件；对财产的使用或权利行使施加的限制。[③]与《简明牛津字典》等释义不同，《布莱克法律词典》的上述释义似乎未表明“负担”和“限制性”具有很明显的内涵区别。《布莱克法律词典》的第 4 版曾将名词形式的“burden”解释为“在美国跨州贸易中指对贸易施加限制性或繁重负荷的任何事物”。[④]这一释义表明贸易法领域的“负担”具有限制性或沉重性的双重内涵。因此，为了进一步理解《布莱克法律词典》对“负担”的释义，可结合美国管辖跨州贸易的“休眠贸易条款”相关案例与文献予以理解。本书第一章分析比例原则在美国法中的发展演进时提到，美国法院在适用“休眠贸易条款”时会区分歧视性措施和非歧视性措施并采取不同的审查强度，其中在审查非歧视性措施是否违宪时会权衡实施州法所获得的本州正当利益与州法对跨州贸易造成的负担。可见，美国法院通常将非歧视性措施造成的沉重或限制性影响统称为“负担”。

考虑美国在国际经贸规则谈判和制定中的影响力和话语权，GATS 等条约起草者在服务贸易国内规制规则中对非歧视性国内规制造成的影响采用“负担”表述可能或多或少受到了谈判方美国的“休眠贸易条款”判例法影响。澳大利亚平装香烟案的上诉机构报告也指出，歧视性措施和非歧视性措施均可能对国际贸易造成限制性效果，[⑤]这表明在 WTO 体系中使用“限制”来描述国内规制措施造成的影响并不足以准确体现国内规制规则规制非歧视性措施的特点，部分印证了为何 GATS 等服务贸易国内规制规则采用了“负担”表述。但另一方

---

① WTO Appellate Body Report, Argentina - Measures Affecting the Importation of Goods, WT/DS438/AB/R, WT/DS444/AB/R, WT/DS/445/AB/R, adopted 26 January 2015, para. 5.217.

② VCLT 第 31.4 条：“倘经确定当事国有此原意，条约用语应使其具有特殊意义。”

③ See Bryan A. Garner ed., *Black's Law Dictionary Tenth Edition*, Thomson Reuters West, 2014, p. 223, 1429.

④ See M. A. Henry Campbell Black ed., *Black's Law Dictionary Fourth edition*, West Publishing, 1951, p. 246.

⑤ WTO Appellate Body Report, Australia - Certain Measures Concerning Trademarks, Geographical Indications and Other Plain Packaging Requirements Applicable to Tobacco Products and Packaging, WT/DS435/AB/R, WT/DS441/AB/R, adopted 29 June 2020, para. 6.376.

面，根据 VCLT 第 31.4 条，如果没有充分的谈判资料表明国际经贸协定的缔约各方均具有将“负担”解释为非歧视性措施造成的沉重性或限制性效果的原意，那么通常不能将美国法中“负担”的法律内涵作为解释国际经贸协定中的“负担”的直接依据。

总之，特殊文义方法表明即便没有充分的谈判资料表明国际经贸协定的缔约各方均具有将“负担”解释为非歧视性措施造成的沉重性或限制性效果的原意，美国“休眠贸易条款”判例法中对“负担”的解释加上 WTO 法理或许也可辅助说明服务贸易和数字贸易国内规制规则中采用“负担”表述是为了突出国内规制的非歧视性特点。

5. 小结

本书运用 VCLT 解释通则得出以下结论：“负担”和“限制性”是两个具有不同内涵的独立法律概念，一项造成不必要规制负担的国内规制不必然也对国际贸易造成了限制性影响，反之亦然；服务贸易国内规制规则和数字贸易国内规制框架规则中采用“负担”描述（实体性或程序性）国内规制造成的负担或限制或许是为了突出国内规制的非歧视性特点。

（四）“不造成不必要规制负担”的法律标准

当前，理论界主要以 GATS 第 6.4 条和《会计准则》第 15 段“造成的负担不得超过必要限度”为视角，分析 WTO 协定中的“负担”与“限制”表述是否具有相同内涵。①现有成果对于研究数字贸易国内规制框架规则中的“不造成不必要规制负担”法律标准的启示是：必须结合含有该测试的规则各款的内部结构来确定该测试的法律标准。

以 GATS 第 6.4 条为例，鉴于本条采用的是“序言”加示例性要求的“目的和具体要求”结构，理论界普遍认为应以“不造成不必要贸易限制”作为“负担不得超过必要限度”的唯一法律标准或外部法律标准。“唯一法律标准说”认为，不论“QTL 措施”是否造成了不必要负担，均应以“不造成不必要贸易限制”标准审查成员是否违反本条的义务。②“外部法律标准说”则主张将“不造成不必要贸易限制”作为门槛性条件，即当“QTL 措施”造成了不必要的贸易

① See Kern Alexander & Mads Andenas eds., *The World Trade Organization and Trade in Services*, Martinus Nijhoff Publishers, 2008, p. 279; Panagiotis Delimatsis, *International Trade in Services and Domestic Regulations: Necessity, Transparency, and Regulatory Diversity*, Oxford University Press, 2007, p. 206 -207; Markus Krajewski, *Article VI GATS*, in R.Wolfrum, P-T Stoll, C. Feinaugleeds eds., Max-Planck Commentaries on World Trade Law Volume 6, Martinus Nijhoff, 2008, p. 239.

② See Panagiotis Delimatsis, *International Trade in Services and Domestic Regulations: Necessity, Transparency, and Regulatory Diversity*, Oxford University Press, 2007, p. 205 – 208; 曾炜：《WTO 法中必要性检验法律问题研究》，中央民族大学出版社 2014 年版，第 161 – 169 页；彭光明：《GATS“必要性”检验研究》，河北科学技术出版社 2015 年版，第 119 – 139 页。

限制时，可直接依据“不造成不必要贸易限制”这一外部法律标准认定该国违反了本条的义务，反之则需继续审查“QTL 措施”是否造成了不必要负担，并在措施未通过“负担不得超过必要限度”这一内部标准时认定该国违反了本条的义务。[①]而对于《会计准则》第 15 段，鉴于其并未采用“目的和具体要求”的结构，而是仅规定了“负担不得超过必要限度”，理论界对于该段应采用何种标准存在不同观点。

在数字贸易国内规制框架规则中同样需要解决的问题是：判断数字贸易国内规制措施的必要性是否应以“对贸易造成的限制不得超过必要限度”为准？鉴于数字贸易国内规制框架规则第 1 款和第 2 款是两项并列的要求而未采用“目的和具体要求”结构，这似乎意味着专家组或仲裁庭无须审查措施是否对国际贸易造成了限制性影响，而是只要数字贸易国内规制措施造成了不必要的规制负担即可认定措施违反了条约义务。不过，这样解释尽管有助于进一步减少数字贸易壁垒，但是否符合起草者的原意以及国际经贸协定尊重缔约方国内规制权的目的和宗旨呢？鉴于理论界和实务界长期以来均未明确“负担”和“限制”是否具有相同内涵，无法确定起草者是否完全知悉在数字贸易国内规制框架规则中采用“不造成不必要规制负担”测试可能对缔约方施加较重的义务。

鉴于越来越多的国际经贸协定引入了包含“不造成不必要规制负担”测试的数字贸易国内规制框架规则，且中国在 WTO 电商谈判中主张将“不造成不必要规制负担”测试上升为强制性义务，本书建议各国通过谈判进一步明确其意图通过该测试达到的规制目的和效果，进而选择最恰当的表述或作出相应澄清。例如，如果起草者希望对数字贸易国内规制采用“不造成不必要贸易限制”标准，不妨直接规定国内规制不得造成不必要的贸易限制。又如，如果起草者希望对全部或部分国内规制（例如程序性规制）采用更加严格的“不造成不必要负担”标准，则可直接规定相关规制不得造成不必要的负担。在后一情形下起草者最好避免在数字贸易国内规制框架规则中采用类似 GATS 第 6.4 条的“目的和具体要求”表述，因为采用这种表述可能导致具体要求因“序言”中的目的限制而被架空，违反 VCLT 解释通则中的“有效解释原则”。当起草者旨在区分不同的国内规制适用不同的必要性测试时，其最好区分规制类型分别制定必要性测试规则。与此同时，起草者应关注这样做是否可能产生规则竞合问题，并提前制定解决规则竞合问题的规则。

---

① See Panagiotis Delimatsis, *International Trade in Services and Domestic Regulations: Necessity, Transparency, and Regulatory Diversity*, Oxford University Press, p. 209.

第二节　个人信息保护规则中的“必要且成比例”测试

当前，越来越多的国际经贸协定中包含了明确的个人信息保护规则，例如CPTPP 第 14.8 条为缔约方施加了保护电子商务用户个人信息的多项义务。[①] USMCA 第 19.8 条和《美日数字贸易协定》第 15 条在基本沿袭 CPTPP 个人信息保护规则的基础上，还要求缔约方对个人信息跨境流动采取的任何限制对于存在的风险应有必要且成比例。美国在 WTO 电商谈判中也提出了类似提案，表明其希望将该规则和测试扩展到诸边贸易层面。[②]为了预先明确 USMCA 式个人信息保护规则中的“必要且成比例”测试可能给中国等国家带来的影响，就必须对该测试进行深入研究。对此，本节从该测试的入约背景为切入点，结合WTO 必要性测试法理探究其适用问题。

一、本测试的入约背景

根据《新牛津英汉双解大词典》，“风险”指涉及暴露于危险中的情况；可能发生令人不愉快的或不受欢迎的事情的可能性；在特定情况下被认为可能变好或变坏的人或事；具有危害性的事物等。[③]国际标准化组织（ISO）则从技术角度将风险定义为“对目标的不确定性影响”，并指出风险通常根据风险源、潜在事件、该事件带来的结果以及结果的可能性来表示。[④]随着互联网、大数据和云计算等技术的发展以及手机等电子设备的普及，个人信息的规模、体量和经济价值大幅上升，个人信息的处理活动和跨境流动愈发频繁，与之相伴的隐私和个人信息保护风险也日益突出。为了应对这些风险，美欧等国开始改革或发展国内隐私或个人信息保护法，并在近年来殊途同归地形成了体现风险规制理念的个人信息保护路径。但鉴于美欧个人信息保护路径存在显著差异，欧盟采用的以规则为导向、充分保护个人信息权和隐私权的模式对美国大型数字企业

---

① 例如，采纳或维持保护电子商务用户个人信息的法律框架，并在发展该框架时考虑相关国际机构的原则和指南；努力采取非歧视性做法、确保电子商务用户免受缔约方管辖区内发生的违反个人信息保护行为的侵害；公布为电子商务用户提供保护的相关信息；鼓励缔约方通过开展信息交流等方式建立增强不同个人信息保护制度兼容性的机制。

② WTO, WTO Electronic Commerce Negotiations Consolidated Negotiating Text-December 2020 Revision, INF/ECOM/62/Rev.1, 14 December 2020, p. 45.

③ 参见《新牛津英汉双解大词典》，上海外语教育出版社 2007 年版，第 1832 页。

④ ISO, ISO risk management guidelines.

开展国际业务造成了较大阻碍，美式经贸协定规定“缔约方对个人信息跨境流动采取的任何限制对于存在的风险应有必要且成比例”或许就是为了解决类似的问题而专门创设的规则。

（一）科技进步加剧了个人信息处理和跨境流动中的隐私风险

个人信息处理和跨境流动中比较典型的风险是隐私风险，例如安全风险、个人信息未经授权使用、监控风险以及信任风险。其中，安全风险包括内外部风险，内部风险指个人信息管理者因管理不当、技术漏洞或员工培训不足等原因造成的个人信息遗失、被非法获取或盗用等风险，外部风险指恶意软件等外部因素造成的安全风险。个人信息的未经授权使用指缺乏个人授权的使用或超出授权范围的使用。监控风险可能源于国家机关出于反恐和执法等正当目的对一定规模的个人信息主体进行的监控，个人信息处理者出于牟利等目的对个人信息进行的非法监控，或者雇主出于确保工作效率等目的而对雇员信息实施的监控。信任涉及个人信息主体对其个人信息安全性与可靠性的信心，如果个人相信个人信息处理者收集自己的个人信息是出于声称的目的且将安全地保存其个人信息，相信其个人信息在被用于新目的时会得到数据处理者的通知以获得其同意，或相信对其个人信息的任何监控都是出于恰当原因且会通知他们，那么信任就得到了强化，反之则会出现信任风险。①

为了应对个人信息在数字贸易时代面临的各类传统与非传统隐私风险，许多国家、地区和国际组织均展开了个人信息保护立法进程，并逐渐发展出了不同的个人信息保护路径与模式。例如，美国主要采用的是隐私权保护路径，并通过“国会特别立法+行业自律管理+普通法救济”模式来保护个人信息。具体而言，美国国会涉及个人数据保护的国会立法集中于政府处理个人信息的行为以及电信、金融和健康等特定行业以及儿童等特殊人群，缺乏保护个人信息的一般性立法。②在国内法缺位的一般商业领域，美国对处理消费者等个人信息的行为采取行业自律管理模式。当个人信息受到侵害时，美国的普通法体系为个人提供了全面的侵权救济，美国联邦贸易委员会（FTC）也将对一般商业领域中的企业欺诈消费者或不公平等行为进行处罚。③不过，鉴于隐私权为消极防御权利，普通法提供的司法救济仅在个人隐私权受到侵害时方能介入，难以应

① The OECD Privacy Framework, p. 90 – 95 (2013).

② 特定行业立法诸如规制政府处理个人信息行为的1974年《隐私法》；电信领域的1986年《电子通信隐私法》、1988年《视频隐私保护法》和《计算机欺诈与滥用法》、1996年《电信法》；金融领域的1996年《健康保险携带与责任法》、1999年《金融服务现代化法》。特定人群立法诸如针对儿童隐私保护的1974年《家庭教育权利和隐私法》和1998年《儿童在线隐私保护法》等。

③ 参见高富平、王苑：《论个人数据保护制度的源流——域外立法的历史分析和启示》，载《河南社会科学》2019年第11期，第42 – 43页；曾磊：《我国个人网络信息保护立法的制度构建》，载《广西社会科学》2020年第5期，第126 – 127页。

对数字时代的非传统隐私风险并回应加强个人信息自决权等呼声。近年来，美国开始尝试分别从联邦和州层面制定统一的个人信息保护法。例如，美国白宫曾在2015年发布了《消费者隐私权利法案（草案）》（Consumer Privacy Bill of Rights），但该法案至今未获通过；加州则在2018年通过了《加州消费者隐私法案》（CCPA），并在2020年将其修改为更加严格的《加州隐私权法案》（CPRA）；弗吉尼亚州在2021年3月通过了《消费者数据保护法》（CDPA）。美国国家标准与技术研究所（NIST）在2020年1月也发布了供企业自愿遵守的国家标准"隐私框架"来进一步指导企业如何保护用户隐私。[①]

欧盟对个人信息保护采用了基本权利保护路径，并通过"欧盟层面统一立法+成员具体实施"模式来实现对个人数据的保护。[②]具体而言，为了解决欧盟成员根据经济合作与发展组织（OECD）在1980年颁布的"隐私指南"制定的许多相互冲突的国内隐私法问题，并考虑《欧洲人权公约》难以应对技术发展对个人数据保护带来的挑战，欧盟委员会在1995年通过了《欧盟个人数据保护指令》（下称"95指令"），确定了保护个人数据保护权等个人的基本权利和自由以及确保个人数据在欧盟经济区自由流动的双重目标，并就成员保护个人数据规定了最低要求。但随着大数据等新技术进一步改变了对数据的访问、收集和使用等方式，以及欧盟成员在将"95指令"转换为国内法时产生了较大的立法差异和行政成本，为了适应欧盟在数字时代对个人基本权利的保护并培育"数字单一市场"，欧盟理事会在2016年通过了在欧盟层面统一适用的《通用数据保护条例》（下称《数据条例》）。《数据条例》以"充分性标准"作为个人数据保护标准，进一步丰富和强化了个人数据保护权，加重了数据处理者的个人数据保护义务，并要求成员设立独立的数据监管机构负责《数据条例》的实施（例如处理个人的投诉），同时也允许个人在其个人数据保护权受到侵害时直接寻求本国司法救济。[③]

（二）美欧个人信息保护制度不同程度地体现了风险规制理念

美欧个人信息保护制度不同程度地体现了区分风险保护个人信息的风险规制

① NIST, NIST Privacy Framework: A Tool for Improving Privacy Through Enterprise Risk Management, Version 1.0, January 16, 2020.

② 需指出，1953年生效的《欧洲人权公约》（ECHR）第8条仅规定了包括尊重个人通讯在内的隐私权，但并未规定专门的个人数据保护权。2000年达成、2012年生效的《欧盟基本权利宪章》第8条进一步将个人数据保护规定为一项独立的权利。2007年《里斯本条约》通过后，个人数据保护权成为欧盟法中的一项宪法性权利。

③ 参见戴龙：《论数字贸易背景下的个人隐私权保护》，载《当代法学》2020年第1期，第151–153页；田晓萍：《贸易壁垒视角下的欧盟〈一般数据保护条例〉》，载《政法论丛》2019年第4期，第125页；高富平、王苑：《论个人数据保护制度的源流——域外立法的历史分析和启示》，载《河南社会科学》2019年第11期，第42页；杨希：《欧盟个人数据保护体系的代际发展及借鉴——内部规制与外部扩展的典范》，载《国际商务》2019年第5期，第146–150页。

理念。首先，美国的《电子政府法案》（E-Government Act）第208条要求首席信息官或同等级别的人员审查隐私风险评估，且政府原则上应向公众公开隐私风险评估。《加州隐私权法案》修改了民法典第1798.185条，其中第15款要求司法部长制定要求处理消费者个人信息时引发消费者隐私或安全重大风险的企业每年进行一次网络安全审计，并应向加州隐私保护局定期提交处理个人信息的风险评估的法律。NIST的“隐私框架”也规定了供企业自愿遵守的隐私风险管理标准。[①]

其次，欧盟的《数据条例》第24、25、32条要求个人数据控制者在采取恰当的技术和组织措施确保数据处理符合条例一般规定或具体规定之前，应考虑处理对自然人权利和自由带来的风险或伤害可能性与严重性等因素，并确保采取的技术和组织措施具有与风险相称的安全水平，这暗含数据处理者应主动进行隐私影响评估以确保符合相关规定。《数据条例》第34、35、36条还针对处理可能对个人权利和自由带来高风险的情形予以明确规定：当个人数据泄露可能给自然人的权利和自由带来高风险时，控制者通常应及时告知数据主体；当处理可能带来高风险时，控制者在考虑处理性质、范围、场景和目的后，应在处理前进行数据保护影响评估（DPIA）；当数据保护影响评估表明控制者不采取措施可能致使处理给自然人的权利和自由带来高风险时，控制者应当在处理前咨询监管机关的意见。[②]此外，《数据条例》第27、39、58、70、83条等多个条款也体现了风险导向型个人信息保护路径。

尽管美欧对数字时代下的个人信息保护问题选择了不同的路径和模式，但均不同程度地体现了在处理个人数据之前、之时和之后的全流程中根据风险水平差异化预防或管理个人信息或隐私风险的风险规制理念。以欧盟《数据条例》中的数据保护影响评估为例，该要求就受到了美国、澳大利亚、加拿大、新西兰等国于20世纪90年代中期兴起的隐私影响评估实践的较大影响。有学者将“隐私影响评估”界定为评估项目、政策、程序、服务、产品等隐私影响，并通过与利益攸关者协商如何采取必要的救济措施来避免负面影响或使其最小化的一套方法。并且，隐私影响评估是一个应该越早开始越好的程序，因为评估开展得越早就越有机会对项目结果产生积极影响。[③]美欧之所以殊途同归地将隐私

---

① NIST, NIST Privacy Framework: A Tool for Improving Privacy Through Enterprise Risk Management, Version 1.0, 16 January 2020.

② 《数据条例》第35.3条列出了特别需要进行数据保护影响评估的三类情形，第29条工作组在2017年就《数据条例》第35条出台了专门的指南，进一步阐释了数据保护影响评估制度。Article 29 Data Protection Working Party, Guidelines on Data Protection Impact Assessment (DPIA) and Determining Whether Processing is “Likely to Result in a High Risk” for the Purposes of Regulation 2016/679, WP/248 Rev.01, 4 April 2017.

③ See David Wright, *The State of the Art in Privacy Impact Assessment*, 28 Computer Law & Security Review 55 (2012).

影响评估或数据保护影响评估作为重要的风险规制手段，是因为该实践具有诸多优点：首先，它可作为预警体系帮助企业在大规模投资前监测潜在隐私风险、采取预防措施并建立恰当保障措施，从而减少企业的成本负担；其次，在企业发生隐私风险或违约时，企业已开展的隐私影响评估可作为证明其遵守了隐私法律的证据，帮助企业减轻甚至免除可能承担的法律责任；最后，隐私影响评估也可能降低发生隐私风险给企业带来的负面公共影响和声誉损失，甚至提升公众对企业保护其个人信息隐私的信任。①

（三）美欧个人信息保护制度中的风险规制理念存在显著差异

尽管根据风险水平差异化保护个人信息的风险规制理念具有突出优势，但其也存在不足。例如，该路径可能成为数据控制者在未获得个人信息主体同意等情形下进行数据处理的借口，进而减损个人信息主体依法享有的权利和自由。②或许正是考虑风险规制理念的优势与不足，以及美欧在数字贸易发展现状、历史文化和规制理念等方面的差异，美欧个人信息保护制度所采用的个人信息保护路径和相应的风险规制理念存在显著差异。具体而言，美国拥有世界上最多的大型数字跨国企业，且美国国内盛行“新自由主义（neoliberalism）”思潮，因而美国倾向于宽松地采取以市场为主导、依靠行业自律管理的隐私规制模式，其风险规制理念主要是减轻或替代数据控制者的个人数据保护义务。欧盟数字贸易国际竞争力弱于中美等国，但其拥有大量的本土消费者，并且“二战”后欧洲国家将个人数据保护提升到了基本权利的高度，因此其倾向于采用以规则制定为主导、充分保护隐私权和个人数据保护权利的个人信息保护模式。③相应地，尽管欧盟的《数据条例》相比“95 指令”更接近美国更加自由的风险导向型规制路径，但其风险规制理念主要是将风险评估作为个人数据保护义务之外的附加义务。④鉴于《数据条例》对美国大型数字跨国企业的业务限制效应日益明显，USMCA 式个人信息保护规则引入“必要且成比例”测试可能是美国掣肘欧式风险导向型个人信息保护路径的信号和尝试。

---

① See David Wright, *The State of the Art in Privacy Impact Assessment*, 28 Computer Law & Security Review 55－56 (2012).

② See Gabriel Maldoff, The Risk-Based Approach in the GDPR: Interpretation and Implications, IAPP White Paper, 2016, p.5.

③ 还有学者从宪政模式角度分析了造成美欧个人信息保护路径差异的原因：美国奉行私人化的宪政主义，认为公领域与私领域存在对立关系，将私领域视为自由领域，国家是经过私领域的授权而存在，公领域的扩张将导致私领域的萎缩和对个人自由的限制，因此美国在私领域盛行行业自律模式；德国等国奉行促进式宪政模式，在该模式下国家扮演促进人的基本权利和自由实现的角色，自由不被视为公与私的两极对立。参见齐爱民：《大数据时代个人信息保护法国际比较研究》，法律出版社 2015 年版，第 150－160 页。

④ See Maria Eduarda Gonçalves, *The Risk-Based Approach Under the New EU Data Protection Regulation: a Critical Perspective*, 23 Journal of Risk Research 143 (2020).

二、本测试的适用解析

当含有 USMCA 式个人信息保护规则的国际经贸协定的缔约方在服务贸易具体承诺表或不符措施负面清单中对个人数据跨境流动相关部门作出了相关市场准入或国民待遇承诺时，如果缔约方确保遵守个人信息保护的措施或限制个人信息跨境流动是为了应对隐私风险，就需要继续审查相关措施是否符合“必要且成比例”测试。因此，本部分将重点分析个人信息保护规则的涵盖承诺、如何确定风险的存在、如何适用“必要且成比例”测试等问题。

（一）“必要且成比例”测试的涵盖承诺和涵盖措施

与数字贸易国内规制框架规则相同，USMCA 式个人信息保护规则中的“必要且成比例”测试同样以缔约方的服务贸易具体承诺表为限。并且，在 USMCA 等协定的负面清单列表方式下，缔约方的涵盖承诺更加广泛，其更可能被专家组或仲裁庭认定为作出了相关承诺。在 WTO 电商谈判中，根据 WTO 合并文本中的“与其他协定的关系”提案，未来达成的电商诸边协议不得被解释为减损或影响成员根据 WTO 协定附件 1A 至 1C 以及附件 4 享有的权利和义务。[①]换言之，WTO 电商诸边协议同样限于成员根据 WTO 协定承担的义务和作出的承诺，特别是限于 GATS 具体承诺表的义务。因此，即便美国提出的 USMCA 式个人信息保护提案通过了成员投票，成员根据该规则所承担的义务仍主要以 GATS 具体承诺表为限。

USMCA 式个人信息保护规则中的“必要且成比例”测试的涵盖措施主要是限制个人信息跨境流动的措施。可见，尽管该规则的涵盖措施相比数据跨境流动规则的涵盖措施更广，包括了可能不具有明显限制性的确保个人信息保护措施，例如赋予个人对其个人信息更广的控制权和救济途径、明确个人信息处理者的个人信息保护义务和责任等措施，但其“必要且成比例”测试仍限于与个人信息跨境流动有关的国内规制措施，表明该规则对缔约方国内规制权的限制范围实际上较窄。

（二）确定“存在的风险”的评估标准

与 WTO 协定（例如 GATT 第 20 条、TBT 协定第 2.2 条、SPS 协定第 5.6 条）中的传统必要性测试相比，USMCA 式个人信息保护规则中必要性测试的独特之处在于，其不是要求相关措施为了实现目标而造成的相关限制不得超过必要限度，而是要求相关措施对于存在的风险有必要且成比例。换言之，该规则中的“必要且成比例”测试关注的是相关措施与存在的风险之间是否存在必

---

① WTO, WTO Electronic Commerce Negotiations Consolidated Negotiating Text-December 2020 Revision, INF/ECOM/62/Rev.1, 14 December 2020, p.84.

要且成比例的关系，而非相关措施对于实现缔约方追求的个人信息保护目标或期待的保护水平之间是否存在必要关系。因此，该规则对于欧盟等采取个人信息保护高标准、对风险容忍程度较低或倾向于采取风险预防路径的国家和地区可能比较具有挑战性。

的确，不同国家和地区对风险的界定和容忍程度可能均有所不同，实践中可能存在起诉方认为不存在与个人信息保护有关的风险、被诉方却认为存在相关风险或有必要事先防范风险的情况。鉴于个人信息保护规则为积极主张条款，主张某一缔约方违反了该规则的起诉方负有证明不存在相关风险或措施与存在的风险不是“必要且成比例”的初步责任，而证明不存在相关风险可能较难，因而起诉方更可能重点主张限制个人信息跨境流动的措施与存在的风险不必要或不成比例。此时，确定风险评估和风险处理等标准就是认定相关措施是否“必要且成比例”的关键。特别是，当不同缔约方对上述标准存在不同理解时，明确上述问题尤为重要。

ISO 将“风险评估（risk assessment）”界定为风险识别（risk identification）、风险分析（risk analysis）和风险估计（risk evaluation）的全过程。其中，风险识别包括对风险源、事件、结果、内外部环境变化、知识局限性、信息可靠性等因素的识别；风险分析指为了解风险的性质、特征、风险水平等问题而对风险源等因素进行详细考察；风险估计指为了支持决策而将风险分析结果与既有的风险标准进行比较以确定是否需采取额外措施，例如是否维持现状、考虑风险处理方案或重新考虑目标等。[①]鉴于风险规制理念的核心在于区分不同的风险制定差异化的规则，确定风险水平对于后续的比例原则分析至关重要。风险水平主要由风险的严重性和发生可能性构成，且可大致划分为低、中、高三个档次，各国原则上应针对不同水平的风险就保护个人信息采取与风险相适应的限制性措施。[②]当风险越严重或发生可能性越高时，风险水平可能越高，风险预防

---

① ISO, ISO Risk Management Guidelines (2018), Article 6.4.

② 需注意，当法律中列举了具体的风险类型或规定了确定风险水平的标准时，原则上应以法律规定作为主要依据，例如欧盟的《数据条例》第 35.3 条就列举了三类很可能会对自然人的权利和自由带来高风险的情形。“第 29 条数据保护工作组”则在 2017 年《数据保护影响评估指南》中设计了一些具体问题帮助个人数据处理者确定存在高风险的其他情形，例如：（1）是否将出于新的目的处理个人数据；（2）在处理个人数据时是否采用了新的或未经验证的技术；（3）处理的个人数据中是否包括个人敏感数据或特定群体的个人数据；（4）数据主体是否能够在其个人数据处理过程中行使权利；（5）是否设置了限制不合比例泄露或分享个人数据可能性的控制措施；（6）第三方是否有权获取或加工个人数据；（7）个人活动是否可能受到系统性监控；（8）是否可能基于用户画像或评分作出处理决定。Article 29 Data Protection Working Party, Guidelines on Data Protection Impact Assessment (DPIA) and Determining Whether Processing is “Likely to Result in a High Risk” for the Purpose of Regulation 2016/679, WP/248 Rev.01, 4 April 2017, p.8 – 11.

措施就越可能被认定为与风险“必要且成比例”。因此，被诉方可尝试抗辩并证明发生相关风险的严重性或可能性很高，因而其采取的风险预防性措施与风险必要且成比例。

在确定风险评估标准时还应预先思考以下两个问题。

第一，风险可否包括保护个人数据和隐私之外的其他风险类型。鉴于个人信息保护规则未对“风险”的类型作出任何限定，因而实施确保遵守个人信息保护的措施或限制个人信息跨境流动的措施旨在减少的风险可能不限于隐私类风险。例如，当跨境流动的个人数据数量规模十分庞大时，其可能对国家安全造成一定威胁，因而一国可能为了保护国家安全而对个人数据跨境流动采取相应限制性措施。此时或许就应重点考察该措施与存在的国家安全风险之间是否存在“必要且成比例”的关系。

第二，当某一争端方认为风险可包括合规风险（compliance risk），而另一争端方认为风险应与合规区分开时，专家组或仲裁庭如何进行裁定。例如，尽管欧盟的《数据条例》第 35.1 条延续了 ISO 将风险界定为包括事件和结果的定义，但将保护个人数据作为事件、个人权利和自由面临的高风险作为结果，导致当数据处理者未遵守数据保护条款时就会引发其对数据主体基本权利的潜在违反，表明《数据条例》中的风险主要指合规风险。[①]对此，以 NIST“隐私框架”为代表的传统观点认为合规风险和隐私风险是两种不同的风险（因为即便在完全合规的情况下也可能存在隐私风险），因而应将合规与风险区分开，只有当企业履行合规义务后才能判断风险水平。[②]

ISO 还将“风险处理（risk treatment）”界定为挑选和实施应对风险的选项，它包括制定和选择风险处置方案、规划和实施风险处理、评估处理有效性、决定剩余风险可接受度以及如果不能接受时的下一步处理选项的迭代过程。[③]风险处理标准可能影响风险水平，进而对风险估计结果产生影响。例如，在确定风险的发生可能性时可考虑个人数据是否已设置了避免或降低相关风险的安全措施，如果安全措施降低了风险的发生可能性，那么风险水平也可能相应降低。[④]

当然，确定存在的风险时考察的因素并不限于确定风险评估和风险管理标

---

① See Raphaël Gellert, *Understanding the Notion of Risk in the General Data Protection Regulation*, 34 Computer Law & Security Review, 279 – 285 (2018).

② NIST, NIST Privacy Framework: A Tool for Improving Privacy Through Enterprise Risk Management, Version 1.0, 16 January 2020, p. 5; Raphaël Gellert, *Understanding the Notion of Risk in the General Data Protection Regulation*, 34 Computer Law & Security Review, 279 – 280 (2018).

③ ISO, ISO Risk Management Guidelines (2018), Article 6.5.

④ See Peter Carey ed., *Data Protection: A Practical Guide to UK and EU Law*, Oxford University Press, 2018, p. 215.

准，例如ISO在“风险管理指南”中还描述了监测和审查、记录和报告等标准。鉴于不同标准在不同案件中的权重可能有所差异，专家组或仲裁庭需要结合具体案件情况具体分析。

（三）确定是否存在合理可用的替代措施

若存在起诉方所声称的风险，接下来就要进行“必要且成比例”测试。根据USMCA第18.8条第3款的文本表述，本款的必要性测试应重点审查是否存在合理可用的、与存在的风险之间存在同等必要关系且限制性更低的替代措施。对此，起诉方首先应提出可能合理可用的替代措施，然后由被诉方反驳该替代措施并非合理可用，以供专家组或仲裁庭进行审查。与WTO法理相比，审查个人信息保护规则中的替代措施时需要特别注意以下两个问题。

首先，与传统必要性测试不同，USMCA式个人信息保护规则的文本表述暗示该必要性测试中的等效性要素不应参考被诉方的保护个人信息隐私等公共政策目标或期待的保护水平本身，而是应以存在的风险为准，例如被诉方希望将存在的个人信息或隐私等风险降低到某种水平的目标，或者被诉方对相关风险的容忍程度。此时，通常需要结合被诉方国内法相关规定等所有呈递给专家组或仲裁庭的事实和证据确定被诉方期待将风险降低到何种水平。当被诉方国内法中关于风险评估和风险管理等的规定明确指出其目的在于将风险降低到相关水平时，专家组或仲裁庭可据此初步确定被诉方的目标。但更多情况下，被诉方的国内法可能并不会明确说明被诉方期待将风险降低到何种水平。例如，欧盟《数据条例》第32条要求控制者和处理者采取的技术和组织措施应保证具有“与风险相称”的安全水平。此时，被诉方期待将风险降低到何种水平目标可能还需结合其他因素综合确定：第一，本法其他条款或其他国内法中是否暗示了被诉方期待将风险降低到何种水平；第二，个人信息保护的路径，例如将个人信息隐私作为消费者权利还是基本权利保护可能暗示了被诉方对隐私风险的容忍程度；第三，个人信息保护的法律框架，例如主要通过私法保护还是公私法结合的方式保护也可能暗示被诉方对隐私风险的容忍程度。一般而言，专家组或仲裁庭对被诉方声称的“期待将风险降低到某一程度”目标或风险容忍程度采取遵从的审查标准有助于维护被诉方在保护个人数据领域的规制自主权，但也需注意防范被诉方滥用这一权利掩盖贸易保护主义等动机。

其次，当被诉方为了减少存在的个人信息隐私等风险而限制个人数据跨境流动时，其可能同时违反数据跨境流动规则，此时就产生了规则竞合问题。鉴于个人信息保护规则和数据跨境流动规则是两个规制重点不同的规则，且起草者未规定解决该规则竞合的规则，二者发生竞合时应分别分析个人数据跨境流动限制性措施是否违反了相应规则。个人信息保护规则和正当公共政策目标例外中的必要性测试内容有所不同，被诉方在援引正当公共政策目标例外时需要证明的是措施对个人数据跨境流动造成的限制未超过实现相关目标所必要的限度。根据 WTO 必要性测试法理，争端解决机构审查措施在例外条款中的等效性时往往采用的是“期待的保护水平”标准，这可能使得一个未通过个人信息保护规则中的必要性测试的个人数据跨境流动限制性措施仍有可能通过正当公共政策目标等例外中的必要性测试。①

（四）明确相关措施造成的限制与存在的风险是否成比例

当限制个人数据跨境流动的措施通过必要性测试后，就需要继续审查相关措施能否继续通过狭义比例测试。与 WTO 协定和大部分区域经贸协定只明确授权专家组或仲裁庭进行必要性测试相比，USMCA 式个人信息保护规则是少数明确授权专家组或仲裁庭进行狭义比例测试的国际法规则。与宪法和行政法中的狭义比例原则相同的是，个人信息保护规则所要求的狭义比例测试同样涉及价值判断问题。这是因为狭义比例原则通常要求法院权衡权利或利益（例如个人权利和公共利益）之间的收益与损害是否成比例，此时需要确定权利或利益的权重或相对重要性。尽管个人信息保护规则要求权衡的是相关措施造成的限制与存在的风险是否成比例，这看似属于事实判断问题，但不同的被诉方可能因地域文化和历史等原因而对相关风险的容忍程度有所不同，因此专家组或仲裁庭实际上仍需要借助价值判断来权衡相关措施与存在的风险是否成比例，这也有助于尊重缔约方的规制自主权。

与成本收益分析要求收益大于成本不同，“成比例”意味着相关措施与存在的风险相同或合乎比例也是允许的。鉴于 WTO 争端解决机构在进行必要性测试时可以采用定量或定性分析方法，ISO 的“风险管理指南”也指出风险的结果、风险的发生可能性等风险分析可以采用定量或定性分析方法或二者的结合，②因此专家组或仲裁庭在进行个人信息保护规则中的狭义比例原则时也可以根据案件情况采取定量或定性分析方法。例如，对于欧盟等将个人信息保护作为基本权利的做法，专家组或仲裁庭可以就欧盟在个人信息保护中面临的隐私风险所表现出的容忍程度赋予更大的权重，比较其对风险的容忍程度与措施造成的限制、风险的发生可能性之间是否存在合乎比例的关系。此外，本书第一章在分析狭义比例原则时提到了理论界为了克服该原则分析中的抽象性而提出的各种原则和分析公式，专家组或仲裁庭在审查相关措施对于减少风险是否成比例时也可考虑这些原则和公式的可适用性。

USMCA 第 19.8 条第 6 款规定 CBPRs 体系是有效的机制，表明了什么可能

---

① 除了韩国牛肉案以外，WTO 争端解决机构在根据 WTO 例外条款审查替代措施是否符合等效性要素时采用的基本均是缔约方“期待的保护水平”标准。

② ISO, ISO Risk Management Guidelines (2018), Article 3.6, 3.7, 6.4.3.

被认为是符合“必要且成比例”测试的规则。[①]该款可能成为专家组或仲裁庭考察相关措施是否成比例的参照。例如，当起诉方根据本款提出 CBPRs 体系是合理可用的替代措施时，被诉方就要反驳 CBPRs 体系并非合理可用的替代措施，包括反驳 CBPRs 体系无法同等减少存在的风险或 CBPRs 体系对本国而言并非合理可用等。

第三节 正当公共政策目标例外中的“不得超过必要/要求的限度”测试

数据跨境流动规则是国际经贸协定谈判中的重难点议题，不同协定中的数据跨境流动规则及例外存在一定差异。例如，CPTPP 第 14.11 条和第 14.13 条的数据跨境流动规则均允许成员为了追求正当公共政策目标而限制数据跨境流动或采取数据本地化措施（下称“数据跨境流动限制性措施”），条件是相关措施不得以构成武断、不合理歧视或对国际贸易变相歧视的方式适用，并且对信息传输/计算设施的使用或位置造成的限制不得超过实现正当公共政策目标所要求的限度。[②]RCEP 第 12.14 条和第 12.15 条的数据跨境流动规则中也设置了正当公共政策目标例外，但上述两个条款通过“其认为”表述赋予了缔约方自行决定数据跨境流动限制性措施对于实现其正当公共政策目标必要性的自裁权，并在脚注中再次强调缔约方确认实施此类正当公共政策目标的必要性应由实施的缔约方决定。在 WTO 电商谈判中，尽管提出数据跨境流动相关提案的成员原则上均禁止限制数据跨境自由流动，但各成员的例外条款提案存在较大差异。[③]本节将以数据跨境流动规则中的例外条款为视角，重点分析“不得超过必要/要求的限度”测试这一前沿理论问题。

---

① See Svetlana Yakovleva and Kristina Irion, *Pitching Trade Against Privacy: Reconciling EU Governance of Personal Data Flows with External Trade*, 10 International Data Privacy Law 213 (2020).

② USMCA 第 19.11 条基本沿袭了 CPTPP 第 14.11 条的规定，第 19.13 条的禁止数据本地化规则更加严格，未规定采取数据本地化措施的缔约方可援引正当公共政策目标例外。

③ 具体而言，日本、美国、加拿大和英国等成员沿袭了 CPTPP 式正当公共政策目标例外。新加坡、巴西和韩国也允许成员为了追求正当公共政策目标而限制数据跨境流动，但未在该例外中规定必要性测试。中国尚未在 WTO 电商谈判中提出自己的数据跨境流动提案，但提出了一条旨在对整个 WTO 电商诸边协定水平适用的正当公共政策目标例外提案，且中国在该提案中还将保证网络安全、保障网络空间主权（cyberspace sovereignty，又称“网络主权”）与保护公民、法人和其他组织的合法利益明确列为了正当公共政策目标。WTO, WTO Electronic Commerce Negotiations Consolidated Negotiating Text-December 2020 Revision, INF/ECOM/62/Rev.1, 14 December 2020, p.27 – 29, 85.

一、本测试中的目标正当性审查

CPTPP、DEPA 和 RCEP 等协定中的正当公共政策目标例外允许缔约方为了实现正当公共政策目标而采取或维持数据跨境流动限制性措施。换言之，如果限制性措施不是为了实现正当公共政策目标，则没有必要再继续分析该措施是否可能满足该例外（a）项和（b）项中的要求。可见，“为了实现正当公共政策目标”是适用正当公共政策目标例外的前提。鉴于 TBT 协定第 2.2 条和正当公共政策目标例外均规定了“正当目标”，TBT 协定第 2.2 条法理可以为确定正当公共政策目标提供有益参考。

（一）目标正当性的审查标准

目的正当性（legitimacy）与目的合法性（legality）是两个相似但又有区别的概念。目的合法性关注立法或行政行为是否依法作出，目的正当性则关注立法或行政行为是否出于正当目的。在 WTO 体系下，有观点认为既然 TBT 协定第 2.2 条采用了“正当目标”表述，就意味着同样存在不正当目标，如果将目标正当性的决定权完全交给成员而不赋予争端解决机构任何的监督权将会导致过度遵从的审查标准。[①]并且，争端解决机构在具体案件中审查 TBT 协定第 2.2 条的目标正当性时采用了独立客观的审查标准，这意味着区域经贸协定的专家组或仲裁庭在审查 CPTPP 和 DEPA 等正当公共政策目标例外中的目标正当性要件时也应采用独立客观的审查标准。但这里还需要解决的一个问题是，RCEP 正当公共政策目标例外中采用“其认为”所赋予缔约方的自裁权是否及于正当公共政策目标。对此，本书将在分析基本安全例外中的自裁权（第三章第二节）时一并分析该问题。

（二）目标正当性的法律标准

如本书第一章所述，WTO 争端解决机构认为目标的正当性取决于目标本身的性质和内容，其中 TBT 协定第 2.2 条和序言以及其他 WTO 协定中明确列出的目标甚至其他 WTO 协定的条款均对于确定目标的正当性具有指导性和提示性作用。同时，专家组不必拘泥于成员对目标的特征描述，而是应结合技术法规的文本表述、立法史和运作等证据，独立客观地审查目标的正当性。[②]因此，

---

① 参见李冬冬：《TBT 协定规制目标正当性审查之研究》，载《国际经贸探索》2018 年第 7 期，第 95 页；Mads Andenas and Stefan Zleptnig, *Proportionality: WTO Law: in Comparative Perspective*, 42 Texas International Law Journal 418 (2007).

② WTO Appellate Body Report, United States - Measures Concerning the Importation, Marketing and Sale of Tuna and Tuna Products, WT/DS381/AB/R, adopted 13 June 2012, paras. 313 – 314; WTO Appellate Body Report, United States - Certain Country of Origin Labelling (COOL) Requirements, WT/DS384/AB/R, WT/DS386/AB/R, adopted 23 July 2012, paras. 444 – 445.

CPTPP 和 DEPA 等协定的专家组或仲裁庭在审查正当公共政策目标例外中的目标正当性要件时，应立足于目标本身的性质与内容，并可考察数字贸易章节、整个协定文本以及明确并入协定的 WTO 协定相关条款中是否明确列举或默示承认了该目标，因为这反映了全体缔约方的共同意图。[①]当缔约方采取的数据跨境流动限制性措施所追求的目标未直接或间接体现于协定文本时，缔约方可否援引其他国际条约中明确承认的目标来证明争议目标的正当性则取决于相关条约是否符合 VCLT 第 31.3 条特别是（c）项的要求。也即，当其他国际条约被认定为“适用于当事国间关系之任何有关国际法规则”时，该国际条约中明示或默示承认的目标也可能被认定为正当公共政策目标。

（三）目标正当性的举证责任分配

就举证责任而言，鉴于正当公共政策例外属于积极抗辩条款，被诉方负有证明争议措施所追求的目标属于正当公共政策目标的责任，这点与 TBT 协定第 2.2 条存在差异。例如，尽管在美国原产地标识案中，美国采用了不太常见的原产地定义，因而被加拿大质疑其追求的目标为贸易保护主义目标，但因加拿大没能证明采用不同的原产地定义如何说明目标具有不正当性，上诉机构认定专家组得出的争议目标具有正当性的结论无误。[②]因此，援引正当公共政策例外的被诉方更应关注正当公共政策目标的法律标准，否则可能承担举证不利的后果。

二、“不得超过要求的限度”之内涵

纵观 CPTPP、USMCA、《美日数字贸易协定》、DEPA、RCEP 等数据跨境流动规则中的正当公共政策目标例外，可以发现 RCEP 要求缔约方对数据跨境流动施加的限制是“实现目标所必要的（necessary）”，USMCA 和《美日数字贸易协定》也要求限制“不得超过必要的限度（not greater than are necessary）”，CPTPP 和 DEPA 则要求限制“不得超过要求的限度（not greater than are required）”。在 WTO 电商谈判中，或许是成员对“要求的”确切内涵尚有疑虑，数据跨境流动和计算设施本地化提案中的正当公共政策目标例外均未确定究竟采用“必要的”还是“要求的”表述，而是将这两种表述作为并列选项，最终选择哪种表述仍有待于各方的进一步谈判。因此，本部分将运用 VCLT 解释通则探究“不得超过要求的限度”测试是否等同于必要性测试。

---

① 例如，当 RCEP 缔约方限制跨境数据流动是为了追求数字贸易章第 2 条明确提到的目标或者其他条文中默认的具体目标（例如第 12.9 条体现了减少非应邀商业电子信息的目标）时，RCEP 联合委员会就可能认定该目标为正当公共政策目标。

② WTO Appellate Body Report, United States - Certain Country of Origin Labelling (COOL) Requirements, WT/DS384/AB/R, WT/DS386/AB/R, adopted 23 July 2012, paras. 446 – 452.

（一）根据 VCLT 第 31.1 条进行解释

首先，根据《简明牛津字典》，“require”指命令或需要某人做某事；制定的必须完成的事；将成功或实现寄托于；想得到。[①]根据《新牛津英汉双解大词典》，“require”指需要，有赖于；使需要，使必要；规定，要求；想要，想得到。[②]上述字典释义表明“required”和“necessary”似乎可以是同义词，彭心仪等学者也认为《跨太平洋伙伴关系协定》（TPP）第 14.11 条中的“要求的”指代必要性测试。[③]

其次，系统解释方法要求将正当公共政策目标例外所处的数字贸易章节甚至整个协定作为解释“要求的”的上下文。例如，CPTPP 第 14.2 条和 DEPA 第 2.3 条提到了“不必要壁垒”，WTO 合并文本“电子交易框架”条款第 2 款中的提案 1 也采用了“不必要规制负担”表述，这表明起草者有意对“必要的”和“要求的”内涵进行区分，暗示二者并不具有相同的内涵。[④]如果更宽泛地将整个 CPTPP 作为上下文，还可以发现被并入 CPTPP 的 SPS 协定第 5.6 条也可作为解释“要求的”表述的上下文，因为 SPS 协定第 5.6 条也规定 SPS 措施造成的贸易限制不得超过为达到适当的保护水平所“要求的限度”。但需注意，本条注解清楚地表明起草者在此处采用“要求的”旨在采用最低贸易限制测试。[⑤]因此，尽管 SPS 协定第 5.6 条与 CPTPP 第 14.11 条和第 14.13 条的正文文本均采用了“要求的”表述，但不可当然地将后者的“要求的”也解释为最低贸易限制测试。另外，SPS 协定第 5.6 条注解带来的启示是，正当公共政策目标例外中采用“要求的”表述并非不可被解释为最低贸易限制测试，但是需要起草者作出类似 SPS 协定第 5.6 条注解那样的明确说明。

（二）根据 VCLT 第 31.4 条进行解释

考虑法律文本在表述上的专业性，VCLT 第 31.4 条规定了特殊文义解释方法。在法律领域，部分国家宪法比国际经贸协定更早使用了“要求的”术语，这可以为理解正当公共政策目标例外中的“要求的”内涵带来一定启示。例如，《以色列基本法》第 8 条规定“立法对权利的限制不得超过要求的限度”。尽管

---

① See *The Concise Oxford Dictionary*, Oxford, Clarendon Press, 1982, p. 884.

② 参见《新牛津英汉双解大词典》，上海外语教育出版社 2007 年版，第 1802 页。

③ See Shin-yi Peng and Han-wei Liu, *The Legality of Data Residency Requirements: How Can the Trans-Pacific Partnership Help?*, 51 Journal of World Trade 194 – 196 (2017).

④ 正如有学者所言，鉴于谈判者选择了“要求的”而非“必要的”一词，仲裁庭可以认为缔约方不打算在此处采用必要性标准。See Susannah Hodson, *Applying WTO and FTA Disciplines to Data Localization Measures*, 18 World Trade Review 602 – 603 (2019).

⑤ 本条注解规定：“为了第 5.6 条的目的，除非将技术和经济可行性纳入考虑后存在另一个合理可用的措施能达到相同卫生或检疫保护水平，且其贸易限制效果显著小于争议措施，否则争议措施并未超过要求的贸易限制程度。”

阿哈龙·巴拉克认为“要求的”同样体现了比例概念，但他也指出需对不同宪法中的“必要的”“要求的”“合比例的”等术语进行解释以确定其具体内涵。以色列法院在1995年联合米兹拉希银行案中曾澄清，只有当立法者在所有可获得的手段中选择了对所保护的人权限制最小的手段时，才能认为该法律对基本权利的限制未超过要求的限度。[①]可见，“要求的”在以色列宪法中也对应最低限制手段测试，这与WTO争端解决机构将“必要的”解释为最低贸易限制测试的法理基本一致，只是前者原则上要求穷尽所有可能的替代手段后才能确定立法是否超过了要求的限度，而后者仅需审查起诉方提出的替代措施即可确定争议措施造成的贸易限制是否超过了必要的限度。[②]

要求穷尽所有可能的替代手段来确定立法是否超过要求的限度，一定程度上体现了罗伯特·阿列克西提出的“权利原则说”。阿列克西认为规则总是被实现或不被实现而非以更多或更少方式实现的规范，而原则是在考虑法律和事实可能性后要求某类事物尽可能最大程度被实现（即原则最大化实现要求，optimization requirements）的规范，对原则的描述暗示当不同原则发生冲突时必须结合具体情况比较这些原则以决定各原则的权重，原则的性质则暗示这一过程应受比例原则管辖。[③]如果承认权利是具有最大化实现要求的原则，那么只要存在事实和法律上的兼容性，就应允许可能最大化实现每个原则的结果。这就要求任何对权利的侵犯只有在实现另一个原则（例如重要社会目标）所必要的限度内才能被允许；如果存在能同等实现另一个原则且对权利侵害更小的替代手段，那么就未能在兼容地实现另一个原则的情况下最大化实现权利。根据这一学说，法院在运用比例原则时就必须采用严格解释路径以确保对权利的任何限制对于实现所追求的目的均是严格必要的，而这意味着不存在可获得的能同等实现目的且对权利的侵害程度更低的替代措施。[④]

因此，如果以“权利原则说”审视正当公共政策例外中特意采用的“要求

---

① See Aharon Barak, *Proportionality: Constitutional Rights and Their Limitations*, translated by Doron Kalir, Cambridge University Press, 2012, p. 210-213, 317, 366.

② 在美国博彩案中，WTO上诉机构指出被诉方不负有首先证明不存在合理可用的、可实现目标的替代措施的责任，特别是不需要证明所有的替代措施均不能实现其期待的目标，WTO协定没有规定如此不切实际且通常不可能的证明责任。只有在起诉方提出可能合理可用的替代措施后，被诉方才需反驳该替代措施无法同等实现与争议措施相同的目标。WTO Appellate Body Report, United States - Measures Affecting the Cross-Border Supply of Gambling and Betting Services, WT/DS285/AB/R, adopted 20 April 2005, paras. 309 – 310.

③ See Robert Alexy, *A Theory of Constitutional Rights*, translated by Julian Rivers, Oxford University Press, 2002, p. 47-48, 50, 66-68.

④ See David Bilchitz, *Necessity and Proportionality: Towards a Balanced Approach, in* Liora Lazarus, Christopher Mccrudden, Nigel Bowles et al. eds., Reasoning Rights - Comparative Judicial Engagement, Bloomsbury Publishing, 2014, p. 41.

的”表述，则可认为缔约方并非不打算对数据跨境流动限制性措施采用必要性测试，而是可能希望采取严格必要性测试。一方面，缔约方希望保留自己为了追求更多现有或潜在的正当公共政策目标而限制数据跨境流动的规制自主权。另一方面，缔约方也希望采用严格必要性测试来限制其他缔约方选择用来追求正当公共政策目标的手段，从而避免正当公共政策目标例外被滥用。尽管采用严格必要性测试的意图不一定表明专家组或仲裁庭必须穷尽所有可能的替代措施才能确定争议措施的必要性，但可能表明缔约方希望对必要性测试采用更严格的审查标准或法律标准。因此，如果确定 CPTPP 缔约方的原意在于采用严格必要性测试，那么就应据此严格解释“要求的”内涵。

（三）小结

在运用 VCLT 解释通则分析正当公共政策目标例外中的“要求的”与“必要的”是否具有相同内涵后，本书发现运用不同的解释方法可能得出截然不同的结论。此外，如果结合 CPTPP、USMCA、《美日数字贸易协定》和 DEPA 的缔约情况，可发现采用“必要的”表述的 USMCA 和《美日数字贸易协定》的缔约方数量少且由美国主导谈判，因此采用“必要的”表述所对应的必要性测试为缔约方施加了更高的遵约义务；相反，采用“要求的”表述的 CPTPP 缔约方数量较多且各方数字贸易发展不平衡，而尽管采用“要求的”表述的 DEPA 缔约方不乏发达国家（例如新加坡和新西兰），但这些国家并没有具有国际影响力的大型数字企业，[①]这暗示 CPTPP 和 DEPA 起草者可能有意采用“要求的”表述来避免适用更加严格的必要性测试，甚至完全避免适用必要性测试。

综上所述，本部分的研究表明“要求的”内涵具有较大的模糊性与不确定性，需要缔约方进一步澄清其确切内涵。对此，CPTPP 和 DEPA 缔约方特别是参与 WTO 电商诸边谈判的 WTO 成员首先应明确在数据跨境流动规则中设置正当公共政策目标例外是为了赋予国家更大的规制权，还是为了限制国家滥用该例外行贸易保护主义之实。若各国最终决定采用“要求的”表述，其应进一步明确采用“不得超过要求的限度”测试是意味着不打算在此处适用必要性测试，还是旨在适用更加宽松或严格的必要性测试。

三、“不得超过必要的限度”之理论建构

建构正当公共政策目标例外中的必要性测试理论是本节的核心内容。但在此之前，还有必要澄清 WTO 一般例外中的权衡测试争议，从而明确可否将权衡测试特别是权衡标准 1“争议措施追求的普遍利益或价值越重要，该措施就

---

① 参见赵旸頔、彭德雷：《全球数字经贸规则的最新发展与比较——基于对〈数字经济伙伴关系协定〉的考察》，载《亚太经济》2020 年第 4 期，第 63 页。

越容易被认为必要”引入正当公共政策目标例外中的必要性测试，因为这一问题对于如何组织必要性测试具有重要影响。

（一）可否根据目标所追求之利益或价值的重要性组织必要性测试

自韩国牛肉案开始，WTO 争端解决机构在每个必要性测试案件中均采用了权衡标准 1，美国博彩案和巴西轮胎案等案件也强调权衡测试从审查利益或价值的重要性开始，争议措施是否必要、替代措施是否合理可用是在将利益或价值纳入考虑后在权衡和比较基础上确定的。WTO 争端解决机构在韩国牛肉案中确立的“越……越……”的权衡标准本质上属于价值判断标准，其中权衡标准 1 就是一个典型的价值判断标准。权衡标准 2 和权衡标准 3 也属于价值判断标准，因为专家组在比较争议措施和替代措施对于实现目标所获得的收益与对国际贸易造成的损害后，审查争议措施是否必要就是在贸易和非贸易价值之间进行价值判断的过程。①

WTO 争端解决机构在适用 WTO 一般例外时将反映其价值判断的权衡测试融入必要性测试后受到了诸多批评，其中最典型的三个批评是：第一，WTO 一般例外未对涵盖目标进行重要性排序，争端解决机构在必要性测试中进行价值判断缺乏文本依据或授权；第二，采用权衡测试不符合 WTO 尊重国家规制权（特别是成员的“ALOP 权利”）的目的和宗旨；第三，WTO 现有的“民主赤字”问题表明其进行价值判断的时期尚不成熟。②本书第一章对 WTO 必要性测试法理的分析已经表明权衡测试是最低贸易限制测试的预备阶段，其本质仍然是必要性测试/最低贸易限制测试，但尚未解决的两个问题是：WTO 争端解决机构为何坚持根据成员追求之目标所保护的利益或价值的重要性来组织必要性测试，以及其是否有权这样做。

对于第一个问题，理论界曾尝试从不同的角度回答 WTO 争端解决机构为何坚持采用权衡标准 1 安排必要性测试。有学者猜测争端解决机构可能是希望为成员追求公共政策目标创造更大的遵从边界。③但这一理由难以解释权衡测试

---

① 唐纳德·H. 里根指出不论争端解决机构出于何种动机，其在韩国牛肉案中提出的三个权衡标准的确体现了成本收益测试的特征。See Donald H. Regan, *The Meaning of "Necessary" in GATT Article XX and GATS Article XIV: The Myth of Cost-Benefit Balancing*, 6 World Trade Review 353 – 361 (2007).

② See Michael Ming Du, *Autonomy in Setting Appropriate Level of Protection under the WTO Law: Rhetoric or Reality?*, 13 Journal of International Economic Law 1101 (2010); Steve Charnotitz, *The Law of Environmental PPMs in the WTO: Debunking the Myth of Illegality*, 27 Yale Journal of International Law 101 (2002).

③ See Benn McGrady, *Necessity Exceptions in WTO Law: Retreaded Tyres, Regulatory Purpose and Cumulative Regulatory Measures*, 12 Journal of International Economic Law 153 (2009); Deborah A.Osiro, *GATT/WTO Necessity Analysis: Evolutionary Interpretation and Its Impact on the Autonomy of Domestic Regulation*, 29 Legal Issues of Economic Integration 123 (2002).

干扰成员行使国家规制权的情形，例如专家组在韩国牛肉案中就将韩国期待的保护水平下调为了实际反映措施的保护水平，一定程度上使得替代措施更容易被认定为合理可用，这对于韩国行使国家规制权是不利的。还有学者认为，根据价值重要性安排必要性测试旨在防止成员以严重损害自由贸易的方式滥用“ALOP 权利”。[①]但这也不能完全解释争端解决机构在欧共体石棉案等案件的必要性测试中给予被诉方较大遵从边界的情况。本书认为，将这两种观点结合起来才能全面说明争端解决机构坚持采用权衡标准 1 安排必要性测试的原因，即采用权衡测试是为了使争端解决机构能更灵活地行使自由裁量权：当成员追求的公共政策目标比较重要且该成员没有滥用“ALOP 权利”的嫌疑时，争端解决机构更倾向于尊重该成员的规制权，反之则会限制该成员滥用自身权利损害 WTO 其他成员在 WTO 协定下享有的权利。

对于第二个问题，本书认为 WTO 协定文本并非完全没有对价值的重要性问题作出任何默示规定。公共道德和公共健康目标在例外条款中处于最靠前的位置暗示了其所保护的价值可能具有更高的重要性。更明显的证据是 SPS 协定第 5.6 条及其注释以及附件 A 第 5 段，其明确规定了最低贸易限制测试的法律标准并强调成员在公共健康领域享有“ALOP 权利”，直接表明保护人类、动植物生命或健康的价值具有最高重要性，因此争端解决机构应以有助于维护成员认为恰当的公共健康保护水平的方式组织必要性测试。事实上，澳大利亚鲑鱼案等案件对 SPS 协定第 5.6 条所发展的法理表明争端解决机构在实践中也的确是这样做的。[②]如果结合 SPS 协定第 5.6 条法理重新审视欧共体石棉案和巴西轮胎案，就会发现上诉机构也是以有利于维护成员认为恰当的公共健康保护水平的方式解释 GATT 第 20 条（b）项，即将保护人类健康的价值认定为具有最高重要性并充分尊重了被诉方提出的保护水平。因此，在 WTO 协定对利益或价值的重要性作出了默示规定的情况下，争端解决机构依据默示规定、采用权衡标准 1 确定相应的审查标准不存在价值判断问题，未超越 WTO 协定的授权。上述分析也表明，国际经贸协定的专家组或仲裁庭首先应从协定文本的字里行间去寻找与价值重要性有关的规定，避免以自己的价值判断替代起草者在协定中就特定价值的重要性达成的合意。

当 WTO 协定未就利益或价值的重要性问题作出任何默示规定时，DSU 第 3.2 条和第 11 条为争端解决机构在必要性测试中依据权衡标准 1 确定不同审查标准规定了权力依据与行使限度。一方面，尽管 DSU 第 11 条要求争端解决机

---

① See Donald H. Regan, *The Meaning of "Necessary" in GATT Article XX and GATS Article XIV: The Myth of Cost-Benefit Balancing*, 6 World Trade Review 356 (2007).

② E.g., WTO Appellate Body Report, Australia - Measures Affecting Importation of Salmon, WT/DS18/AB/R, adopted 6 November 1998.

构客观评估案件事实、WTO 协定的可适用性与遵约情况，但未对审查标准作出任何具体规定。WTO 争端解决机构在智利农产品案、美国热钢铁案、欧共体荷尔蒙案中对第 11 条作出的不同解释表明其有权结合不同案件中的争议协定和争议事项等情况确定具体的审查标准，并且争端解决机构要确定每个案件的审查标准。[①]另一方面，争端解决机构确定审查标准时也要受到 DSU 第 3.2 条的限制，即为多边贸易体制提供可靠性和可预测性，并且相关建议和裁决不能增加或减少协定所规定的权利和义务。因此，只要争端解决机构依据权衡标准 1 确定的必要性审查标准未违反 DSU 第 3.2 条，则未超出其权限范围。

鉴于 WTO 一般例外中的“必要的”表述过于笼统，可结合 TBT 协定第 2.2 条来判断争端解决机构是否超出了 DSU 的授权。例如，当争端解决机构认为被诉方有滥用“ALOP 权利”损害自由贸易和其他成员权利的嫌疑时，其可参考 TBT 协定第 2.2 条将贡献或者说替代措施等效性的法律标准从“期待的保护水平”标准下调为“实际贡献水平”标准，理由如下：首先，除了 SPS 协定第 5.6 条及其注释以及附件 A 第 5 段，WTO 一般例外中并未明确规定必要性测试必须以成员期待的或认为恰当的保护水平为准，因此争端解决机构对于审查标准享有一定的自由裁量权。其次，WTO 争端解决机构在确定一般例外的必要性审查标准时参考相关条款中的必要性法律标准而非由其自行决定审查标准也有助于实现 DSU 第 3.2 条的可靠性和可预测性等目标。最后，在成员可能滥用“ALOP 权利”时采用“实际贡献水平”标准不仅不会增加或减少协定所规定的权利和义务，反而有助于保障其他成员根据 WTO 协定享有的权利，这并未违背 WTO 协定的目的和宗旨。结合上述分析再次回顾韩国牛肉案，也可以更好地理解上诉机构将韩国期待的保护水平下调为双轨销售体系实际反映的保护水平的原因和合法性。当然，考虑 WTO 体系中存在的“民主赤字”问题，[②]WTO 争端解决机构在 WTO 协定未就目标所追求的价值的重要性作出任何明示或暗示规定时，其在运用权衡标准 1 确定必要性测试的审查标准时可以通过“商谈”等方式增加必要性测试的民主性和合法性依据。

综上所述，尽管 WTO 协定文本未明确对列出的公共政策目标进行价值重要性排序，也未明确授权争端解决机构进行价值判断，但部分条款明示或暗示公共道德和公共健康等目标具有高度重要性，争端解决机构应以有助于维护成员行使此类规制权的方式在必要性测试中采取更加被广泛遵从的审查标准，这并未超出 WTO 协定的授权，也不存在争端解决机构以自己的价值判断代替全体成员价

---

① See Andrew T. Guzman, *Determining the Appropriate Standard of Review in WTO Disputes*, 42 Cornell International Law Journal 48 – 53 (2009).

② See Jan Neumann and Elisabeth Turk, Necessity Revisited, Proportionality in World Trade Organization Law after Korea-Beef, EC-Asbestos and EC-Sardines, 37 Journal of World Trade 231 – 233 (2003).

值判断的问题。当成员有滥用“ALOP 权利”之嫌但难以确定 WTO 协定是否对相关利益或价值的重要性作出了默示规定时，争端解决机构可参考 TBT 协定第 2.2 条的必要性测试法理，在审查争议措施的贡献或替代措施的等效性时以“实际贡献水平”标准替代“期待的保护水平”标准，这有助于确保 WTO 必要性测试法理的一致性，为多边贸易体制提供安全性和可预测性，并实现促进自由贸易和尊重国家规制权的双重效果。同理，既然审查标准是争端解决机构在每个案件中都必须预先确定的事项，那么区域经贸协定的专家组或仲裁庭在建构正当公共政策目标例外中的必要性测试时也可参考上述法理确定具体案件的必要性审查标准。

（二）必要性测试的构成要素解析

专家组或仲裁庭在根据目标所追求的利益或价值的重要性确定必要性测试审查标准后，可将正当公共政策目标例外中的必要性测试分为两大阶段：“初步结论”阶段审查争议措施对于实现目标作出的贡献、争议措施对信息流动/计算设施的使用或位置产生的贸易限制性；“最终结论”阶段根据目标所保护的利益或价值的重要性审查替代措施的合理可用性。

首先，尽管正当公共政策目标例外中的“实现（to achieve）正当公共政策目标”与 TBT 协定第 2.2 条中的“实现（to fulfill）正当目标”在表述上极为相似，但专家组或仲裁庭原则上应采用“期待的保护水平”标准审查争议措施的贡献以及替代措施的等效性，除非专家组或仲裁庭在个案中考察具体情形后决定采用严格必要性测试。①这是因为，正当公共政策目标例外在性质上属于例外条款，是保障缔约方公共政策规制权的最后一道防线，WTO 争端解决机构在大部分例外条款案件中也尊重了 WTO 成员的“ALOP 权利”，因而在正当公共政策目标例外中同样应采用更宽松的标准以体现对缔约方国家规制权的较大尊重。不过，不论专家组或仲裁庭最终采用何种贡献标准，被诉方均需要证明争议措施对于实现目标并非完全没有贡献或仅有微不足道的贡献。②此外，专家组或仲裁庭还可结合案情和证据情况确定对争议措施的贡献或替代措施的等效性

① 如前所述，上诉机构在美国原产地标识案中澄清了 TBT 协定第 2.2 条“为了实现”要求专家组评估的是技术法规对于实现目标的贡献水平，而非技术法规能否实现成员期待的保护水平。WTO Appellate Body Report, United States - Certain Country of Origin Labelling (COOL) Requirements, WT/DS384/AB/R, WT/DS386/AB/R, adopted 23 July 2012, paras. 392 – 396.

② 根据 WTO 必要性测试法理，只要争议措施与追求的目标之间存在“目的与手段的真实联系”，那么贡献即是存在的，不得以争议措施不符合“重大贡献标准”而直接认定其为违反相关条款，因为贡献只是权衡争议措施必要性的要素之一。E.g., WTO Appellate Body Report, European Communities - Measures Prohibiting the Importation and Marketing of Seal Products, WT/DS400/AB/R, WT/DS401/AB/R, adopted 18 June 2014, paras. 5.209 – 5.216; WTO Appellate Body Report, United States - Certain Country of Origin Labelling (COOL) Requirements, WT/DS384/AB/R, WT/DS386/AB/R, adopted 23 July 2012, paras. 461 – 466.

采取定量或定性分析方法。[①]

其次，可借鉴 WTO 争端解决机构对 TBT 协定第 2.2 条“对贸易造成的限制不得超过必要限度”的解释，将区域经贸协定数字贸易章节的总则和一般条款作为解释正当公共政策目标例外的上下文。[②]据此，鉴于数字贸易章适用于影响数字贸易的措施，CPTPP 式正当公共政策目标例外中的必要性测试关注的就是数据跨境流动限制性措施对数字贸易造成的限制效果是否超过了该措施为了实现正当公共政策目标所作贡献的必要限度。结合 WTO 争端解决机构对 TBT 协定第 2.2 条“贸易限制性”法律标准的澄清，措施对数字贸易造成的限制效果同样应考虑竞争条件或竞争机会的不利改变是否足够表明对数字贸易或者说作为整体的外国数字供应商造成了限制效果。如果措施仅仅改变了个别外国数字供应商的竞争条件或者改变了整个国内外数字贸易市场中的竞争条件，那么通常不能认为该措施对数字贸易造成了限制效果。[③]

最后，当专家组或仲裁庭在权衡测试阶段发现争议措施对数字贸易造成了限制效果并且对于实现目标并非完全没有贡献，且起诉方提出了可能合理可用的替代措施时，其就应继续审查替代措施是否真的合理可用、对于实现目标是否能作出同等贡献且对数字贸易的限制效果更低。[④]

第四节 必要性测试前沿理论适用中的重难点

本书导论对“国内规制”的宽泛界定表明适用必要性测试理论逐一分析各

---

① WTO 争端解决机构在巴西轮胎案、欧盟海豹案等案件中均指出审查实际贡献并非唯一标准，其也可结合案情审查措施有助于作出的贡献。并且，争端解决机构在大部分案件中采用的均是定性分析方法。

② WTO 上诉机构在美国金枪鱼第二案中曾指出，GATT 第 11.2 条（a）项中的“限制”通常指具有限制性效果的事物，它与 TBT 协定第 2.2 条的“贸易”联系在一起就是指“对贸易的限制效果”。TBT 协定第 2.2 条并不是要禁止任何具有贸易限制效果的措施，其第 1 句话规定的“不必要的贸易障碍”表明一定程度的贸易限制效果是被允许的，只要不超过实现正当目标所必要的限度。因此，TBT 协定第 2.2 条关注的是技术法规对国际贸易造成的限制效果是否超过了其为了实现正当目标所作贡献的必要限度。WTO Appellate Body Report, United States - Measures Concerning the Importation, Marketing and Sale of Tuna and Tuna Products, WT/DS381/AB/R, adopted 13 June 2012, para.316.

③ WTO Appellate Body Report, Australia - Certain Measures Concerning Trademarks, Geographical Indications and Other Plain Packaging Requirements Applicable to Tobacco Products and Packaging, WT/DS435/AB/R, WT/DS441/AB/R, adopted 29 June 2020, paras. 6.375 – 6.384.

④ WTO 上诉机构曾指出如果措施没有造成贸易限制效果或者对于实现目标完全没有贡献，那么可能就不需要将争议措施与替代措施进行比较。WTO Appellate Body Report, Australia - Certain Measures Concerning Trademarks, Geographical Indications and Other Plain Packaging Requirements Applicable to Tobacco Products and Packaging, WT/DS435/AB/R, WT/DS441/AB/R, adopted 29 June 2020, para. 6.4.

类数字贸易国内规制是否可能通过国际经贸协定中的必要性测试新规定不仅过于繁重，而且容易泛泛而谈。考虑目前限制数据跨境流动以及要求软件所有人转让或允许获取其源代码或算法这两类国内规制（下称“源代码措施”）的争议较大，且这两大国内规制领域又对数字贸易的发展和进一步自由化具有重要影响，本书第三、四章将聚焦这两大领域，具体分析一国为了追求各类公共政策目标而限制数据跨境流动和采取的源代码措施是否可能违反该国承担的国际法义务，以及相关措施能否通过必要性测试进而成功援引例外条款证明相关国内规制的合法性。对此，本节将分别分析数据跨境流动和软件源代码对于数字贸易的重要性以及相关国内规制对国际贸易造成的限制，让本节成为连接本章与后两章的过渡章节和对后两章内容的背景介绍。

一、数据跨境流动国内规制的必要性问题

数据跨境流动对数字贸易的重要性毋庸置疑。同时，如本书第一章第一节所述，必要性原则关注的是如何最大程度地减少手段对权利的损害。与之类似，国际贸易法中的必要性测试关注的是如何在确保国内规制实现公共政策目标的情况下最大程度地减少其对贸易造成的限制，因此确定数据跨境流动国内规制是否具有贸易限制性或具体限制程度是必要性测试的前提和重点审查内容。

（一）数据跨境流动对数字贸易具有支撑作用

互联网等技术进步促进了数据跨境流动，新兴数字产业和越来越多的传统行业均依赖数据跨境流动开展国际业务。并且，不仅是云计算和互联网等相关产业的国际业务离不开数据跨境流动，许多被数字技术赋能的传统行业（例如教育服务和医疗服务）也可以通过互联网等方式进行国际贸易，数据跨境流动为其提供了重要的技术支持。[①]自 2019 年底新冠疫情暴发以来，跨境服务贸易（尤其是服务贸易的模式一）迎来了历史机遇，因为能通过电子方式提供的服务受疫情影响相对较小，显示出较强的抗冲击能力。可见，确保数据自由跨境流动对于开展跨境服务贸易、促进全球经济复苏和增长尤其具有重要作用。

（二）数据跨境流动限制性措施阻碍数字贸易发展

尽管各国采取数据跨境流动限制性措施可能是为了追求正当公共政策目标，但客观上仍会对数字贸易发展产生不同程度的阻碍，甚至可能导致实现公共政策目标所获得的收益小于对数字贸易造成的阻碍等问题。这是因为，首先，数据本地化等措施尽管在短期内可能达到增加本土就业等效果，但也可能同时

---

① See Daniel Castro and Alan McQuinn, *Cross-Border Data Flows Enable Growth in All Industries*, ITIF (February 2015), https://www2.itif.org/2015-cross-border-data-flows.pdf?_ga=2.63277039.1702427670.1632624963-653343758.1632624963.

增加本国购买硬件和雇佣当地居民运营计算设施等不必要的成本支出，并可能引发国内生产总值（GDP）整体下降的“连锁反应”。其次，数据跨境流动限制性措施还可能抑制创新、扭曲市场经济中的公平竞争。当外国数字运营商因为东道国实施的数据跨境流动限制性措施无法进入该国市场时，东道国国内的数字运营商可能因竞争压力的减小而放缓创新脚步、降低生产率，并可能导致垄断，这不利于东道国国内市场的公平竞争和为消费者提供质优价廉的产品和服务。最后，限制数据跨境流动同样会对依靠数据跨境流动进行国际贸易的新兴数字产业和传统行业造成不利影响。①

二、源代码和算法国内规制的必要性问题

源代码和算法是软件所有人的核心竞争力来源和软件类数字贸易的重要支撑。但部分国家出于各种正当公共政策目标而要求软件所有人转让或允许获取其源代码或算法的做法不仅损害了软件所有人的合法权益，也客观上造成了限制外方进入本国市场等问题。

（一）源代码和算法对软件所有人与数字贸易至关重要

软件具有开发成本高和复制成本低等特征，获得源代码即可复制软件。但不提供源代码不仅不会影响软件的运行，反而有助于保护源代码，因此软件所有人将源代码的商业秘密保护作为著作权保护的重要补充。与此同时，知识产权制度未妨碍软件所有人将源代码作为商业秘密保护的行业惯例，因为著作权法和专利法等法律通常不强制软件所有人提供源代码，②也未明确禁止软件著作权许可合同包含禁止被许可人复制、修改软件或采取反向工程的条款。③在软件的特征和知识产权制度的共同作用下，软件所有人将软件以著作权许可使用的同时将源代码作为商业秘密保护构成了软件贸易中的普遍做法。④

---

① See Daniel Castro and Alan McQuinn, *Cross-Border Data Flows Enable Growth in All Industries*, ITIF (February 2015), https://www2.itif.org/2015-cross-border-data-flows.pdf?_ga=2.63277039.1702427670.1632624963-653343758.1632624963.

② 软件著作权登记并非强制性要求，且一般仅要求登记人向主管机关提供部分源代码并允许隐藏关键部分。并且，尽管各国对软件可专利性的认定规则存在一定差异，但原则上均不强制申请人提供源代码或者仅要求提供部分源代码。See Sonia Katyal, *The Paradox of Source Code Secrecy*, 104 Cornell Law Review 1212－1213 (2019).

③ 在上述条款未违反著作权法和合同法等强制性规范的情况下，此类合同通常是有效的。参见熊琦：《软件著作权许可合同的合法性研究》，载《法商研究》2011 年第 6 期，第 27－28 页。

④ 早在 1991 年，世界知识产权组织（WIPO）就在一次国际会议中讨论了源代码可同时以著作权和商业秘密进行保护的现象。See Randall Davis, *Intellectual Property and Software: The Assumptions Are Broken*, Massachusetts Institute of Technology Artificial Intelligence Laboratory, A.I.Memo No.1328, 1991, p. 12. Sonia Katyal 在其 2019 年发表的文章中也提到源代码的著作权和商业秘密保护仍存在持续重叠。See Sonia Katyal, *The Paradox of Source Code Secrecy*, 104 Cornell Law Review 1207－1211 (2019).

近年来，数字技术的广泛应用导致软件贸易中出现了一些新变化，进一步凸显了将源代码作为商业秘密保护的重要性。首先，软件贸易的一个典型变化是云计算在软件行业的应用推动软件开发的“平台化”和软件贸易的“服务化”趋势，按服务收费的新模式也不同于以往的出售许可模式。①上述趋势表明编写高质量的源代码和算法有助于为软件所有人带来更强的市场竞争力和商业利益。其次，人工智能、物联网和 3D 打印等技术的发展使得更多货物和服务中包含了软件，各行各业对软件的使用日益增长。鉴于 3D 打印机等含有复杂软件的制造业产品具有在无法获取源代码时难以复制的特点，软件所有人将源代码作为商业秘密保护同样有助于维护其核心竞争力与商业利益。②

（二）源代码和算法国内规制引发了市场准入限制等问题

尽管国家原则上应尊重软件所有人将源代码作为商业秘密保护的自由，但也可能为了实现特定的公共政策目标而采取源代码措施。首先，国家要求软件所有人转让源代码通常是出于促进技术扩散、自主创新和弥合数字鸿沟等目标而将转让源代码作为外资市场准入的条件。政府在采购软件时出于国家安全或避免改进软件需支付高昂许可费等考虑，也可能将软件所有人转让源代码作为采购条件。③其次，国家将获取软件所有人的源代码作为允许其进入本国市场的条件主要是为了确保本国法律法规的遵守或监管目标的实现。④在大型互联网平台企业涉嫌利用人工智能算法进行“大数据杀熟”和排斥竞争者等情形下，竞争监管机关获取算法也有助于准确判断是否存在垄断或不正当竞争行为。法院、仲裁庭或竞争监管机关在裁定软件所有人违反竞争法时，还可能将转让软件源代码作为救济方式。再次，在专利申请或授予情形中主管机关可能要求获取源代码以全面评估是否满足授予专利的条件。最后，法院在审理知识产权和产品致人损害等案件时也可能要求获取软件所有人的源代码或算法。⑤

尽管国家采取源代码措施主要是出于特定的正当公共政策目标，但源代码

---

① 参见王拓：《软件贸易发展新趋势、影响及我国的应对》，载《湖北社会科学》2019 年第 3 期，第 67－68 页。

② See Muhammad Irfan, *Data Flows, Data Localization, Source Code-Issues, Regulations and Trade Agreements*, CUTS International, 2019, p. 16－17.

③ See Sanya Reid Smith, *Some Preliminary Implications of WTO Source Code Proposal-MC11 Briefing Paper*, Third World Network Briefings, No.4, December 2017, p. 4.

④ 例如，为了确保含有软件的产品或服务的安全性，各国可能在法律法规中规定产品进入本国市场前需就源代码等事项接受安全审查或认证。博彩服务的监管机关也可能要求获取源代码以审查消费者是否有一定的赢率。2015 年爆出的大众汽车尾气排放造假事件也表明审查源代码有助于减少在产品中使用作弊软件欺骗监管机关的情况发生。

⑤ See Sanya Reid Smith, *Some Preliminary Implications of WTO Source Code Proposal-MC11 Briefing Paper*, Third World Network Briefings, No.4, December 2017, p. 5－11.

措施客观上可能产生限制市场准入和阻碍自由贸易的效果，并可能损害软件所有人的知识产权和商业利益。例如，部分软件所有人因担心提供源代码会致使其失去核心知识产权而放弃进入该国市场，此时源代码措施就具有限制市场准入的效果。[①]又如，软件所有人为进入一国市场而允许该国获取其源代码时，如果国家机关工作人员在履行职责过程中故意或过失泄露获取的源代码，不仅会损害该软件所有人的知识产权和市场竞争力，而且可能致使其他外国企业对该国法律环境和营商环境产生不良印象并放弃进入该国市场。此外，在个别情况下，贸易保护主义者也可能打着追求公共政策目标的幌子排斥或限制外国竞争者进入本国市场。有鉴于此，源代码问题逐渐成为部分国家在国际经贸谈判中的重要议题。

---

① See Shamel Azmeh, Christopher Foster and Jaime Echavarri, *The International Trade Regime and the Quest for Free Digital Trade*, 22 International Studies Review 678 (2020).

第三章

数据跨境流动国内规制中的必要性测试

数据跨境流动国内规制可根据限制程度，由弱到强地分为四大类型：有条件的数据跨境流动（例如经数据主体同意后流出）、数据副本本地存储、数据本地加工（数据可以流出）、禁止数据跨境流动。一方面，一国的数据跨境流动国内规制应符合该国在其对外签署的国际经贸协定下承担的义务和作出的具体承诺；另一方面，国际经贸协定通常也允许缔约国为了追求正当公共政策目标而限制数据跨境流动，只要相关措施符合协定中的例外条款规定。鉴于本书第二章已分析了正当公共政策目标例外中的“不得超过必要/要求的限度”测试理论，且该章第四节分析了数据跨境流动对数字贸易的支撑作用以及限制数据跨境流动可能引发的市场准入壁垒等问题，本章将重点聚焦以安全和隐私为由进行的数据跨境流动国内规制如何具体适用例外条款中的必要性测试，力求全面和直观地说明此类国内规制通过不同的必要性测试进而成功援引例外条款的可能性。

第一节　规则适用与必要性测试关键点

数据跨境流动国内规制可适用的规则包括国内法和国际法两个层面，其中国内法主要是一国规制数据跨境流动的国内法律法规，国际法主要是一国对外签署的规制数据跨境流动的国际经贸协定规则，本节将聚焦于国际法层面的规则适用。国际经贸协定中涉及数据跨境流动国内规制的规则包括积极义务规则和积极抗辩规则，积极义务规则主要指市场准入、非歧视待遇、数据跨境自由流动和禁止数据本地化等规则；积极抗辩规则主要指国家安全例外、一般例外和正当公共政策目标等例外。本节将重点分析数据跨境流动国内规制可能违反的积极义务规则，以及限制数据跨境流动在适用不同例外时的必要性测试关键点，为本章第二、三节有所侧重地分析这些必要性测试中的关键问题作铺垫。

一、数据跨境流动国内规制的规则适用

数据跨境流动国内规制在 WTO 协定等传统经贸协定中的规则适用体现在市场准入、非歧视待遇、国内规制、国家安全例外和一般例外等规则中，在 CPTPP、DEPA 和 RCEP 等区域经贸协定中的规则适用则还体现在数据跨境自由流动等数字贸易规则中。

（一）WTO 协定下的规则适用

WTO 协定对数字贸易国内规制的适用主要体现于 GATS。首先，GATS 将服务贸易分为四种模式，其中跨境提供模式（模式一）和境外消费模式（模式二）与数据跨境流动最为相关，因为数字技术和互联网的发展使得许多服务均可通过电子方式跨境提供和消费。其次，部分服务部门也与数据跨境流动密切相关，特别是数据加工服务、数据库服务、数据准备服务、在线信息和数据库检索服务等部门。[①]最后，云计算等新兴数字服务的国际业务也离不开数据跨境流动。因此，当 WTO 成员在其 GATS 具体承诺表中对上述服务部门的任一服务提供模式或对任何服务部门的模式一或模式二作出市场准入或国民待遇承诺时，该国的数据跨境流动国内规制就属于 GATS 的管辖范围。

首先，限制数据跨境流动可能违反一国的市场准入承诺。上诉机构在美国博彩案中引入技术中立原则，将成员对模式一的市场准入承诺解释为包括对以

---

① See Susannah Hodson, *Applying WTO and FTA Disciplines to Data Localization Measures*, 18 World Trade Review 585 – 590 (2019); Andrew D. Mitchell and Jarrod Hepburn, *Don't Fence Me in :Reforming Trade and Investment Law to Better Facilitate Cross-Border Data Transfer*, 19 YALE J. L. & TECH. 196 – 206 (2017).

互联网方式提供服务的承诺。[①]因此，当WTO成员对某服务部门的模式一作出完全市场准入承诺时，禁止该服务以跨境提供方式提供就构成了GATS第17条第2款（c）项的“零配额”，违反了该成员的市场准入承诺。同样地，当WTO成员对数据加工服务等与数据跨境流动密切相关部门的任一服务提供模式作出市场准入承诺时，限制或禁止该服务部门的数据跨境流动也涉嫌违反该国的市场准入承诺。

其次，限制数据跨境流动可能违反一国的国民待遇承诺。当成员对某一服务部门或子部门作出国民待遇承诺时，若该成员对外国服务提供者给予的待遇在事实或法律上低于给予本国服务提供者的待遇，则涉嫌违反对该服务部门作出的国民待遇承诺。根据GATS第17条的脚注，当一国对国内外服务提供者统一采取的数据本地化措施使得外国服务提供者仅仅因为其“外国特征”而增加购买或租用当地计算设施等成本支出时，这不意味着该国必然违反了国民待遇承诺。[②]但是，当一国仅区分来源地就对国内外服务提供者提供差别待遇，例如要求外国服务提供者将服务器设在本国境内或使用本国境内的计算设施，却未要求本国服务提供者也这样做，此时该国就涉嫌违反国民待遇承诺。

再次，限制数据跨境流动也可能违反一国承担的最惠国待遇义务。违反该义务最典型的例外是部分国家在数据跨境流动领域开展的国际规制合作。例如，欧盟个人数据保护制度通过建立“白名单”对部分国家给予了更优惠的数据跨境流动待遇，这就涉嫌违反欧盟根据GATS承担的最惠国待遇义务。[③]

最后，限制数据跨境流动还可能违反一国承担的国内规制义务。尽管GATS第6.4条实体义务条款是一个授权谈判条款，但为了防止成员在未来采取使其具体承诺表失效或被减损的措施，GATS第6.5条要求成员在已作出承诺的范围内遵守第6.4条的要求。因此，成员如果采取违反其GATS具体承诺表的数据本地化等国内规制，则涉嫌违反其承担的服务国内规制义务。[④]

当一国限制数据跨境流动的国内规制违反其在GATS项下承担的义务或作出的承诺时，该国可援引国家安全例外或一般例外等规则证明争议措施的合法性。但GATS在促进数据跨境自由流动和保障国家规制权方面存在双重缺陷。第一，成员是否承担服务贸易领域的市场准入和国民待遇义务受制于该成员的

---

① WTO Panel Report, United States-Measures Affecting the Cross-Border Supply of Gambling and Betting Services, WT/DS285/R, adopted 20 April 2005, para.6.285.

② GATS第17条注10：“根据本条承担的具体承诺不得解释为要求任何成员对由于有关服务或服务提供者的外国特性而产生的任何固有的竞争劣势作出补偿。”

③ See Andrew D. Mitchell & Jarrod Hepburn, *Don't Fence Me in: Reforming Trade and Investment Law to Better Facilitate Cross-Border Data Transfer*, 19 Yale Journal of Law and Technology 199 (2017).

④ 参见刘维：《跨境数据流动监管措施在GATS下的合规性分析》，载《理论月刊》2018年第3期，第153－154页。

具体承诺。当成员未对服务贸易的模式一或与数据跨境流动密切相关的服务部门作出市场准入或国民待遇承诺时，相关国内规制就不受上述纪律约束。第二，GATS 难以管辖成员在加入 WTO 协定后实施的未违反第 16 条市场准入纪律的非歧视性措施，因为GATS第6.4条国内规制实体规则仅能规制成员在加入WTO协定时已进行的国内规制。第三，GATS 所采用的服务部门分类表制定时间较早，晚近出现的部分新兴数字服务可能存在归类难题。第四，从国家规制权角度看，GATS 允许的例外情形有限，无法适应各国在数据跨境流动规制领域的多种规制需要。

（二）区域经贸协定下的规则适用

自《美韩自贸协定》（KORUS）和 CPTPP 开始，越来越多的区域经贸协定开始设置专门的数据跨境流动和个人信息保护等规则约束缔约方的数据跨境流动国内规制。与 GATS 缺乏数据跨境流动专门规则相比，CPTPP 和 DEPA 等区域经贸协定明确禁止成员限制数据跨境自由流动或要求计算设施本地化，USMCA 还规定任何限制个人信息跨境流动的措施对于存在的风险应有必要且成比例，这进一步限制了缔约方规制数据或个人信息跨境流动的自主权。欧式经贸协定也规定了禁止数据本地化规则，但未规定数据跨境自由流动规则，这与欧盟个人数据保护法传统有关。[①]总之，当国际经贸协定规定了数据跨境自由流动规则、禁止数据本地化规则或要求限制个人信息跨境流动的措施对于存在的风险有必要且成比例时，一国限制数据或个人信息跨境流动的国内规制就可能涉嫌违反上述规则。

当缔约方限制数据跨境流动的国内规制违反相关规则时，其可尝试援引例外条款证明争议措施的合法性。众多区域经贸协定均规定了适用于协定大部分章节的国家安全例外和一般例外等条款（尽管具体规定可能有所差异），同时在数据跨境流动领域设置的具体例外存在差异：CPTPP、DEPA 和 USMCA 等区域经贸协定在数据跨境流动规则中设置了正当公共政策目标例外；[②]欧式经贸协定没有在禁止数据本地化规则下规定具体的例外情形；RCEP 数据跨境自由流动规则和禁止数据本地化规则中的正当公共政策例外引入了基本安全例外中的自裁权，允许缔约方自行决定相关措施对于实现其正当公共政策目标的必要性。

此外，正确理解不同经贸协定中的数据跨境流动规则还需要结合上下文，并特别注意以下两个问题。第一，需注意数字贸易章节的适用范围和除外适用情形。例如，以 CPTPP 和 USMCA 为代表的美式经贸协定规定了数字贸易章节

① 例如，欧盟与澳大利亚、新西兰等国谈判的自贸协定数字贸易章节中都仅规定了禁止数据本地化规则，未规定数据跨境自由流动规则。

② 但 USMCA 禁止计算设施本地化规则中未设置正当公共政策目标例外，表明该协定对缔约方采取数据本地化措施的规制力度更大。

的除外适用条款，排除了数字贸易规则对政府采购情形、金融服务和政府信息等情形的适用，因此数据跨境流动规则也不适用于上述除外适用情形。[①]相反，欧式经贸协定的数字贸易章节则通常未将政府采购和金融服务列为数字贸易章节的除外适用情形。第二，需注意数字贸易章节与其他章节的规则适用问题。区域经贸协定通常会规定数字贸易章节与（跨境）服务贸易、投资、金融服务等章节的关系，即影响以电子方式贸易的措施也适用后者包含的义务（包括义务的例外和不符措施）。[②]因此，若缔约方在正面清单或负面清单中作出了市场准入或国民待遇保留，那么限制数据跨境流动的国内规制就可能不适用数据跨境流动规则。不过，鉴于在 CPTPP 等区域经贸协定的负面清单承诺方式下，缔约方未明确保留的现有措施和将来可能采取的措施均应适用相关规则，此类协定中的数据跨境流动规则管辖的限制数据跨境流动国内规制范围可能比采用正面清单方式承诺的 GATS 型区域经贸协定更广。

二、必要性测试关键点

数据跨境流动国内规制可能反映不同的公共政策目标考量，因而可能符合援引相关例外的条件。例如，经数据主体同意后即可流出的规则通常体现隐私关切，屏蔽境外线上内容主要体现公共道德或公共秩序关切，要求数据副本本地存储主要是为了方便执法获取数据。限制程度最强的以及数据本地加工禁止数据跨境流动（下称“数据本地化措施”）通常和国家安全关切有关，例如保护关键公共基础设施免受网络攻击或网络间谍入侵、打击恐怖主义犯罪，此类数据本地化措施可能符合援引基本安全例外的条件。[③]

（一）数据本地化措施是否符合援引基本安全例外的条件

鉴于数据本地化措施的贸易限制性相对更大，其对实现国家安全目标的必要性最容易受到质疑和挑战，本书对限制数据跨境流动在国家安全例外条款中的必要性分析将以数据本地化措施为例。目前，相当一部分国家声称其采取数据本地化措施是为了保护国家安全或网络安全。在 WTO 体系下，可能作为以国家安全为由限制数据跨境流动合法性依据的国家安全例外主要是 GATT 第 21 条或 GATS 第 14 条之二第 1 款的“信息提供例外”，特别是其第 2 款列出的基

① See Susannah Hodson, *Applying WTO and FTA Disciplines to Data Localization Measures*, 18 World Trade Review 597 – 604 (2019); Andrew D. Mitchell & Jarrod Hepburn, *Don't Fence Me in: Reforming Trade and Investment Law to Better Facilitate Cross-Border Data Transfer*, 19 Yale Journal of Law and Technology 207 – 215 (2017).

② E.g., Article 14.2.4 – 14.2.6 of CPTPP; RCEP 第 12.3.4 条和 12.3.5 条。

③ See Martina Francesca Ferracane, *Data Flows and National Security: A Conceptual Framework to Assess Restrictions on Data Flows under GATS Security Exception*, 21 Digital Policy, Regulation and Governance 46 – 48 (2019).

本安全例外情形。[①]在 RCEP 等区域经贸协定下，基本安全例外中规定的“为保护关键公共基础设施而采取的行动例外”（下称“保护关键公共基础设施例外”）和“国家紧急状态例外”也可能成为缔约方限制数据跨境流动的合法性依据。

GATT/WTO 争端解决机构是否对 GATT 第 21.2 条和 GATS 第 14 条之二具有管辖权是适用基本安全例外的一个前置性问题，因为“其认为”表述为成员的排他性自裁权留下了解释空间。在 GATT 时期和 WTO 时期，尽管争端解决机构没有实质审查过基本安全例外，但相关判例暗示审查基本安全例外在争端解决机构的权限范围之内。[②]在 2019 年散发的俄罗斯过境运输案专家组报告中，WTO 专家组首次对 GATT 第 21.2 条（iii）项的“国际关系中的紧急情况例外”作出了实质解释。就管辖权而言，专家组指出包括 WTO 争端解决机构在内的国际仲裁庭享有行使其司法职能所带来的固有管辖权，该管辖权的其中一个方面就是决定与行使实质管辖权有关的所有事项的权力。同时，鉴于 DSU 没有为 GATT 第 21 条规定任何特殊或额外规则或程序，成员援引该条在专家组依据 DSU 进行审查的职权范围内。[③]

在明确 WTO 争端解决机构关于基本安全例外的管辖权问题后，专家组指出为了确定该例外是允许成员排他地决定本条适用条件是否被满足，还是赋予了专家组审查成员决定的权力，其在审查俄罗斯提出的管辖权诉求时首先将对 GATT 第 21.2 条（iii）项的以下问题进行解释：一是“其认为”所授权的自裁权范围，即“其认为”是否涵盖“基本安全利益”“对于保护基本安全利益所必要”甚至“战争或国际关系中的紧急情况”；二是成员行使自裁权的限度。[④]当“其认为”所涵盖的事项越广或成员行使自裁权的要求越宽松时，成员成功援引安全例外的可能性就越高，反之则越低。对此，本章第二节将结合俄罗斯过境运输案专家组报告和 2020 年最新通过的沙特阿拉伯知识产权保护案专家组报告，具体分析一国在“国际关系中的紧急情况例外”中享有的自裁权范围和限度，进而明确区域经贸协定的专家组或仲裁庭可如何参考 WTO 自裁权法理分

---

① 换言之，只有当一国限制为军事机构提供数字给养服务、限制与裂变和聚变物质或衍生此类物质的物质有关数据的跨境流动，或在战争或国际关系中的其他紧急情况下采取了其认为对保护其基本安全利益所必要的数据跨境流动限制性措施时，该国才可能符合援引国家安全例外的前提条件。See Andrew D. Mitchell & Jarrod Hepburn, *Don't Fence Me in: Reforming Trade and Investment Law to Better Facilitate Cross-Border Data Transfer*, 19 Yale Journal of Law and Technology 205 (2017).

② 参见陈喆：《WTO 安全例外条款的适用问题研究》，西南政法大学 2018 年博士论文，第 36 – 42 页；陈卫东：《WTO 例外条款解读》，对外经济贸易大学出版社 2002 年版，第 373 – 376 页。

③ WTO Panel Report, Russia-Measures Concerning Traffic in Transit, WT/DS512/R, adopted 26 April 2019, paras. 7.52 – 7.55.

④ WTO Panel Report, Russia-Measures Concerning Traffic in Transit, WT/DS512/R, adopted 26 April 2019, para. 7.56.

析数据本地化措施在基本安全例外中的必要性。

（二）是否存在合理可用的替代措施是其他例外中的必要性测试核心

与保护关键公共基础设施免受网络间谍和网络攻击等国家安全目标无关的大部分网络安全措施在不符合援引国家安全例外的情况下，通常可援引一般例外中的安全例外（下称“一般安全例外”）或公共道德例外，隐私措施则通常可援引一般例外中的隐私例外。[①]在 CPTPP 等区域经贸协定中，缔约方还可援引正当公共政策目标例外证明措施的合法性。本书第一章对 WTO 一般例外法理的分析表明，除非争议措施对于实现被诉方追求的目标完全没有贡献或仅有微不足道的贡献，或者争议措施不具有贸易限制性，否则专家组将初步认定争议措施在一般例外或正当公共政策目标例外中具有临时必要性，并在起诉方提出可能合理可用的替代措施时继续审查起诉方提出的替代措施对于实现相关正当公共政策目标是否合理可用。因此，本部分将首先分析限制数据跨境流动国内规制的临时必要性问题，并以此作为本章第三节分析几类限制数据跨境流动国内规制是否合理可用的前提。

1. 以网络安全为由采取数据本地化措施的临时必要性

一国限制数据跨境流动可能是为了追求不同的公共政策目标，例如为了从技术上保证数据安全和网络安全、确保相关主体遵守本国网络安全立法、便利有关机关为了网络安全执法而获取数据。其中，为了保护网络安全而采取数据本地化措施的合法性争议较大，因此本部分以及本章第二节将重点分析此类国内规制的必要性问题。

就贸易限制性要素而言，本书第一章的研究表明 WTO 争端解决机构在考察数据本地化措施的贸易限制性时通常关注措施是否对作为整体的外国数字提供商的竞争机会造成了不利影响，因此区域经贸协定的专家组或仲裁庭在适用一般例外或正当公共政策目标例外的“初步结论”环节中同样可能以该标准审查数据本地化措施的贸易限制性。数据本地化措施对国内外服务提供者均会造成一定的不利影响，因为其限制了服务提供者选择放置和加工数据最佳地点的自由，但这种对整个市场环境造成的不利影响不必然说明数据本地化措施具有贸易限制性。事实上，数据本地化措施的贸易限制性主要体现为以下两种情形：一是减少了外国服务提供者将服务器放置到规制能力或基础设施薄弱的东道国的意愿；二是外国小微企业可能缺乏在东道国放置服务器的经济实力。[②]

---

① 这两类措施通常也可以援引国际经贸协定中的正当公共政策目标例外（如有）。但鉴于一般例外和正当公共政策目标例外的适用条件大同小异，本书将以一般例外为视角进行分析。

② See Neha Mishra, *Privacy, Cybersecurity and GATS Article XIV: A New Frontier for Trade and Internet Regulation?*, 19 World Trade Review 356 (2019); James M Kaplan and Kayvaun Rowshankish, Addressing the Impact of Data Location Regulation in Financial Services, Global Commission on Internet Governance, Paper Series No.14, p.1.

就贡献要素而言，相当一部分学者从技术角度指出数据本地化措施可能难以保障网络安全和数据安全，因为数据安全通常不取决于数据的存储地点，而是数据的保护方式，例如加密技术或一国的法律环境。[①]但从法律角度看，数据本地化措施对于实现网络安全相关目标是有一定贡献的。一国采取数据本地化措施主要是为了获得对相关主体的属地管辖权，从而实现相关主体对本国网络安全立法的遵守并便利有关机关为了执法而获取数据等目标。当外国数据收集者或处理者的服务器位于本国境内时，一国对该主体行使属地管辖权是比较方便的。相反，当外国数据收集者或处理者及其服务器均位于境外时，一国要对其行使管辖权的条件较为苛刻，因而难以确保网络安全相关目标的实现。[②]

综上所述，以网络安全为由采取数据本地化措施具有贸易限制性，同时其对于实现网络安全目标通常能作出一定的贡献，因而具有临时必要性。

2. 以保护隐私为由限制数据跨境流动的临时必要性

目前，以欧盟《数据条例》为代表确立的“满足个人隐私保护标准即可流出”的数据跨境流动规制模式在全球范围内形成了较强的“溢出效应”，具有十分重要的研究价值。因而，本书对以保护隐私为由限制数据跨境流动国内规制的研究将主要以欧盟隐私规制模式为视角。

在欧盟隐私规制模式下，隐私保护标准不仅对欧盟境内企业适用，也对收集或处理欧盟个人数据的境外企业适用，因而该模式对境内外企业均造成了相当程度的合规负担。例如，企业均不得不花费巨额合规支出设立数据保护官。[③]不仅如此，《数据条例》导致部分外国企业直接放弃了欧盟业务。因此，欧盟隐私规制模式通常容易符合必要性测试中的贸易限制性标准。但另一方面，尽管该规制模式对于实现高水平的隐私保护目标是否不可或缺可能存在争议，但不可否认其对于保护隐私和个人信息并非毫无贡献。[④]

综上所述，以满足隐私保护标准作为数据跨境流动条件的欧盟隐私规制模式具有一定的贸易限制性，同时对实现个人隐私目标能够作出一定贡献，其对于实现保护隐私目标具有临时必要性。

---

① 参见黄宁：《数据本地化措施的影响与政策动因研究》，载《中国科技论坛》2017 年第 9 期，第 136 页。

② 参见黄宁：《数据本地化措施的影响与政策动因研究》，载《中国科技论坛》2017 年第 9 期，第 136 页。

③ 参见许可：《欧盟〈一般数据保护条例〉的周年回顾与反思》，载《电子知识产权》2019 年第 6 期，第 7-8 页。

④ See Svetlana Yakovleva, *Personal Data Transfers in International Trade and EU Law: A Tale of Two "Necessities"*, Journal of World Investment & Trade 25 (2020).

第二节　数据本地化措施在基本安全例外中的必要性

几乎所有的国际经贸协定均规定了对大部分章节适用的基本安全例外，但该例外在不同协定中的表述或设置的具体情形或存在一定差异，具体可划分为以下几种协定类型：一是直接并入 WTO 国家安全例外或采用与之完全相同的表述，中国与韩国、澳大利亚、新西兰等国缔结的双边自贸协定即属于此类型；二是在 WTO 基本安全例外基础上增加特定情形，例如 RCEP 基本安全例外中就新增了“关键公共基础设施”等例外；三是不在基本安全例外中列举任何具体情形，CPTPP 和 USMCA 等区域经贸协定即属于此类型；四是在数据跨境流动规则中设置对该领域具体适用的基本安全例外，例如 RCEP 第 12.14.3 条第 2 项和第 12.15.3 条第 2 项，并且韩国在 WTO 电商谈判中也主张在数据跨境流动提案下设置基本安全例外。但不论何种协定，其基本安全例外均通过“其认为”表述赋予了缔约方决定行动必要性的一定自裁权。明确缔约方享有的自裁权范围和限度不仅有助于确定一国以国家安全为由采取的数据本地化措施是否可能通过基本安全例外中的必要性测试，也有助于明确 RCEP 数据跨境流动规则下正当公共政策目标例外中的自裁权问题。

一、与必要性测试相关的自裁权问题澄清

鉴于 WTO 专家组在俄罗斯过境运输案中首次明确了 GATT 第 21.2 条基本安全例外中的自裁权问题，且该案形成的自裁权法理也被后续的沙特阿拉伯知识产权案专家组所援引，本部分将以这两个案件中的自裁权法理为基础，澄清基本安全例外中与必要性测试相关的自裁权问题。

（一）被诉方是否就基本安全例外中列出的情形享有自裁权

在俄罗斯过境运输案中，专家组列出了对 GATT 第 21.2 条“其认为”所涵盖范围的三种假设，即“其认为”是仅涵盖“必要的”，还是也涵盖“基本安全利益”甚至本款列出的第（i）至（iii）项的三项情形，并首先分析了“其认为”是否涵盖所列情形。专家组指出，仅从第 21 条第 2 款“序言”的表述和语法结构来看，“其认为”的确可能涵盖列出的所有事项。但如果考虑第 2 款的逻辑结构，第 2 款列出的情形看起来更像适用本款的限制性条件，目的在于限制成员对本款所授予的自裁权的行使。有鉴于此，专家组指出如果任由被诉方自行决定其采取的行动是否满足任一情形，那么本款列出的三项情形将具有何种用途或附加价值？在回答这一问题时，专家组着重分析了是否应赋予成员自行决定其是否符合第（iii）项“国际关系中的紧急情况例外”情形的自裁权，还是专

家组应客观审查本项条件是否被满足。[①]

专家组指出，GATT 第 21.2 条（iii）项“在……时采取（taken in time of)”描述了采取的行动与战争或国际关系中的其他紧急情况的关系，即本项要求成员在发生战争或国际关系中的其他紧急情况发生期间（during）采取行动。换言之，行动和国际关系中的紧急情况在时间上的同时发生是一个应客观决定的客观事实。并且，鉴于“国际关系中的其他紧急情况”的存在也具有客观性，确定行动是否是在发生国际关系中的紧急情况时采取的就是需要专家组客观决定的客观事实。[②]

为了论证第(iii)项是需要客观决定的客观事实，专家组进一步考察了 GATT 的目的和宗旨，以及《建立世界贸易组织的马拉喀什协定》是否支持其对本项作出的客观审查解释。专家组指出，以往的争端解决机构曾表示包括 GATT 在内的 WTO 协定的目的和宗旨是提升互惠互利安排的安全和稳定性，并实质性地降低关税和其他贸易壁垒。同时，GATT 和其他 WTO 协定也允许成员为了保护非贸易利益而在满足特定条件（例如满足例外中的“序言”要求和必要性测试）时偏离其所承担的义务。因此，如果将 GATT 第 21 条解释为应完全遵从成员表达的单边意愿，这将完全违背 WTO 协定所建立的多边贸易体系的安全和可预测性宗旨（例如允许有条件地偏离成员在 WTO 协定下的义务）。[③]

专家组指出，“其认为”不涵盖第 21.2 条列出的各项情形的结论也被 GATT 1947 第 21 条的谈判历史所确认。各国代表曾就国际贸易组织（ITO）的宪章是否应规定不阻止成员采取其认为对保护列举情形有关的任何必要行动存在分歧：部分代表希望每个成员拥有对国家安全例外的独立解释权，部分代表则认为若允许采取单方面行动会使得该权利被部分成员滥用，进而破坏整个宪章的效力。在进行投票表决后，各国代表同意将国家安全例外允许的单边行动限于措施的必要性而不扩展到国家安全例外的各要件。本案专家组在回顾这段谈判历史后指出，起草者认为国家安全例外达成的平衡是允许成员在决定其基本安全利益和采取保护上述利益所必要的行动方面具有一些自由，同时第 2 款列出的情形限制了本款被滥用的潜在可能性。因此，GATT 也要求专家组客观评估援引基本安全例外的成员是否满足了本款任一情形要求，而非允许成员自行决

① WTO Panel Report, Russia-Measures Concerning Traffic in Transit, WT/DS512/R, adopted 26 April 2019, paras.7.63 – 7.66.

② WTO Panel Report, Russia-Measures Concerning Traffic in Transit, WT/DS512/R, adopted 26 April 2019, paras.7.70 – 7.77.

③ WTO Panel Report, Russia-Measures Concerning Traffic in Transit, WT/DS512/R, adopted 26 April 2019, paras.7.78 – 7.79.

定行动是否符合相关情形。[①]

综上所述，专家组基于 GATT 第 21.2 条（iii）项及其上下文，结合 GATT 和 WTO 协定的目的和宗旨并回顾 GATT 1947 安全例外条款的谈判历史后，指出基本安全例外中采用“其认为”所授予成员的自裁权不涵盖本款第（iii）项，被诉方采取的行动是否符合本款所列任一情形是需要专家组客观认定的客观事实。本案对区域经贸协定基本安全例外中的自裁权问题的启示是：当基本安全例外中列出或新增了其他情形时，专家组或仲裁庭通常也需要客观审查被诉方采取的行动是否符合列出的任一客观情形。例如，在 RCEP 基本安全例外中新增的“保护关键公共基础设施例外”中，关键公共基础设施就是可以客观确定的事实。

（二）被诉方是否就基本安全利益与行动必要性享有自裁权

专家组在俄罗斯过境运输案中指出，“基本安全利益”很明显是比“安全利益”更狭窄的概念，它通常可能被理解为指与国家基本职能有关的利益，例如对外保护其领土和全体居民不受外部威胁、对内维护法律和公共秩序。与保护国家免受外部或内部威胁直接相关的特定利益取决于特定国家的具体情况和观念，并预计可随着情况的变化而变化。基于这些原因，基本安全利益通常应由每个成员自行定义。但专家组也强调这不意味着成员可以自由地将任何关切上升为“基本安全利益”关切。根据 VCLT 第 31.1 条和第 26 条，善意义务是一般法律原则和作为所有条约基础的一般国际法原则。因此，成员自行决定基本安全利益的裁量权受到解释和适用 GATT 第 21.2 条（iii）项的善意义务限制。[②]

善意义务对自裁权的第一层限制是援引基本安全例外的成员不得将 GATT 第 21 条作为规避其在 GATT 项下所承担的义务的手段，其有责任阐明源于国际关系中的紧急情况的基本安全利益，从而证明基本安全利益的真实存在。专家组指出表述的清晰度取决于争议的紧急情况，当成员援引的“国际关系中的紧急情况”特征越不明显时（即距离从武装冲突中撤离或法律和公共秩序崩溃的情况越远），可以预期的国防利益、军事利益或维护法律和公共秩序的利益就越不明显，成员需要更加具体地阐明其基本安全利益。本案中，国际关系中的紧急情况非常接近于战争或武装冲突，且俄罗斯对其基本安全利益的表述不是模糊或不确定的，符合令人满意的最低要求。同时，俄罗斯在表述其基本安全利益时未表现出其援引 GATT 第 21.2 条（iii）项只是为了规避其在 GATT 项下的

---

① WTO Panel Report, Russia-Measures Concerning Traffic in Transit, WT/DS512/R, adopted 26 April 2019, paras.7.83 – 7.100.

② WTO Panel Report, Russia-Measures Concerning Traffic in Transit, WT/DS512/R, adopted 26 April 2019, paras.7.130 – 7.132.

义务。[①]

善意义务对自裁权的第二层限制是援引基本安全例外的成员需证明争议措施与所提出的基本安全利益存在“看似合理（plausible）的联系”这一最低标准，即争议措施对于保护基本安全利益应是看似合理的措施。因此，专家组必须审查俄罗斯采取的措施是否距 2014 年的紧急情况如此遥远以至于该措施对于保护俄罗斯源自紧急情况中的基本安全利益不是看似合理的。专家组在审查后指出，不能认为争议措施与 2014 年的紧急情况遥不可及或无关，也不能认为争议措施对于保护俄罗斯因该紧急情况而产生的基本安全利益不是看似合理的。既然如此，就应该由俄罗斯来确定措施对于保护其基本安全利益是否必要。[②]

专家组进一步援引欧共体香蕉第三案的法理，指出该案仲裁员将 DSU 第 22.3 条（b）款和（c）款中的“如果该当事方认为”解释为给当事方提供一定的遵从边界的同时仍应接受仲裁员的审查。仲裁员之所以这样解释，是因为当事方的自裁权还需受到 DSU 第 22.3 条介绍性用语的约束，即“起诉方在考虑中止哪些减让或义务时，应当适用下列原则和程序”。但 GATT 第 21 条中没有明确规定限制援引基本安全例外的成员行使自裁权的任何同等义务。换言之，俄罗斯过境运输案的专家组认为援引 GATT 第 21 条基本安全例外的成员通常只需履行默示的善意义务，因为该例外未对成员的自裁权明确设置任何限制。[③]

2020 年发布的沙特阿拉伯保护知识产权案专家组报告援引了俄罗斯过境运输案对基本安全例外发展的法理。尽管本案的争议条款是《与贸易有关的知识产权规定》（TRIPS）第 73.2 条第（iii）项的基本安全例外，但专家组指出鉴于该条与 GATT 第 21.2 条（iii）项的表述完全一致，俄罗斯过境运输案中的解释可以指导对前者的分析框架。并且，本案专家组将对 GATT 第 21.2 条（iii）项的审查总结为了四大步骤：第一，TRIPS 第 73.2 条第（iii）项中的“战争或国际关系中的其他紧急情况”的存在是否已经被证实；第二，相关行动是否“在战争或国际关系中的其他紧急情况中被采取”；第三，援引该例外的成员是否详细阐述了其相关“基本安全利益”，使得专家组足以分析这些行动与保护其基本安全利益之间是否存在任何联系；第四，相关行动与“战争或国际关系中的其他紧急情况”是否如此遥远或者无关，以至于援引该例外的成员认为这些行动对于保护

① WTO Panel Report, Russia-Measures Concerning Traffic in Transit, WT/DS512/R, adopted 26 April 2019, paras.7.133 – 7.137.

② WTO Panel Report, Russia-Measures Concerning Traffic in Transit, WT/DS512/R, adopted 26 April 2019, paras.7.138 – 7.146.

③ WTO Panel Report, Russia-Measures Concerning Traffic in Transit, WT/DS512/R, adopted 26 April 2019, para.7.147.

其源自战争或国际关系中的其他紧急情况中的基本安全利益看似不合理。①

在沙特阿拉伯保护知识产权案中，争端方和第三方对于专家组援引俄罗斯过境运输案的相关法理基本无反对意见，但部分第三方对于专家组采取“看似合理的联系”这一最低标准来审查措施与保护基本安全利益之间的关系表达了稍微不同的看法。例如，欧盟认为如果对措施“设计”要件的门槛分析表明措施无法实现保护基本安全利益的目标，那么措施就不能通过基本安全例外获得合法性依据。阿联酋则认为专家组必须将措施是否必要的决定权交给援引基本安全例外的成员。阿联酋还指出俄罗斯过境运输案中采用的“看似合理的联系”可能在该案中是恰当的标准，但不能机械地将其运用到每个案件中，本案专家组在采取非基于基本安全例外文本的这一标准时应该保持谨慎。阿联酋认为“看似合理的联系”标准设定了一个非常低的要求。②不过，本案专家组在审查措施与基本安全利益之间的联系时仍采取的是“看似合理的联系”标准。③

WTO 专家组在上述两个案件中所发展的法理对解释区域经贸协定中的基本安全例外的第二个启示是：援引基本安全例外的被诉方有权自行定义其基本安全利益以及行动对于实现其基本安全利益的必要性，但上述自裁权也应受到“两层善意测试（two-tiered good faith test）”的限制。

（三）RCEP 正当公共政策目标例外中的自裁权澄清

RCEP 正当公共政策目标例外创造性地融合了 CPTPP 正当公共政策目标例外和 WTO 基本安全例外的表述，允许缔约方自行决定数据跨境流动限制性措施对于实现正当公共政策目标的必要性，脚注进一步明确“缔约方确认实施此类正当公共政策目标的必要性应由实施政策的缔约方决定”。根据 WTO 相关法理，可以认为 RCEP 缔约方就采取数据跨境流动限制性措施的必要性享有自裁权，但仍有待明确的问题是该例外授予缔约方的自裁权是否涵盖“正当公共政策目标”，因为这一问题会对目标正当性要件的审查标准产生重大影响。

阿哈龙·巴拉克曾表示，目的的正当性来源于社会赖以建立的价值，一个限制性手段所追求的目的是否正当取决于每个社会中的价值，而不同社会中得出的结论可能有所不同。④可见，该学者认为正当公共政策目标与基本安全利益

① WTO Panel Report, Saudi Arabia-Measures Concerning the Protection of Intellectual Property Rights, WT/DS567/R, circulated 16 June 2020, paras.7.241 – 7.242.

② WTO Panel Report, Saudi Arabia-Measures Concerning the Protection of Intellectual Property Rights, WT/DS567/R, circulated 16 June 2020, para.7.253.

③ WTO Panel Report, Saudi Arabia-Measures Concerning the Protection of Intellectual Property Rights, WT/DS567/R, circulated 16 June 2020, paras.7.289 – 7.292.

④ See Aharon Barak, *Proportionality: Constitutional Rights and Their Limitations*, translated by Doron Kalir, Cambridge University Press, 2012, p. 245 – 248.

的性质类似，是应由各国自行决定的事项。尽管允许 RCEP 缔约方自行决定目标的正当性看似不符合 WTO 争端解决机构对 TBT 第 2.2 条发展的“专家组应独立客观审查目标的正当性”法理，但鉴于 RCEP 正当公共政策目标例外明确通过“其认为”表述授予了缔约方决定正当公共政策目标必要性的一定自裁权，且脚注也暗示缔约方似乎达成了允许各方自行决定目标正当性要件的一致合意，因此将该例外中的自裁权范围解释为包括目标正当性要件实际上与 WTO 法理并无冲突。并且，允许被诉方自行决定采取或维持其认为对于实现正当公共政策目标所必要的数据跨境流动限制性措施并不会降低经贸协定的安全与可预测性，因为被诉方仍需遵守限制滥用自裁权的善意原则。具体而言，援引 RCEP 正当公共政策目标例外的被诉方应初步证明采取数据跨境流动限制性措施的确是为了追求正当公共政策目标，对此被诉方可结合本国相关法律法规、立法史和运行情况等证据加以证明。

但需指出的是，尽管 RCEP 正当公共政策目标例外自裁权范围包括正当公共政策目标和行动的必要性，但不应对该例外中的“必要的”采用“看似合理的联系”标准，而是应参考 WTO 一般例外中的必要性测试法理进行相对宽松的解释，例如说明争议措施对于实现目标具有临时必要性，并在起诉方提出可能合理可用的替代措施时反驳该替代措施并非合理可用。这是因为，如果将此处的“必要的”同样理解为“看似合理的联系”测试，将造成基本安全例外的泛化，这严重违背了国际经贸协定促进贸易自由化、平衡各缔约方权利与义务的目的和宗旨。

二、数据本地化措施的必要性分析

在明确 WTO 基本安全例外中的自裁权法理后，区域经贸协定的专家组或仲裁庭即可在适用区域经贸协定中的基本安全例外时参考该法理，考察以保障国家安全为由采取的数据本地化措施的必要性。

（一）决定数据本地化措施必要性的前提：属于基本安全例外中的任一客观情形

本章第二节指出，一国限制数据跨境流动的国内规制最可能援引的基本安全例外情形是“战争或国际关系中的紧急情况例外”“国家紧急状态例外”“保护关键公共基础设施例外”。尽管部分区域经贸协定中的基本安全例外可能未列出任何限制性情形，因而一国援引该例外的条件更为宽松，但大部分区域经贸协定仍然采用了类似 WTO 基本安全例外的结构和表述。因此，有必要分析一国采取的数据本地化措施是否可能符合相关例外中描述的情形。

1. 战争或国际关系中的其他紧急情况

在俄罗斯过境运输案中，专家组在分别分析“战争”“国际关系”“紧急情况”的字典释义后，[①]指出“战争或国际关系中的其他紧急情况”中的“或”和“其他”表明战争只是国际关系中紧急情况的其中一种类型。随后，专家组结合GATT第21.2条（iii）项的上下文（即第（i）和（ii）项所列情形）指出，虽然第（i）至（iii）项具有替代而非累加关系，但三项情形都涉及类似或趋同的基本安全利益关注，包括国防和军事利益以及维护法律和公共秩序利益，因此必须将“国际关系中的紧急情况”理解为与其他列出的事项涉及的利益类型相同。同时，上下文也表明成员之间的政治或经济差异本身在第（iii）项的目的下不足以构成国际关系中的其他紧急情况。这是因为，成员之间不时发生政治或经济冲突是很常见的，虽然这些冲突有时从政治上来看很紧急或严重，但还不至于构成第（iii）项所要求的“国际关系中的其他紧急情况”，除非引发了国防利益、军事利益、维护法律或公共秩序利益的威胁。因此，“国际关系中的其他紧急情况”通常指武装冲突、潜在武装冲突、加剧的紧张或危机、笼罩或包围着一个国家的普遍不稳定局势，且这种情况对相关成员的国防利益、军事利益、维护法律或公共秩序的利益产生了威胁。[②]据此，若数据本地化措施是在发生上述情况时采取的，则属于在发生“战争或国际关系中的其他紧急情况”时采取的行动。

但在数字贸易中，网络间谍、网络攻击或网络战等非传统安全问题可能比传统战争和武装冲突更加普遍。例如，对一国关键信息基础设施进行网络攻击可能引起该国公共秩序崩溃等严重后果，对一国军事网络系统进行网络攻击可能造成该国军事力量的瘫痪。此时，上述情形是否可能被认定为“战争或国际关系中的其他紧急情况”？根据“塔林手册”，对关键基础设施进行网络攻击的规模和后果相当于使用武力的非网络行动就可能构成“战争或国际关系中的其他紧急情况”，同时相关行动应在国际关系中的紧急情况消除后终止。[③]结合WTO国家安全例外的谈判背景和WTO争端解决实践，除非出现类似于2007年爱沙尼亚国内遭受的大规模网络攻击和2010年伊朗核设施被病毒攻击等极端情形，一国为维护网络安全而采取的措施通常难以被认为发生于“战争或国际关系中的其他紧急情况”。[④]本书认为，不论网络攻击和网络战等非传统安全

---

① 专家组根据字典释义指出，“战争”指武装冲突，它可能发生在国家之间、一国政府与其境内私人武装团体之间或一国境内武装团体之间；“国际关系”通常被定义为“世界政治”或“特别指主权国家之间的全球政治活动”；“紧急情况”指“危险或冲突等源自意料之外且要求紧急行动的情形”和“地区内急迫需要……的情况、危险或灾难”。

② WTO Panel Report, Russia-Measures Concerning Traffic in Transit, WT/DS512/R, adopted 26 April 2019, paras. 7.71 – 7.76.

③ 参见谭观福：《数字贸易规制的免责例外》，载《河北法学》2021年第6期，第118页；谭观福：《WTO国家安全例外视角下的网络安全》，载《中国高校社会科学》2018年第2期，第69页。

④ 参见黄志雄：《WTO安全例外条款面临的挑战与我国的对策——以网络安全问题为主要背景》，载《国际经济法学刊》2014年第4期，第150页。

问题是否可能被认定为发生于“战争或国际关系中的其他紧急情况”，紧急情况的相对临时性表明在此期间采取的数据本地化措施都不应该具有永久性或长期性。因此，当一国以立法的方式长期实施数据本地化措施时，该措施就很难满足 GATT 第 21.2 条基本安全例外第（iii）项的要求。鉴于网络安全和数据跨境流动等非传统安全问题是和平时期的主要挑战，RCEP 等部分区域经贸协定开始引入适用于和平时期的“保护关键公共基础设施例外”等新情形也就在情理之中。

2. 国家紧急状态情形

与 GATS 等经贸协定通常仅设置了“国际关系中的紧急情况例外”不同，RCEP 等少数经贸协定还在该例外中增设了“国家紧急状态例外”，赋予了缔约方更大的规制权空间。在比较法视野下，“国家紧急状态”一般指全国而非省、市等部分地区范围内的紧急状态，且通常不仅涵盖战争和内乱引发的紧急状态，也涵盖由自然灾害、传染病、恐怖主义等一切严重威胁国家安全、公民生命财产安全、自然环境的情形引发的紧急状态。[①]根据该定义，国家紧急状态同样是一个可以且应该客观认定的客观事实。这是因为，几乎所有的国家均会进行紧急状态立法，规定决定进入紧急状态的主体、宣布主体、进入国家紧急状态后相关国家机关的权限等一系列法律制度，表明国家紧急状态是一个可以结合具体发生的紧急情况、一国的法律法规和据此采取的实际行动客观认定的法律状态。但经验表明，国家紧急状态通常也是临时性的而不可能是永久性的，大部分国家以立法而非宣布进入国家紧急状态的方式长期采取数据本地化措施显然不符合“国家紧急状态例外”描述的情形。

3. 保护关键公共基础设施情形

“保护关键公共基础设施例外”是 RCEP 基本安全例外情形之一，缔约方能否成功援引该例外的关键在于如何认定“为保护关键公共基础设施而采取的行动”。结合 WTO 基本安全例外法理，本书认为该例外同样包含以下两个要件：第一，行动旨在保护的是关键公共基础设施；第二，“为保护”要求行动与保护关键公共基础设施之间至少应存在看似合理的联系。就 “关键公共基础设施”而言，该例外未对关键公共基础设施进行界定，该例外下的脚注仅明确了关键公共基础设施包括公有和私有设施，这表明 RCEP 旨在赋予缔约方决定关键公共基础设施的更大国家规制权。纵观美欧等国对关键公共基础设施的界定，可以发现关键公共基础设施通常涉及通信、交通、金融、能源

---

① 参见李晓安：《“国家紧急权力”规范约束的法治逻辑》，载《法学》2020 年第 9 期，第 56 页；戚建刚：《两大法系国家紧急权力体制之演进》，载《法学家》2004 年第 6 期，第 121 页；郭春明：《论国家紧急权力》，载《法律科学（西北政法大学学报）》2003 年第 5 期，第 88 页。

等重要行业或领域，且应属于对本国十分重要、一旦遭到破坏会威胁国家安全的实体性设施或虚拟设施。[①]换言之，关键公共基础设施往往应同时具备“涉及重要行业＋具有重要性”两大特征，因而重要行业或领域中的中小企业可能不在关键公共基础设施涵盖范围内。[②]

从国际社会对关键公共基础设施的一般界定可以看出，RCEP 被诉方为了成功证明数据本地化措施所保护的是关键公共基础设施，其不仅需要证明措施涉及的设施属于重要行业或领域，可能还需一并证明该设施一旦遭到破坏会威胁国家安全。鉴于后者与证明数据本地化措施旨在保护基本安全利益（即基本安全例外要求的目的要件）具有密切联系，因此本书将在下一部分一并分析这一问题。

（二）决定数据本地化措施必要性的条件之一：旨在保护的利益为基本安全利益

当数据本地化措施属于任一基本安全例外情形时，就需要进一步考虑数据本地化措施旨在保护的利益是否构成基本安全利益。一方面，WTO 法理表明基本安全例外所要求的“基本安全利益”主要指与国家职能有关的利益，通说也认为基本安全利益主要涵盖政治、军事或外交安全等传统国家安全事项。据此，为了保护电力、电信、交通、核设施、军事和国防等设施免受网络攻击、网络间谍入侵而对大型企业采取的数据本地化措施与一国保护领土和全体居民不受外部威胁、对内维护法律和公共秩序的国家基本职能有关，体现了一国旨在保护的基本安全利益，这部分设施被认定为关键公共基础设施通常也没有太大障碍。但在实践中，一国可能一视同仁地对重要行业或领域中的中小企业以及重要行业或领域之外的网络运营者（下称“普通网络运营者”）采取数据本地化措施。此外，一国也可能为了打击恐怖主义或保障网络安全等目标而采取数据本地化措施。鉴于上述普通网络运营者与行使国家职能不存在直接联系，而打击恐怖主义和保障网络安全目标属于非传统国家安全目标，能否认为上述数据本地化措施旨在保护的利益也是基本安全利益呢？

首先，确定打击恐怖主义是否属于国家安全例外下的“基本安全利益”所涵盖的安全事项时，可结合 VCLT 第 31.3 条（c）项考察是否存在与打击恐怖主义有关的“适用于当事国间关系之任何有关国际法规则”。目前，大部分国家不仅有针对恐怖主义的国内立法，联合国会员国和众多区域性国际组织自 20 世

---

① 参见刘金瑞：《我国网络关键基础设施立法的基本思路和制度建构》，载《环球法律评论》2016 年第 5 期，第 118－119 页。

② 例如，德国 2015 年通过的《加强联邦信息技术安全法》修正案在界定关键公共基础设施时就明确排除了重要领域中的中小企业。参见刘金瑞：《我国网络关键公共基础设施立法的基本思路和制度建构》，载《环球法律评论》2016 年第 5 期，第 118－119 页。

纪末以来也通过了《联合国全球反恐战略》等一系列消除国际恐怖主义的宣言和公约等国际性文件，表明打击恐怖主义是大部分国家的共同目标，因而相关国际性文件可能被认定为“适用于当事国间关系之任何有关国际法规则”，从而使得出于打击恐怖主义而采取的数据本地化措施被认定为旨在保护一国的基本安全利益。[①]

其次，尽管网络安全不同于国家安全，但在某些情况下对网络运营者采取数据本地化措施的确可能与保护基本安全利益挂钩。例如，大部分国家都在电脑中存储了一些敏感信息或国家秘密信息，存储和传输这些数据的信息设备都可能遭到网络攻击，危害国家安全。[②]又如，大数据的发展日益模糊了国家秘密信息和非国家秘密信息的界限，企业若掌握了大规模的个人信息或重要数据，可以借助大数据等技术从海量数据中获得比国家人口基础信息库等国家涉密信息准确度更高的信息。但大规模个人信息和重要数据一旦泄露或被海外不法势力获取可能对国家安全造成严重危害。[③]因此，在特定情况下为了保障网络安全而对网络运营者采取的数据本地化措施所保护的利益可能被认定为属于“基本安全利益”的事项范围。

最后，尽管普通网络运营者与行使国家职能看似没有直接关联，但海外不法势力同样可能借助大数据等技术从大量普通网络运营者掌握的看似毫不相关、不重要的数据中获得国家秘密信息，危害国家安全。[④]因此，对此类主体采取数据本地化措施旨在保护的利益也可能构成基本安全利益，只是被诉方的证明难度相对更大。当被诉方成功证明这一问题时，重要行业或领域中的中小企业也可相应被认定为属于关键公共基础设施范围，因而符合“保护关键公共基础设施例外”所描述的客观情形。

此外，WTO 法理表明专家组在审查基本安全利益时采用了较为宽松的路径，即“令人满意的最低要求”，使得援引该例外的国家相对容易通过“基本安全利益”审查。具体而言，在俄罗斯过境运输案中，专家组指出虽然俄罗斯没有清晰地说明措施对于保护基本安全利益是必要的，但它确实提到了涉及乌克兰和俄罗斯边境安全紧急情况的某些特征。鉴于联合国大会认定这已经涉及武装冲突并影响与边界邻国的安全，由此产生的俄罗斯基本安全利益不能被认为是模糊的或不确定的，俄罗斯对其基本安全利益的表述符合“令人满意的最低

---

① 参见陈喆：《WTO 安全例外条款的适用问题研究》，西南政法大学 2018 年博士论文，第 57－61 页。

② 参见陈喆：《WTO 安全例外条款的适用问题研究》，西南政法大学 2018 年博士论文，第 66－68 页。

③ 参见黄志雄主编：《网络主权论——法理、政策与实践》，社会科学文献出版社 2017 年版，第 176－178 页。

④ 有学者指出在大数据时代，碎片化的信息一旦被集合就可能产生意想不到的风险“聚集效应”。参见丁晓东：《个人信息保护法原理与实践》，法律出版社 2021 年版，第 64－67 页。

要求”。此外，俄罗斯在表达这些利益时没有任何暗示其援引 GATT 第 21.2 条（iii）项只是为了规避其在 GATT 项下的义务。[①]在沙特阿拉伯知识产权保护案中，沙特阿拉伯明确将其基本安全利益详细描述为为了保护本国免受恐怖主义或极端主义威胁，卡塔尔认为这一描述模糊或不准确。专家组指出，沙特识别的利益很明显与国家典型功能相关，即保护领土和全体居民免受外部威胁，并维护内部法律和公共秩序。专家组没有发现 TRIPS 第 73.2 条第（iii）项或其他条款要求沙特更准确地描述其基本安全利益。因此，专家组裁定沙特阿拉伯对基本安全利益的描述足以使得其能够审查相关行动和保护基本安全利益之间是否存在任何关联。[②]

（三）决定数据本地化措施必要性的条件之二：措施与保护基本安全利益之间符合“看似合理的联系”这一最低要求

俄罗斯过境运输案和沙特阿拉伯知识产权保护案的专家组对 GATT 第 21.2 条的必要性要求采取了较为遵从的审查路径：当一国采取的措施与保护其源自紧急情况的基本安全利益之间满足“看似合理的联系”的最低要求，即措施与国际关系中的紧急情况并非如此遥远或无关，以至于措施对于保护源自紧急事件的基本安全利益并非看似不合理时，专家组就倾向于依据该例外中的“其认为”用语允许该成员自行决定措施的必要性。[③]与比例原则中的合理性原则相比，“看似合理的联系”所要求的手段和目的之间的联系程度应该是更低的。同样地，“看似合理的联系”也远不如 GATT 第 20 条所采用的最低贸易限制标准严格，援引基本安全例外的成员并不需要证明不存在合理可用的能够同样实现目标且贸易限制程度更低的替代措施，表明基本安全例外中的必要性测试具有较强的特殊性。

需注意，即便专家组采用“看似合理的联系”进行审查也不必然意味着成员采取的措施一定能满足这一要求。例如，在沙特阿拉伯知识产权案中，专家组裁定沙特阿拉伯不对 beoutQ 这个知识产权侵权人适用刑事程序和罚金违反了 TRIPS 协定第 61 条，沙特阿拉伯援引 GATT 第 21.2 条（iii）项，辩称这样做是为了保护其基本安全利益。但是，专家组没有发现对 beoutQ 公司适用刑事程序、罚金与导致沙特阿拉伯的任何实体、beIN 公司或任何卡塔尔公民产生任何联系之间存在任何依据。相反，专家组指出不对 beoutQ 适用刑事程序和罚金

---

① WTO Panel Report, Russia-Measures Concerning Traffic in Transit, WT/DS512/R, adopted 26 April 2019, Panel Report, paras. 7.136 – 7.137.

② WTO Panel Report, Saudi Arabia-Measures Concerning the Protection of Intellectual Property Rights, WT/DS567/R, circulated 16 June 2020, paras. 7.279 – 7.282.

③ WTO Panel Report, Russia-Measures Concerning Traffic in Transit, WT/DS512/R, adopted 26 April 2019, paras. 7.145 – 7.146.

不仅会影响卡塔尔或卡塔尔公民，也会影响本案第三方的权利持有人，因而认定不对 beoutQ 适用刑事程序和罚金与旨在终结与卡塔尔关系的全面措施之间不存在看似合理的联系。[①]本案表明专家组对“看似合理的联系”的审查并未流于形式或采用完全遵从的路径，而是采取了独立客观的审查路径。

无论如何，当数据本地化措施与保护基本安全利益之间并非不存在看似合理的联系时，那么成员就有可能被允许自行决定措施的必要性。因此，本书接下来将重点分析数据本地化措施对于保护关键公共基础设施或其他设施免遭网络间谍或网络攻击等基本安全利益之间是否可能符合“看似合理的联系”这一要求。

1. 数据本地化措施与减少网络间谍安全隐患之间是否存在看似合理的联系

网络间谍不同于商业间谍和网络监控：网络间谍更多地与获取军事和国防等敏感信息相关；商业间谍主要是为了获得商业秘密；网络监控通常与执法和避免恐怖袭击相关，只要监控行为不构成对政府、军事机密或敏感信息的未经授权访问，则通常仅涉及隐私例外或公共秩序例外。网络间谍可能发生于网络空间的物理层、逻辑层和内容层。在物理层，网络间谍主要通过在硬件（例如计算机、路由器、交换器）中或硬件生产过程中安装“后门”实现远程访问。此外，当数据通过通信电缆进行传输时也可能遭遇网络间谍入侵，此时窃听可以发生于数据存储国或数据传输国。在逻辑层，网络间谍入侵主要通过被设计来监控通讯的恶意软件或远程入侵通信系统实现。此外，网络间谍有时也可能通过有意或无意的“边境网关协议劫持（BGP hijacking）”[②]实现对互联网路由路径的拦截甚至操纵，在故意劫持的情形中，数据就可能被拦截或操纵。在内容层，网络间谍通常通过“网络钓鱼”获取机密信息。[③]因此，要求计算设施本地化或数据本地存储就是为了防止上述安全隐患。但需要解决的问题是，数据本地化措施与防止网络间谍入侵关键公共基础设施或其他设施，或防止获取、拦截或操纵跨境流动的数据等安全隐患之间是否存在看似合理的联系？

需指出，国际法并未完全禁止网络间谍行为本身，特别是当网络间谍是从一国境外远程入侵时，往往难以受到国际法管辖。例如，“塔林手册 2.0”将在他国领土或群岛水域内进行“窃听操作（tapping operation）”认定为侵犯他国主权，但认为在一国水域中进行活动是可以接受的，但要求这不应妨碍其他国际

---

① WTO Panel Report, Saudi Arabia-Measures Concerning the Protection of Intellectual Property Rights, WT/DS567/R, circulated 16 June 2020, paras. 7.289 – 7.292.

② 边境网关协议（BGP）是用来决定独立运行的网络之间路由数据最有效方式的互联网协议。

③ See Martina Francesca Ferracane, *Data Flows and National Security: A Conceptual Framework to Assess Restrictions on Data Flows under GATS Security Exception*, 21 Digital Policy, Regulation and Governance 53 – 55 (2019).

法规范的适用。从技术角度看，数据本地化措施在一定程度上增加了网络间谍的成本和难度，尽管它不能完全防止网络间谍。可见，数据本地化措施是一国就国际法难以有效解决网络间谍安全隐患问题采取的“自力救济”措施，其防范该行为的有效性也具有一定技术理由支撑。因此，对关键公共基础设施或其他设施采取的数据本地化措施在基本安全例外中可能被认定为满足“看似合理的联系”标准。

2. 数据本地化措施与减少网络攻击安全隐患之间是否存在看似合理的联系

当一国的关键公共基础设施遭受网络攻击或其他设施遭受大规模网络攻击时就可能产生较大的国家安全隐患。对关键公共基础设施进行网络攻击通常可通过恶意软件或“分布式拒绝服务（DDoS）”攻击进行，其会对信息系统的完整性与有用性造成安全隐患。[①]从技术角度看，在关键公共基础设施或其他设施领域采取数据本地化同样能通过增加网络攻击成本而在一定程度上减少相关设施可能遭受的网络攻击。尽管有评论认为只要公司网络连接了互联网，就同样可能面临较高的网络攻击风险，并且当本地数据存储服务商或数据处理服务商执行的安全标准不如国际服务提供商高时反而可能增加网络攻击风险，但鉴于基本安全例外仅要求行动与保护基本安全利益之间存在看似合理的联系，数据本地化措施仍然可能被认为满足这一最低要求。

（四）小结

当基本安全例外设置了援引本例外需满足的具体客观情形时，数据本地化措施最可能符合“保护关键公共基础设施例外”所要求的客观要件。就“基本安全利益”这一目的要件而言，一国对重要行业或领域中的大型企业或者说关键公共基础设施运营者采取的数据本地化措施以及出于打击恐怖主义而采取的数据本地化措施与行使国家基本职能直接相关，其旨在保护的利益更容易被认定为基本安全利益；一国为了保障网络安全等目标而采取的数据本地化措施以及对普通网络运营者采取的数据本地化措施旨在保护的利益也可能属于基本安全利益，但被诉方对基本安全利益的描述需达到“令人满意的最低要求”，使得专家组或仲裁庭能够审查数据本地化措施与保护基本安全利益之间是否存在任何联系。就手段与目标之间的关系要件而言，数据本地化措施与减少关键公共基础设施或其他设施免受网络间谍风险和网络攻击等国家安全目标之间可能存在看似合理的联系。因此，数据本地化措施存在成功援引“保护关键公共基础设施例外”的可能性。

---

① See Martina Francesca Ferracane, *Data Flows and National Security: A Conceptual Framework to Assess Restrictions on Data Flows under GATS Security Exception*, 21 Digital Policy, Regulation and Governance 57 – 58 (2019).

第三节　限制数据跨境流动替代措施的合理可用性

当前，基于风险路径、相关标准与最佳实践、基于亚太经合组织（APEC）的“隐私指南”建立的 CBPRs 是最可能替代限制数据跨境流动国内规制的措施。[①]鉴于本章第二节已分析限制数据跨境流动国内规制的临时必要性，本节将详细分析三类替代措施对于实现网络安全或隐私目标是否合理可用。

一、基于风险路径的合理可用性

基于风险路径（risk-based approach）指政府、组织或企业应评估相关风险、确定潜在威胁并采取恰当的措施来减少风险或影响。[②]与之相对的是规则制定路径（prescriptive approach）或合规路径（compliance-based approach），即预先制定一系列规则并确保其应被相关主体所遵守。[③]本书第二章第二节提到将风险理念或基于风险路径融入个人信息保护已经成为美欧等国的共同选择，尽管二者对基于风险路径的依赖程度存在较大差异。事实上，不仅是个人信息保护领域，美欧等国在网络安全国内规制领域也普遍采用了基于风险路径，尽管二者在严格程度和功能定位等方面同样存在显著差异。就数据跨境流动国内规制而言，美国等主要基于风险路径来防范风险的国家可能质疑欧盟等认可风险理念但仍过度依赖规则制定路径来防范风险的做法对于实现维护网络安全或保护隐私等目标不是必要的。并且，考虑网络安全威胁具有动态发展的性质，USMCA 进一步规定缔约方承认基于风险路径可能比规则制定路径在应对网络威胁方面更加有效，因此缔约方应努力采用并鼓励境内企业采用依赖一致同意标准和风险管理最佳实践的基于风险路径来识别、防治网络安全风险，发现、回应网络安全事件并从网络安全事件中得到恢复。[④]鉴于 USMCA 第 19.15.2 条首次明确基于风险路径在网络安全治理中的地位，且巴西在 WTO 电商谈判中也提出了类似提案，基于风险路径是否可能成为数据跨境流动限制性措施的合理可用的替代措施就是一个亟待解决的问题。因此，本节将分析主要依据基于风险路径

---

① See Neha Mishra, *Privacy, Cybersecurity and GATS Article XIV: A New Frontier for Trade and Internet Regulation?*, 19 World Trade Review 21 – 24 (2019); Anupam Chander, *Regulating cross-border data flows-domestic good practices*, World Economic Forum (December 2019), http://www3.weforum.org/docs/WEF_Trade_Policy_Data_Flows_Report.pdf.

② See Joshua P. Meltzer, *Cybersecurity and Digital Trade: What Role for International Trade Rules?*, Brookings Global Economy & Development Working Paper No.132, 1 (2019).

③ See Robert S. Kaplan & Anette Mikes, *Managing Risks: A New Framework*, Harvard Business Review (June 2012), https://hbr.org/2012/06/managing-risks-a-new-framework.

④ Article 19.15.2 of USMCA.

来防范数据跨境流动中的风险的美国式措施是否可能被认定为合理可用的替代措施。

（一）采用基于风险路径的贸易限制性是否更低

当一国限制数据跨境流动的国内规制违反了数据跨境流动规则时，不论该国援引正当公共政策目标例外还是一般例外证明争议措施的合法性，其都需要在起诉方提出可能合理可用的替代措施的情况下证明该替代措施并非合理可用，即该替代措施并非合理可用的、能同等实现相关目标且对贸易造成的限制更低的措施。支持采用基于风险路径实现保护网络安全等目标的观点认为风险是动态的，采用灵活性较强的基于风险路径比采用静态的、具有滞后性的规则制定路径对于应对风险更加高效。例如，在基于风险路径下企业可以针对具体风险制定不同的应对措施。[①]麦肯锡公司的一份研究也表明，鉴于基于风险路径要求公司将降低风险作为主要目标并转化为精确和务实的行动方案，此时公司只需要针对最严重的漏洞进行恰当控制来抵御针对关键商务领域的严重威胁，因而公司采取基于风险路径比达到规定的网络安全水平所花费的成本显著更低。[②]这在一定程度上表明基于风险路径可能不会产生数字本地化措施所具有的贸易壁垒效果。尽管一国可能提出更多的证据来证明或反驳基于风险路径的贸易限制性并非更低，但本书将重点分析基于风险路径是否符合必要性测试中的“等效性”要素，从而揭示基于风险路径被认定为合理可用替代措施的可能性。

（二）基于风险路径能否同等实现被诉方所追求的目标

首先，与规则制定路径相比，基于风险路径能否同等实现保护网络安全或隐私等目标通常取决于一国对所追求目标的期待保护水平，但不同国家期待实现的相关保护水平可能有所不同。例如，不同个人信息保护规则体现了三种不同的保护水平：以 OECD 的“隐私指南”和欧洲理事会在 1980 年发布的“108 号公约”为代表的初代个人信息保护规则体现的保护水平较低；以欧盟“95 指令”为代表的第二代个人信息保护规则体现的保护水平适中，这也是目前大部分国家国内法所体现的保护水平；以《数据条例》为代表的第三代个人信息保护规则体现的保护水平较高。[③]当被诉方期待的保护水平越高时，替代措施可能就越难同等实现被诉方期待的保护水平。因此，需要首先确定被诉方对所追求目标的期待

---

① See Wei Chen Lin and Dominic Saebeler, *Risk-Based v. Compliance-Based Utility Cybersecurity—A False Dichotomy*, 40 Energy Law Journal 255 (2019).

② See Jim Boehm, Nick Curcio, Peter Merrath, Lucy Shenton, and Tobias Stähle, *The Risk-Based Approach to Cybersecurity*, Mckinsey & Company (8 October 2019), https://www.mckinsey.com/business-functions/risk/our-insights/the-risk-based-approach-to-cybersecurity.

③ 参见洪延青：《推进“一带一路”数据跨境流动的中国方案——以美欧范式为背景的展开》，载《中国法律评论》2021 年第 2 期，第 31－32 页。

保护水平。

其次，基于风险路径对于实现网络安全或隐私等目标所作出的贡献会影响对替代措施等效性的判断。例如，在各国网络安全治理实践中，政府对基于风险路径和规则制定路径的运用均占有一定比重，将部分网络安全标准或规则归入基于风险路径或合规路径均是不恰当的。例如，即便被普遍认为体现基于风险路径的 NIST“网络安全框架”①也部分体现了合规路径。②事实上，正是考虑了基于风险路径的固有局限性，③欧盟等国家和地区才未将该路径作为实现个人信息隐私保护等目标的主要方式。对于欧盟等在个人信息隐私保护中追求较高保护水平的国家和地区来说，主要采取基于风险路径可能无法对实现其期待的保护水平作出同等贡献，因而必须主要依赖规则制定路径（但可兼采基于风险路径）来实现该目标。在巴西轮胎案中，上诉机构认为欧共体提出的相关替代措施都只是争议措施的补充性措施，它们共同构成了处理废弃轮胎的全面政策的相互支持性元素，而非真正的替代措施。④可见，如果一个替代措施与争议措施在实现被诉方期待的保护水平上所作出的贡献具有互补性，那它就很难被认为是合理可用的替代措施。因此，当基于风险路径只是规则制定路径的补充性措施时，专家组或仲裁庭可能难以认为基于风险路径措施是数字本地化措施等体现规则制定路径措施的合理可用的替代措施。

此外，在数据跨境流动领域，一国采取基于风险路径也可能是为了同时实现其他目标，例如获得管辖权或方便执法获取数据等目标，此时如何确定替代措施的等效性呢？有观点认为，应区分这些多重目标中的主要目的和附属目的、明示目的和隐藏（真实）目的、直接目的和远程目的等类型，以真实目的和直接目的为基础，综合分析措施能否实现主要目的和附属目的。⑤在 WTO 争端解

---

① NIST, Framework for Important Critical Infrastructure Cybersecurity version 1.1, NIST (16 April 2018), https://nvlpubs.nist.gov/nistpubs/CSWP/NIST.CSWP.04162018.pdf.

② 例如企业需要通知网络安全风险、遵守与网络安全相关的法律和规制等要求。See Wei Chen Lin and Dominic Saebeler, *Risk-Based v. Compliance-Based Utility Cybersecurity—A False Dichotomy*, 40 Energy Law Journal 267 (2019).

③ 例如，在基于风险路径下，企业是决定网络攻击可能性和避免攻击的成本并决定是否采取网络安全措施的唯一主体。并且，当企业认为避免网络风险的成本超过恢复成本时，其就可能接受风险而非扩大支出来避免网络攻击。一些中小公司也可能认为本公司缺乏网络攻击利益从而对网络攻击抱有侥幸心理，但它们可能忽略了其网络系统作为测试环境的价值。See Wei Chen Lin and Dominic Saebeler, *Risk-Based v. Compliance-Based Utility Cybersecurity—A False Dichotomy*, 40 Energy Law Journal 268 – 269 (2019).

④ WTO Appellate Body Report, Brazil-Measures Affecting Imports of Retreaded Tyres, WT/DS332/AB/R, adopted 17 December 2007, paras. 156 – 212.

⑤ 参见蒋红珍：《目的正当性审查在比例原则中的定位》，载《浙江工商大学学报》2019 年第 2 期，第 60 – 61 页。

决领域，上诉机构也会分别审查争议措施能否对实现主要目标和其他目标作出贡献。例如，在欧盟海豹案中，上诉机构发现欧盟海豹制度（禁令加例外）旨在追求两个目标，其中实施禁令以解决对海豹福利的公共道德关切为主要目标，允许土著居民捕杀海豹等例外规定所追求的其他利益为其他目标，上诉机构分别考察了禁令和例外规定能否对实现各自追求的目标作出贡献，以及例外规定是否可能导致海豹制度无法为实现主要目标作出任何贡献。[①]本案的启示是：即便认为基于风险路径能够同等实现数据本地化措施所期待实现的保障网络安全或隐私保护水平，但它显然无法实现数据本地化措施所同时追求的属地管辖权和方便执法获取数据等其他目标。此时，除非起诉方证明上述目标已经通过起诉方和被诉方之间建立的跨境调取数据等合作机制实现，否则仲裁庭仍可能很难认为基于风险路径是数据本地化措施的合理可用的替代措施。

（三）与基于风险路径类似的基于问责路径的合理可用性

"问责/可归责性（accountability）"原则最早出现在 OECD 于 1980 年发布的"隐私指南"中，2013 年的修改版指南也保留了问责原则，要求"数据控制者应为遵守实行上述原则的措施负责"。[②]APEC 在 2015 年发布的"隐私框架"中也规定了问责原则，要求"个人信息控制者应为遵守实行上述原则的措施负责。不论个人信息在国内还是跨境传输给他人或组织，个人信息控制者均应获得个人的同意或谨慎行事，并采取合理步骤确保接收人或组织将根据这些原则持续进行保护"。[③]因而，问责路径通常指不论数据或服务提供者的位置在哪里，服务提供者均需要为违反与数据保护和安全相关的国内法承担责任。[④]与问责原则类似的概念是基于问责路径（accountability-based approach），信息政策领导力中心（CIPL）将其界定为监管者根据现有公共政策所建立的标准为企业设定隐私保护标准，同时赋予企业决定采取何种恰当措施实现目标的裁量权。该路径使得企业能够以符合商业模式、技术情况和顾客需求的最佳方式采取实现目标的手段。[⑤]

欧盟和美国的个人数据保护制度均不同程度地体现了问责理念。例如，《数

---

① WTO Appellate Body Report, European Communities-Measures Prohibiting the Importation and Marketing of Seal Products, WT/DS400/AB/R, WT/DS401/AB/R, adopted 18 June 2014, paras. 5.167, 5.207 – 5.259.

② OECD Guidelines Governing the Protection of Privacy and Transborder Flows of Personal Data.

③ APEC Privacy Framework (2015).

④ See Neha Mishra, *Privacy, Cybersecurity and GATS Article XIV: A New Frontier for Trade and Internet Regulation?*, 19 World Trade Review 356 (2019).

⑤ See Center for Information Policy Leadership, *Data Protection Accountability: The Essential Elements*, FTC (October 2009), https://www.ftc.gov/sites/default/files/documents/public_comments/privacy-roundtables-comment-project-no.p095416-544506-00059/544506-00059.pdf.

据条例》第 5 条“个人数据处理原则”明确规定了问责制，要求数据控制者遵守本条列出的原则并有责任对此提供证明。美国的《金融服务现代化法案》（又称《格雷姆－里奇－比利雷法案》）也采用了基于问责路径，要求金融服务提供者承担个人金融信息保护义务。[①]并且，美国通过 APEC 平台推动出台的 CBPRs 体系明显体现了美国在个人数据保护治理中所推崇的基于问责路径。另外，美欧个人数据保护制度中体现的问责理念存在较大差异。具体而言，尽管《数据条例》规定了数据控制者的问责制，但整体上采用的是“自上而下”的规则制定路径，数据控制者需要遵守根据充分性原则所制定的严格规则。而美国式问责制是类似“自下而上”的基于问责路径，即监管者仅制定隐私保护标准和数据控制者需要满足的最低要求，数据控制者可根据自身情况采取进一步保障措施，同时数据控制者违反上述标准和要求也会被问责。

美国式基于问责路径能否作为规则制定模式的替代措施？本书认为，基于问责路径被认为合理可用的关键同样在于其能否同等实现一国期待的保护水平。鉴于维护网络安全或保护隐私是几乎所有的经贸协定均明确规定的目标，其正当性和重要性不言而喻，只要被诉方没有滥用隐私或安全例外的嫌疑且明确提出了期待实现的保护水平，那么专家组或仲裁庭通常不太可能效仿韩国牛肉案的专家组将被诉方期待的保护水平下调为争议措施实际能实现的保护水平。此时，基于问责路径就必须能同等实现被诉方期待的保护水平。尽管基于问责路径为企业灵活采取最有效手段保留了相当的裁量权，但其与基于风险路径同样存在固有局限性，很容易让企业产生不会被抽查的侥幸心理，从而对采取更加严格的保护网络安全或隐私手段产生懈怠。并且，即便是发达国家也很难监管所有的特别是境外数字服务提供者。[②]此外，单纯的基于问责路径在缺乏救济、问责和执行等机制时也可能无法作出与欧式规则制定路径同等的贡献，特别当一国期待的保护水平较高时尤为如此，其可能只有与规则制定路径相结合才能更好地为实现被诉方期待的保护水平作出贡献。因此，基于问责路径本身也可能很难被认为是合理可用的替代措施。

二、相关标准和最佳实践的合理可用性

鉴于在国际贸易中采用统一的国际标准具有提高生产效率、便利国际贸易和促进发达国家向发展中国家转让技术等优势，以 TBT 协定和 SPS 协定为代表的国际经贸协定要求缔约方原则上必须遵守技术贸易和动植物检验检疫领域已

---

① *Ibid.*

② See Neha Mishra, *Privacy, Cybersecurity and GATS Article XIV: A New Frontier for Trade and Internet Regulation?*, 19 World Trade Review 356－357 (2019).

存在或即将拟就的国际标准。以 USMCA 为代表的美式经贸协定也开始在数字贸易规则中的“网络安全”条款中要求缔约方应努力采用和鼓励境内企业采用基于一致同意的相关标准和风险管理最佳实践来识别和避免网络安全风险。鉴于缔约方具有遵守网络安全相关标准或最佳实践的软性义务，有评论据此认为网络安全治理领域的相关标准和最佳实践可作为限制数据跨境流动的替代措施。但 USMCA 等协定要求缔约方遵守的网络安全标准是“相关标准和最佳实践”而非 TBT 协定和 SPS 协定中规定的“国际标准”，这是否会影响对替代措施合理可用性的判断？对此，本部分首先将考察该条款为何采用“相关标准和最佳实践”而非“国际标准”表述，随后分析网络安全领域的相关标准和最佳实践是否可能作为数据本地化等措施的合理可用替代措施。

（一）背景分析：从国际标准到网络安全相关标准和最佳实践

在 ICT 等技术贸易领域，技术标准往往比技术法规在市场中的影响力更大。在国际贸易领域，不同国家发展的不同技术标准可能成为国际贸易的壁垒，因为外国生产商采用不同的技术标准可能难以受到东道国国内市场的认可。此时，该外国生产商要么只能放弃进入东道国市场，要么只能按照东道国市场中通行的技术标准生产相关产品。如果存在通行的国际标准，那么当每个国家均采用该国际标准时就可能有效减少贸易成本和贸易壁垒。因此，WTO 协定就通过国际标准促进成员之间的积极一体化问题作出了重要规定。例如，TBT 协定第 2.4 条规定成员在制定技术法规时应将已存在或即将拟就的国际标准或其中的相关部分作为制定技术法规的基础；第 4.1 条要求成员确保其政府、非政府标准化机构或参加的区域标准化组织遵守附件 3《良好行为规范》，例如原则上将存在的国际标准作为其制定标准的基础。不仅如此，TBT 协定序言也反映了鼓励发展国际标准的目的，相关条款也体现了 WTO 成员希望以透明和广泛参与的方式发展国际标准的意图。①又如，SPS 协定第 3 条也要求成员的 SPS 措施应以国际标准、指南或建议为依据，除非成员在科学依据支撑下需要采取比国际标准保护水平更高的 SPS 措施，或者经风险评估后认为其 SPS 措施所提供的保护水平是适当的。

不过，尽管国际标准在国际贸易领域具有如此重要的地位，但针对国际标准提起的争端解决案件却较少，WTO 上诉机构在 2002 年欧共体沙丁鱼案中仅裁定 TBT 协定附件第 1.2 条的“标准”不必是经过国际标准化社会所承认的机构一致同意批准的标准。②因此，美国和欧盟曾在 2009 年和 2010 年围绕 TBT

① WTO Appellate Body Report, United States-Measures Concerning the Importation, Marketing and Sale of Tuna and Tuna Products, WT/DS381/AB/R, adopted 13 June 2012, para. 377.

② WTO Appellate Body Report, European Communities-Trade Description of Sardines, WT/DS231/AB/R, adopted on 23 October 2002, paras. 217 – 227.

协定中的国际标准进行过辩论。为了在 TBT 协定目的下实现电子设备安全和特定产品的电磁兼容性，欧盟主张将 ISO、国际电信联盟（ITU）和国际电工委员会（IEC）指定为“国际标准化机构”。[①]美国则从三个方面指出欧盟将某个机构指定为相关国际标准化机构的提议没有意义：首先，标准的相关性取决于标准本身而非采纳该标准的机构，目前其他标准制定机构比三大组织更能服务于规制和市场需求；其次，三大组织不符合“TBT 委员会决定”中的发展维度原则，无法满足发展中国家的需求；最后，欧盟提议的路径在回应快速变化的规制或市场需求方面缺乏灵活性。[②]

直到 2012 年，WTO 散发的美国金枪鱼第二案上诉机构报告才从形式和实体要件两个方面具体解释了 TBT 协定第 2.4 条中的国际标准问题。上诉机构在本案中依据 TBT 协定正文、附件及注解，将 TBT 协定第 2.4 条中的国际标准解释为“由具有承认的标准化活动且会员身份对至少所有 WTO 成员的相关机构开放的国际标准化机构批准的标准”。[③]首先，就形式要件而言，上诉机构指出“机构”指具有特定任务和构成的法律或行政实体，“组织”指基于其他机构或个人成员制、具有章程和管理制度的机构，国际标准是机构而不必是组织采纳的标准。[④]就实质要件而言，上诉机构指出机构不需要将标准化活动作为主要功能或其中一个功能，但应活跃于标准化活动。其次，“ISO/IEC 指南”对“承认”的界定意味着专家组应考虑承认的事实维度（通知或关注等）和规范维度（通过正式批准或认可承认存在、合法性或有效性），同时 WTO 成员是承认的适格主体。最后，上诉机构结合 TBT 协定上下文和“TBT 委员会根据 TBT 协定第 2 条、第 5 条和附件 3 发展国际标准、指南和建议的原则的决定”，指出“国际”意味着国际标准化机构不能是区域机构，且需要以非歧视为基础、在标准发展的每一阶段均对至少所有 WTO 成员的相关机构没有歧视和限制地开放。[⑤]

① WTO Negotiating Group on Market Access, Communication from the European Union: Negotiating Text: Understanding on the Interpretation of the Agreement on Technical Barriers to Trade as Applied to Trade in Electronics, TN/MA/W/129, 7 December 2009, p. 3.

② WTO Negotiating Group on Market Access, Communication from the United States: International Standards, TN/MA/W/138, 28 June 2010, p. 1. 有学者从美欧在不同国际标准制定机构中的影响力、规制理念等角度分析了美欧提议背后的政治经济利益。See Han-Wei Liu, *International Standards in Flux: A Balkanized ICT Standard-Setting Paradigm and its Implications for the WTO*, 17 Journal of International Economic Law 577 – 579 (2014).

③ WTO Appellate Body Report, United States-Measures Concerning the Importation, Marketing and Sale of Tuna and Tuna Products, WT/DS381/AB/R, adopted 13 June 2012, para. 359.

④ WTO Appellate Body Report, United States-Measures Concerning the Importation, Marketing and Sale of Tuna and Tuna Products, WT/DS381/AB/R, paras. 355 – 365.

⑤ WTO Appellate Body Report, United States-Measures Concerning the Importation, Marketing and Sale of Tuna and Tuna Products, WT/DS381/AB/R, paras. 360 – 375.

美国金枪鱼第二案对国际标准的解释反映了上诉机构对美欧主张所采取的折中立场。一方面，上诉机构对国际标准的界定表明国际标准的“国际”特征主要由批准国际标准的实体决定，[①]这体现了欧盟主张的根据机构认定国际标准的立场。另一方面，上诉机构对“具有承认的标准化活动”和“国际”的解释表明其对国际标准化机构确立的法律标准较为严格，部分标准制定机构可能无法满足上述法律标准。例如，ISO 是由私营产业集团构成的、排除发展中国家和市民社会获取信息和参与决策制定程序的标准化机构，其可能不满足“国际”所要求的开放性，因而其采纳的标准也就可能不属于 TBT 协定所指的国际标准。[②]相反，电气电子工程师学会（IEEE）、互联网工程任务组（IETF）和结构化信息标准促进组织（OASIS）等在美国建立的新兴标准制定机构可能属于采纳国际标准的适格机构。[③]这表明上诉机构对“国际标准”的界定在一定程度上也体现了美国的主张和利益。

尽管如此，WTO 上诉机构对 TBT 协定中的“国际标准”的解释可能使得大部分标准制定机构均无法被认定为采纳国际标准的适格机构。并且，TBT 协定只适用于货物贸易，难以适用于以电子方式进行的数字产品等数字贸易。[④]因此，尽管有学者建议在网络安全等数据跨境流动治理中发展类似于 TBT 协定第 2.4 条的国际标准规则作为国内技术法规的基础，[⑤]但或许是考虑到 TBT 协定下国际标准的“高门槛”要求以及该建议在短期内的可执行性问题，美国等国开始在国际经贸协定数字贸易规则中的“网络安全”条款中采用更加宽松的“一致同意的标准和风险管理最佳实践”表述，中国也在 WTO 合并文本中就网络安全提议成员交换最佳实践。这一表述上的变化将使得很多可能不符合 TBT 协定中国际标准要求的标准和实践均可能符合该要求。

（二）相关标准和最佳实践的合理可用性分析

在网络安全相关标准和实践中，比较有代表性和影响力的标准是 ISO/IEC

---

① WTO Appellate Body Report, United States-Measures Concerning the Importation, Marketing and Sale of Tuna and Tuna Products, WT/DS381/AB/R, para. 353.

② See Shin-yi Peng, *"Priviate" Cybersecurity Standards? Cyberspace Governance, Multistakeholderism, and the (Ir) relevance of the TBT Regime*, 51 Cornell International Law Journal 467 (2018).

③ See Han-Wei Liu, *International Standards in Flux: A Balkanized ICT Standard-Setting Paradigm and its Implications for the WTO,* 17 Journal of International Economic Law 580 – 586 (2014).

④ See Alberto Oddenino, *Digital Standardization, Cybersecurity and International Trade Law*, Questions of International Law (31 May 2018), http://www.qil-qdi.org/digital-standardization-cybersecurity-issues-international-trade-law-forthcoming/.

⑤ See Abdelhamid Mamdouh and Joshua P. Meltzer, *Chapter 2: Trade Policy and Data Flows-Progress to Date and Future Innovations*, World Economic Forum (December 2019),http://www3.weforum.org/docs/WEF_Trade_Policy_Data_Flows_Report.pdf.

27000 信息安全管理体系以及 NIST 的“网络安全框架”。不可否认，ISO/IEC 27000 信息安全管理体系可能不符合“国际标准”的条件。例如，ISO 存在排除市民社会等利益攸关方参与标准制定、通常体现特定团体和国家的利益等问题，因而其制定的标准存在正当性和客观真实性问题。并且，鉴于 ISO 需要花费数年来获取成员对所制定的标准的一致同意，难以应对快速变化的网络安全问题，ISO/IEC 27001 标准在世界范围内的采纳率不如一些新兴机构制定的标准高。[①] 但这不意味着该标准可能同样不属于 USMCA 网络安全规则所称的“相关标准和最佳实践”，因为“相关标准和最佳实践”从文本表述上看并无“国际标准”的条件严格。与 ISO 相比，NIST“网络安全框架”还体现了“自下而上”的多利益攸关方参与的特点，民主性和开放性更强。[②]因此，虽然 NIST“网络安全框架”只是自愿标准，但其在全球范围内的影响力却与日俱增，加拿大、拉丁美洲、欧洲和亚洲地区都增加了对该标准的采纳，日本更是将其作为 ISO 27001 标准的补充性标准，有调查还显示 33%参与调查的组织将该标准视为网络安全标准的最佳实践。[③]这也从侧面反映了 USMCA 第 19.15.2 条可能旨在推广 NIST“网络安全框架”所体现的美式网络安全治理观。

那么 ISO/IEC 27001 标准或 NIST“网络安全框架”能否构成数据本地化措施合理可用的替代措施？本书认为，即便认为上述替代措施能够同等作出甚至超过数据本地化措施对于实现网络安全目标所作出的贡献，也很难认为其能够同等作出数据本地化措施所能实现的其他贡献，例如对确保法律法规遵守和执法获取数据目标作出的贡献。就目前而言，上述替代措施更可能被认为是数据本地化措施的补充性措施。当然，数据本地化等措施对于实现相关目标是否必要可能随着实践发展而动态变化。例如，当国家之间通过数据跨境流动规制合作可实现更加有效的执法以此获取境外数据等目标时，数据本地化等措施的必要性也可能相应受到影响。

三、CBPRs 对于成员保护隐私的合理可用性

为了进一步推广以市场为主导、行业自律为特色的美式隐私保护模式，美

---

① See Shin-yi Peng, “*Priviate*” *Cybersecurity Standards?Cyberspace Governance, Multistakeholderism, and the* (*Ir*) *relevance of the TBT Regime*, 51 Cornell International Law Journal 455 – 456 (2018).

② 与政府在标准发展过程中占主导地位的“自上而下”路径不同，“自下而上”路径旨在最小化强制性政府规制并倾向通过私营部门中的多利益攸关方参与标准制定来促进网络安全，从而克服政府处理复杂规制任务的专业技能缺失和灵活性不足等问题。这种由私营部门主导、公私部门共同参与的模式被认为比政府控制更加有效。See Shin-yi Peng, *“Priviate” Cybersecurity Standards? Cyberspace Governance, Multistakeholderism, and the* (*Ir*) *relevance of the TBT Regime*, 51 Cornell International Law Journal 448 – 451 (2018).

③ See Shin-yi Peng, “*Priviate*” *Cybersecurity Standards?Cyberspace Governance, Multistakeholderism, and the* (*Ir*) *relevance of the TBT Regime*, 51 Cornell International Law Journal 458 (2018).

国在 CBPRs 中加强了对问责、救济和执法等机制的设计，以期与其他国家达成规则上的互相承认。此时，CBPRs 体系是否可能构成欧盟等以规则制定为主导、充分保护个人数据的隐私保护模式的合理可用的替代措施呢？

鉴于 2005 年的 APEC“隐私框架”确立的四大目的以及第四部分“国际实施指南”呼吁在 APEC 地区发展自愿性质的跨境隐私规则，AEPC 在 2007 年启动了数据隐私探路者计划（APEC Data Privacy Pathfinder），目的是在 APEC 地区内发展企业能够使用的数据跨境流动中的个人信息保护体系，并因此建立了 CBPRs。CBPRs 在性质上属于国际组织的标准或者说“软法”，其由五大核心内容构成：基于 APEC“隐私框架”九大原则制定的企业自我评估问卷、供问责机构评估问卷情况的基准线程序要求、承认问责机构的标准、跨境隐私执法安排（CPEA）和跨境隐私规则联合监督小组章程（下称“联合监督小组章程”）。①申请加入 CBPRs 的前置程序是 APEC 成员至少有一个隐私执法机构加入了跨境隐私执法安排。另外，该成员需要满足联合监督小组章程第 2.1 条的条件，并应提名至少一个问责机构供 APEC 承认。②在成员被批准加入 CBPRs 后，该成员内申请加入 CBPRs 的企业应该根据自我评估问卷和额外文件（如有）对照其是否符合加入标准，然后将问卷呈递给 APEC 承认的问责机构以进行合规审查，问责机构将根据程序要求确立的基准线标准评估企业是否的确满足相关标准。问责机构认证企业符合项目要求后会在网站上公示。企业获得认证后，CBPRs 项目要求即对该企业产生约束力，APEC 成员内的相关执法机关可强制要求该企业遵守 CBPRs 项目要求。③目前，CBPRs 官网显示美国、墨西哥、日本、加拿大、韩国、新加坡、澳大利亚、菲律宾和中国台湾被批准加入了 CBPRs。2020 年，美国向 APEC 成员建议将 CBPRs 独立于 APEC 框架之外，目的是让 APEC 成员之外的巴西等国家也可申请加入该体系。④2022 年 4 月 21 日，美国等加入 CBPRs 体系的经济体发布了“全球跨境隐私规则宣言”，宣布将 CBPRs 变为所有国家和地区均可加入的体系。⑤

---

① APEC Cross-Border Privacy Rules System Policies, Rules and Guidelines (Updated as of November 2019).

② 问责机构可以是非公共机构，APEC 对问责机构的承认采用的是全体成员一致同意制度，而问责机构的主要职责是审查企业的自我评估问卷并进行认证、接受消费者投诉并对违反 CBPRs 项目要求的企业采取取消认证和罚款等做法。参见张舵：《跨境数据流动的法律规制问题研究》，对外经济贸易大学 2018 年博士学位论文，第 71－72 页。

③ APEC Cross-Border Privacy Rules System Policies, Rules and Guidelines (Updated as of November 2019).

④ 参见洪延青：《推进“一带一路”数据跨境流动的中国方案——以美欧范式为背景的展开》，载《中国法律评论》2021 年第 2 期，第 31 页。

⑤ See *Global Cross-Border Privacy Rules Declaration*, U.S. Department of Commerce (visited on 10 May 2022), https://www.commerce. gov/global-cross-border-privacy-rules-declaration.

CBPRs 这种依托国内问责机构和执法机构来确保外国企业遵守本国隐私法的国际规制合作模式是否可能构成加入方更严格的限制数据跨境流动措施的替代措施呢？回答这一问题的关键在于比较 CBPRs 项目要求的基准线标准与成员的隐私标准。CBPRs 并不意图取代或改变成员内法律法规，而是旨在提供隐私保护的最低水平，其保护仍停留在个人信息保护的第一代水平。[①]当缺乏相关内部立法或者可适用的法律为数据主体提供了更低保护时，或者当 CBPRs 标准高于成员内隐私标准时，CBPRs 有可能作出与争议措施在保护个人隐私方面同等甚至更大的贡献，因为其为 APEC 成员提供了所同意的最低数据保护水平。[②]但事实是，目前参与的 CBPRs 经济体中除美国外，其余经济体的立法均与第二代个人信息保护规则的保护水平持平甚至更高。[③]在这种情形下，APEC 文件指出此时企业只需自愿地遵守额外要求；该成员的问责机构仅能审查企业是否遵守了 CBPRs 要求，而不审查其是否遵守了可适用的成员内部要求；隐私执法机构则有权根据可适用的国内法规采取与 CBPRs 项目一致的个人信息保护执法行动。[④]这似乎表明加入 CBPRs 并不会妨碍成员追求其所期待的个人信息保护水平。但在实践中，CBPRs 批准加入方日本和韩国为了遵守 CBPRs 体系、确保外国企业不需要遵守本国更严格的隐私法律，修改了或正在修改本国隐私法律。换言之，CBPRs 不仅不能实现更高的隐私保护水平，反而可能迫使加入经济体修改其隐私法律以确保与 CBPRs 一致。[⑤]因此，本书认为在这种情况下很难认为 CBPRs 体系是限制数据跨境流动等国内规制的合理可用的替代措施。

---

① 参见洪延青：《推进“一带一路”数据跨境流动的中国方案——以美欧范式为背景的展开》，载《中国法律评论》2021 年第 2 期，第 33 页。

② See Clare Sullivan, *EU GDPR or APEC CBPR?A Comparative Analysis of the Approach of the EU and APEC to Cross Border Data Transfers and Protection of Personal Data in the IoT Era*, 35 Computer Law & Security Review 384 (2019).

③ 参见洪延青：《推进“一带一路”数据跨境流动的中国方案——以美欧范式为背景的展开》，载《中国法律评论》2021 年第 2 期，第 33 页。

④ APEC Cross-Border Privacy Rules System Policies, Rules and Guidelines (Updated as of November 2019).

⑤ 参见洪延青：《推进“一带一路”数据跨境流动的中国方案——以美欧范式为背景的展开》，载《中国法律评论》2021 年第 2 期，第 33 – 34 页。

第四章

源代码和算法国内规制中的必要性测试

在国际经贸协定引入源代码规则以前，源代码措施主要受与货物贸易、知识产权和技术贸易有关的国际规则约束，但相关规则难以有效规制或约束源代码措施。在 CPTPP 和 USMCA 等区域经贸协定引入专门的源代码规则后，缔约方原则上就不得再要求软件所有人转让或要求获取其源代码或算法，除非符合源代码规则中列出的具体例外情形或者对大部分章节水平适用的国家安全例外或一般例外。鉴于本书第二章第四节已经分析了源代码和算法对软件所有人和数字贸易的重要性，以及源代码和算法国内规制的贸易限制性等问题，本章将重点对源代码规则进行规范分析，并考察源代码措施如何适用基本安全例外以及确保遵守法律法规相关例外中的必要性测试，进而明确采取源代码措施的国家通过该测试成功援引相关例外的可能性。

第一节　规则适用与必要性测试关键点

鉴于区域经贸协定中的源代码规则是一个较新

的规则，国内外对其研究均较少，为了明确源代码措施是否可能违反源代码规则，本节第一部分将详细分析源代码规则的入约背景和适用问题，第二部分将提炼源代码规则在不同例外中的必要性测试关键点。

一、源代码和算法国内规制的规则适用

在国际经贸协定引入源代码规则以前，源代码措施主要受与货物贸易、知识产权和技术贸易有关的国际规则约束，但相关规则难以有效规制或约束源代码措施。在 CPTPP 等区域经贸协定设置专门的源代码规则后，缔约方采取源代码措施才开始受到比较有效的国际法约束。

（一）源代码规则的入约背景

源代码规则较早出现于日本与蒙古国在 2012 年启动的自贸协定谈判，日本在《服务贸易协定》（TiSA）诸边谈判中也极力主张这一规则，但该规则最终随着 CPTPP 的生效才获得了更广泛的关注与推广。①目前，CPTPP 第 14.17 条和 USMCA 第 19.16 条以及欧盟主导的双边经贸协定几乎均规定了源代码规则，美国等 WTO 成员在 WTO 电商谈判中也极力推动该规则引入 WTO 体系。鉴于本书第二章第四节在考察源代码和算法国内规制中的必要性测试问题时已经分析了软件贸易对于软件所有人和数字贸易的重要性，以及源代码措施可能限制市场准入并妨碍自由贸易的问题，本部分对源代码规则入约背景的分析将集中于国际法层面。

如前所述，在以 WTO 协定为代表的传统经贸协定下，源代码措施主要受与货物贸易、知识产权和技术贸易有关的规则约束，但相关规则难以有效规制或约束源代码措施。首先，以 TRIPS 和《与贸易有关的投资措施协定》（TRIMS）为代表的多边贸易规则并未绝对禁止成员采取技术转让履行要求。②其次，即便是明确包含禁止强制技术转让规则的美式双边投资协定范本，也允许缔约方在保护国家安全、确保法律法规的遵守、采取竞争法允许的救济、符合 TRIPS 第 31 条例外等情形下强制要求转让技术。③最后，TRIPS 第 39 条和部分国际经贸协定中的知识产权章节对源代码和算法等未披露信息的保护仅限于不诚实商业行为情形，未规定政府部门工作人员在履行职责过程中就所获取未披露信息的

---

① See Agreement between Japan and Mongolia for An Economic Partnership, Article 9.11; TiSA Annex on Electronic Commerce, Article 6.

② 参见范晓宇：《“行政性强制技术转让”规制的边界——兼评〈外商投资法〉第 22 条》，载《浙江社会科学》2019 年第 5 期，第 61 页；何艳：《技术转让履行要求禁止研究——由中美技术转让法律争端引发的思考》，载《法律科学（西北政法大学学报）》2019 年第 1 期，第 147－151 页。

③ 参见韩静雅：《技术转让要求规制新趋势下的中国因应》，载《广东社会科学》2017 年第 3 期，第 223－224 页。

保密义务。缔约方在缺乏规则约束时可能更随意或武断地采取源代码措施，同时保密措施不到位也会增加泄露源代码和算法的风险。

更重要的原因是，软件等数字产品的归类问题尚未解决，源代码措施如何适用相关规则悬而未决。目前比较明确的是包含在磁盘等物理载体中的软件属于货物，对此类软件贸易采取的源代码措施一般受 GATT、TBT 协定和《信息技术协定》（ITA）等货物贸易规则管辖。但软件内容属于货物还是服务存在争议，因而对以电子方式交付软件的贸易采取的源代码措施如何适用相关规则也存在疑问。[①]首先，"HS 编码"未涵盖软件包和以电子方式交付软件的类型，因而对此类贸易采取的源代码措施可能不受货物贸易规则管辖。其次，WTO《服务部门分类表》中与交付软件内容最相关的软件启用服务（CPC842）仅包括涉及软件开发和安装启用的所有咨询服务，明确排除了软件包的零售服务，因而以电子方式交付软件的贸易也可能不受 GATS 等服务贸易规则管辖。[②]

目前，海关估价委员会发布的"估价决定"限制对部分包含在物理载体中的软件征税，WTO 成员也达成了电子传输延迟征收关税的临时性政治承诺，一定程度上消除了软件贸易的关税类市场准入壁垒。[③]但在 WTO 框架内仍未解决以电子方式交付软件的贸易在非关税类市场准入和非歧视待遇等规则适用方面的问题，相关谈判仍在进行中。对此，美欧等国开始在双边或区域经贸协定中设专章规制数字贸易，并规定了独立的源代码规则来解决上述问题。

（二）对源代码规则的规范分析

国际经贸协定中的源代码规则均采用了"原则 + 例外"结构，其原则性均禁止缔约方要求软件所有人转让或允许获取其源代码或算法。但因不同缔约方在软件、互联网和人工智能等产业的国际竞争力、内部规制重点以及经贸协定

---

① "以电子方式交付软件的贸易"广义上包含"线上交易、线上交付"软件内容的贸易和"线上交易、线下交付"包含在物理载体中的软件和含有软件的制造业产品的贸易（统称为"软件数字贸易"）。《知识产权观察》杂志曾在一篇关于 TPP 第 14.17 条源代码规则的报道中讨论过该规则的适用范围。See Intellectual Property Watch, *TPP Article 14.17 & Free Software: No Harm, No Foul*, Software Freedom Law Center (23 November 2015), https://www.ip-watch.org/2015/11/24/tpp-article-14-17-free-software-no-harm-no-foul/.

② WTO 成员曾讨论过计算机和相关服务部门（CPC84）是否涵盖软件的交付服务。部分成员认为既然 CPC842 明确排除了软件包的零售服务，就应认为 CPC84 未涵盖以物理载体和电子方式交付的软件。但也有 WTO 成员认为 CPC84 涵盖与软件的设计、生产和启用有关的全部活动，如果不将这些活动理解为包括交付活动是难以接受的。See Sacha Wunsch-Vincent, *The WTO, The Internet and Trade in Digital Products: EU-US Perspectives*, Hart Publishing, 2006, p. 48 – 51.

③ 参见郭玉军、张函：《WTO 体制下数字产品的法律规制》，载《求索》2007 年第 1 期，第 84 – 85 页。不过，WTO 成员在 WTO 电商诸边谈判中对数字产品的免关税问题又产生了争议。石静霞：《数字经济背景下的 WTO 电子商务诸边谈判：最新发展及焦点问题》，载《东方法学》2020 年第 2 期，第 181 – 182 页。

章节编排等方面的差异，不同源代码规则在适用范围、适用阶段、例外情形的规定上也存在一些异同点。

就适用范围而言，源代码规则主要适用于专有软件和含有软件的产品（包括包含在物理载体中的软件和汽车等制造业产品），USMCA 和《英日全面经济伙伴关系协定》（UKJCEPA）等经贸协定进一步将算法包括在内。部分协定之所以专门明确源代码规则适用于算法，主要是因为源代码和算法是两个相对独立的对象，禁止要求转让或获取源代码的规定并不当然及于算法。[①]当源代码规则未明确涵盖算法时，缔约方就有权基于透明度或监管等理由要求获取软件中的算法。

就适用阶段而言，源代码规则适用于“准入阶段”和“准入后阶段”，即不论缔约方将软件所有人转让或允许获取其源代码作为市场准入的条件还是实现其内部规制目标的手段，原则上均是被禁止的。如果缔约方意图采取或维持源代码措施，通常应根据（跨境）服务贸易、投资或金融章节中的不符措施条款列出市场准入和非歧视待遇等不符措施，否则只能援引例外条款作为维持或采取源代码措施的合法性依据。[②]

就例外情形而言，美式源代码规则相比欧式源代码规则中的例外情形援引条件相对更严，对缔约方要求转让源代码或算法的规制自主权限制更大。首先，尽管 CPTPP 第 14.17.2 条（b）项“为确保遵守法律法规而要求修改例外”涵盖的情形看似宽泛，且暗含允许缔约方获取源代码，但并未允许缔约方为了确保遵守法律法规而要求软件所有人转让其源代码。[③]其次，尽管 USMCA 第 19.16 条中“监管和司法获取例外”所允许的情形看似也很宽泛，但同样未允许监管和司法机关要求软件所有人转让其源代码或算法。并且，该例外还将缔约方要求获取源代码或算法限定于“具体（specific）”调查等活动中，表明缔约方不能以监管或司法为由将获取源代码或算法作为一般性要求。最后，即便缔约方援

① 算法包括文字和非文字算法，体现软件的设计思想，主要作为商业秘密保护；源代码是通过编程语言将算法和数据结构等设计需求和设计思想编写出来的文字作品。同一算法采用不同的编程语言可以编写出表达不同而功能相同的软件，仅仅保护代码不被复制抄袭不足以保护算法的知识产权。参见应明、孙彦：《计算机软件的知识产权保护》，知识产权出版社 2009 年版，第 258 页。

② 例如，若缔约方意图在部分行业中保留转让源代码作为市场准入条件的措施，就需要在负面清单中对该部门作出市场准入保留。鉴于负面清单方式下缔约方不得再维持或实施未保留的不符措施（不论该措施是现有措施还是将来可能实施的措施），国际经贸协定将源代码规则与负面清单方式相结合对缔约方的相关监管能力和负面清单编制能力构成了一定挑战。

③ 尽管该例外未明确规定允许缔约方获取源代码，但将其解释为允许获取源代码符合 VCLT 第 31.1 条的解释通则，因为只有获取源代码后才能判断是否需要修改源代码。并且，这样解释也符合“有效解释通则”，不会使得设置该例外的目的落空。相反，不论按照“修改”的字典含义还是结合上下文，均无法将“修改源代码”解释为包括转让源代码。

引“监管和司法获取例外”作为强制获取源代码或算法的合法性依据，也应在软件所有人主张源代码为其商业秘密时确保相关措施不得对源代码的商业秘密地位造成不利影响。相反，欧式源代码规则允许的具体例外较多、适用范围较广，[①]且列出的反不正当竞争例外和知识产权等例外未限定于强制获取源代码情形，表明缔约方强制要求转让源代码的措施也可援引上述例外，这反映出欧式源代码规则试图在保障软件所有人知识产权、促进自由贸易和维护国家规制权之间取得平衡。

鉴于美式与欧式经贸协定中的数字贸易章节适用于“以电子方式进行的贸易”，且源代码规则适用于含有软件的产品，可将源代码规则的适用范围进一步限缩到软件数字贸易。据此，与上一部分在入约背景中提到的“传统国际经贸规则难以规制源代码措施”问题相比，源代码规则具有以下特点。首先，该规则弥补了 TRIMS 仅能禁止货物贸易相关技术转让履行要求的不足，能禁止更多与软件数字贸易相关的转让源代码履行要求，体现出“TRIMS＋”特征。其次，相比 TRIPS 对源代码和算法等未披露信息的保护限于不诚实商业行为情形，源代码规则的禁止范围更宽泛，体现出“TRIPS＋”特征。[②]最后，相比 TBT 协定仅能规制对货物贸易采取的源代码相关技术贸易措施，源代码规则填补了 TBT 协定难以规制对以电子方式交付的软件采取源代码相关技术贸易措施的不足，体现出“TBT＋”特征。

综上，与以 WTO 体系为代表的传统贸易规则相比，源代码规则体现了“TRIMS＋”“TRIPS＋”“TBT＋”等特征。其与数字产品的免关税和非歧视待遇等规则一同明确了软件数字贸易的关税和非关税市场准入、非歧视待遇、技术贸易壁垒和其他国内规制问题，有助于软件数字贸易的进一步自由化。

二、必要性测试关键点

一经济体要求外国软件所有人转让或允许获取其源代码或算法的措施既可能违反该经济体在其对外缔结的国际经贸协定服务贸易具体承诺表中作出的市场准入和国民待遇承诺，也可能同时违反数字贸易规则中的源代码规则（如有）。此时，该经济体只能援引例外条款证明源代码措施的合法性。当源代码措施不符合未载有必要性测试的具体例外（例如商业谈判合同例外或专利相关例外）所描述的情形，但符合“为确保遵守法律法规而要求修改例外”、一般例外中的“确保遵守法律法规例外”或基本安全例外等例外所描述的情形时，那么该源代

① 例如，“知识产权例外”未限于专利领域，比 CPTPP 源代码规则中的“专利相关例外”适用范围更广。

② See Sanya Reid Smith, *Some Preliminary Implications of WTO Source Code Proposal-MC11 Briefing Paper*, Third World Network Briefings, No.4, December 2017, p.3.

码措施依据上述例外获得合法性依据的关键就在于措施对于实现相关目标是否必要。

（一）采取源代码措施的国家是否符合基本安全例外中的自裁权行使条件

根据国家安全例外中描述的情形，采取源代码措施的国家普遍可援引的例外主要是基本安全例外，特别是“战争或国际关系中的紧急情况例外”“作战物资例外”“军事补给服务例外”情形。[①]在 RCEP 等区域经贸协定下，源代码措施也可能符合援引基本安全例外中的“国家紧急状态例外”或“保护关键公共基础设施例外”的条件。在欧式经贸协定中，在政府采购领域实施源代码措施的被诉方还可援引《政府采购协定》（GPA 2012）第 3.1 条中的基本安全例外。[②]

根据本书第三章第二节对 GATT 第 21.2 条（iii）项和 GATS 第 14 条之二第 2 款（iii）项“国际关系中的紧急情况例外”适用条件的分析，被诉方要援引基本安全例外证明行动的合法性通常需满足该例外所包含的三大要件：一是客观要件，即属于该例外中列出的任一客观情形，这也是行使自裁权的前提；二是目的要件，即被诉方认为相关行动对于保护其基本安全利益是必要的；三是“手段和目的”的关系要件或者必要性要件，即被诉方认为行动对于保护基本安全利益是必要的（需满足“看似合理的联系”标准这一最低要求）。另外，被诉方在行使自裁权时还要遵守“两层善意测试”。鉴于目前 WTO 争端解决领域尚无关于 GPA 基本安全例外的法理，并且相当一部分国际经贸协定将政府采购作为了数字贸易章节的除外适用情形，本书第四章第二节将结合 WTO 基本安全例外法理，重点分析一国在非政府采购领域所采取的源代码措施在基本安全例外中的必要性问题，特别是采取源代码措施的国家是否符合基本安全例外中的自裁权行使条件。

（二）是否存在合理可用的替代措施是确保遵守法律法规相关例外中的审查重点

当一国采取的源代码措施不符合任一基本安全例外所描述的情形，也不符合源代码规则中不含必要性测试的具体例外描述的情形时，该国可能只能尝试援引确保遵守法律法规相关例外（包括源代码规则中的“为确保遵守法律法规而要求修改例外”或一般例外中的“确保遵守法律法规例外”）来证明源代码措

---

① 例如，GATT 第 21.2 条（ii）项：“武器、弹药和军火的贸易或直接和间接供军事机构用的其他物品或原料的贸易。”GATS 第 14 条之二第 2 款（i）项：“与直接或间接为军事机构提供给养的服务有关的行动。”

② GPA 2012 第 3.1 条：“本协议不得解释为阻止任何参加方，在涉及武器、弹药或战争物资采购，或者涉及为国家安全或国防目的所需的采购方面，在其认为保护根本安全利益的必要情形下，采取任何行动或者不披露任何信息。”

施的合法性。与一般例外中的“确保遵守法律法规例外”相比，源代码规则中的“为确保遵守法律法规而要求修改例外”未规定措施不得以武断或不合理歧视或变相贸易限制的方式实施。因此，当一国要求获取并修改软件所有人的源代码或算法是为了确保法律法规的遵守时，该国可优先援引适用条件更加宽松的例外。

根据 WTO 必要性测试法理，当一国援引确保遵守法律法规相关例外来证明源代码措施的合法性时，其通常均需初步证明源代码措施具有临时必要性。WTO 争端解决机构在韩国牛肉案和阿根廷货物和服务进口措施案中曾指出，被诉方为了成功援引 GATT 第 20 条（d）项或 GATS 第 14 条（c）项的“确保遵守法律法规例外”，其必须初步证明措施符合该例外中的两大要件：一是“设计”要件，即相关措施被设计来确保遵守相关法律法规；二是必要性测试要件，即措施对确保遵守该法律法规是必要的。[①]其中，“设计”要件要求被诉方确定争议措施旨在确保遵守法律法规，证明该法律法规本身未与 GATS 不一致，并证明措施被设计来确保遵守上述法律法规。[②]必要性测试则要求被诉方重点证明措施对于确保遵守法律法规所作出的贡献。在被诉方完成初步证明责任后，起诉方为了证明争议措施的非必要性，就应提出可能合理可用的能够同等实现目标且贸易限制性更低的替代措施供被诉方反驳。

本书第二章第四节在分析源代码和算法国内规制可能造成限制市场准入等负面影响时指出，国家将外国软件所有人转让源代码作为外资市场准入的条件主要是为了实现促进技术扩散、创新和弥合数字鸿沟等目标；在政府采购软件中将软件所有人转让源代码作为采购条件则主要是为了确保国家安全或避免改进软件需支付的高昂许可费；国家要求获取软件所有人的源代码或算法则可能是为了确保网络安全法、反垄断和反不正当竞争法、著作权法或专利法等法律法规的遵守。因此，一国要证明源代码措施的临时必要性，就需要证明措施符合确保遵守法律法规相关例外所要求的两大要件。本书研究表明，一国初步证明源代码措施的临时必要性是比较容易的。

首先，一国要确定源代码措施旨在确保某一法律法规的遵守相对容易，因为即使是体现国家大政方针的政策性文件也可能被专家组或仲裁庭认定为适格的法律法规。根据相关 WTO 法理，“法律法规”指构成一成员法律体系一部分的规则，且可以包括该成员纳入其法律体系或者对其具有直接效力的国际法规

① WTO Appellate Body Report, Korea-Measures Affecting Imports of Fresh Chilled and Frozen Beef, WT/DS161/AB/R, adopted 10 January 2001, para. 157; WTO Panel Report, Argentina-Measures Relating to Trade in Goods and Services, WT/DS453/R, adopted 9 May 2016, para. 6.162.

② WTO Panel Report, Argentina-Measures Relating to Trade in Goods and Services, WT/DS453/R, adopted 9 May 2016, para. 6.181.

则。[①]并且，“确保遵守法律法规例外”所要求的法律法规无须具有法律上的可执行性或包含罚金等制裁，尽管上述因素以及被诉方法律体系中的主管机关是否采纳或认可该规则对于确定争议法律法规的适格性均是相关的。[②]

其次，一国要证明源代码措施旨在确保遵守的法律法规未与 WTO 协定等国际法规则不相符也比较容易。根据 WTO 法理，专家组通常会推定一成员制定的法律法规符合 WTO 协定，除非起诉方提出了相反的证据。并且，法律法规中的部分条款与 WTO 协定不一致不必然导致整部法律法规均会被认定为违反 WTO 协定，尽管这可能影响或“污染”该法律法规符合 WTO 协定的其他方面甚至整体法律情况。[③]

再次，“措施被设计来确保遵守法律法规”不要求争议措施能绝对确定地实现结果，只要求措施能在一定程度上确保法律法规的遵守。被诉方识别的法律法规越准确，专家组就越容易发现争议措施如何确保了法律法规的遵守。如果专家组在审查“设计”要件时发现争议措施无法确保法律法规的遵守，其就不会再继续分析措施是否必要。[④]但是，源代码措施是否被设计来确保遵守相关法律法规通常须结合必要性测试共同确定，除非专家组在审查措施的设计（包括法律法规的结构和期待的运行效果）后发现措施无法确保法律法规的遵守，否则专家组通常不能以导致截断后续分析且不再考虑被诉方证明措施必要性的方式组织对“设计”要件的分析。这是因为“设计”要件和必要性测试要件是回答措施对于确保遵守法律法规是否必要的两个相互区别又联系的问题，它们的内容不是完全独立的，对各要件的分析可能存在交叉，部分考虑因素可能对于审查两个要件均是相关的。[⑤]在 2020 年散发的美国对华 301 措施案专家组报告中，专家组在分析美国的“301 措施”是否被设计来保护美国声称的 GATT 第 20 条（a）项公共道德目标时也再次强调审查“设计”要件并非一个要求不高的任务，想要获得对争议措施“设计”要件的全面理解需要进一步分析措施的必要性。[⑥]

---

① WTO Appellate Body Report, Mexico-Taxes Measures on Soft Drinks and other beverages, WT/DS308/AB/R, adopted 24 March 2006, para. 69.

② WTO Appellate Body Report, India-Certain Measures Relating to Solar Cells and Solar Modules, WT/DS456/AB/R, adopted 14 October 2016, paras. 5.107 – 5.109.

③ WTO Panel Report, Argentina-Measures Relating to Trade in Goods and Services, WT/DS453/R, adopted 9 May 2016, paras. 6.184, 6.201.

④ WTO Panel Report, Argentina-Measures Relating to Trade in Goods and Services, WT/DS453/R, adopted 9 May 2016, para. 6.202.

⑤ WTO Panel Report, Argentina-Measures Relating to Trade in Goods and Services, WT/DS453/R, adopted 9 May 2016, paras. 6.202 – 6.205.

⑥ WTO Panel Report, United States-Tariff Measures on Certain Goods from China, WT/DS543/R, circulated 15 September 2020, para. 7.151.

最后，一国要证明源代码措施能够对确保遵守法律法规作出贡献也相对容易。根据本书第一章对 WTO 必要性测试法理的考察，专家组在必要性测试的“初步结论”阶段考察争议措施能否对实现目标作出贡献时采用的法律标准是“只要措施对于实现目标不是完全不能作出贡献或仅能作出微不足道的贡献，那么贡献就是存在的”。以此标准定量或定性分析源代码措施的贡献时就会发现大部分源代码措施均可能对确保法律法规的遵守作出一定贡献。这里可能存在的一个争议是：获取源代码是否可能不仅不能对确保网络安全类法律法规的遵守作出贡献，反而会增加网络安全风险？因为有观点认为源代码或算法应处于与外界隔绝的状态才能保证其安全性，行政机关要求获取源代码或算法将增加源代码或算法被不法分子盗窃甚至篡改的风险。因此，如果一国主张获取源代码或算法是为了确保网络安全类法律法规的遵守，其可能需要提供更强有力的证据证明源代码措施的贡献。

综上所述，一国想要初步证明源代码措施对于实现确保遵守法律法规目标的临时必要性是相对比较容易的，此时是否存在合理可用的能够同等实现目标且贸易限制性更低的替代措施就是决定源代码措施最终必要性的关键。对此，本章第二节第二部分将重点分析这一问题。

第二节　源代码和算法国内规制在不同例外中的必要性

源代码和算法国内规制在基本安全例外中的必要性问题可分为三个方面：第一，该措施是否符合任一基本安全例外所描述的客观情形；第二，该措施旨在保护的利益是否为基本安全利益；第三，该措施与保护该基本安全利益之间是否符合“看似合理的联系”标准。源代码和算法国内规制在其他例外（主要是确保遵守法律法规相关例外）中的必要性则取决于是否存在合理可用的替代措施。

一、基本安全例外下的必要性

本书第三章以 WTO 争端解决机构在俄罗斯过境运输案和沙特阿拉伯知识产权案中对 GATT 第 21.2 条“国际关系中的紧急情况例外”发展的法理为基础，重点分析了数据本地化措施是否可能符合援引该例外的条件。本节同样将以 WTO 自裁权法理为基础，分析源代码措施在具体基本安全例外情形中的必要性问题。

（一）考察源代码措施必要性的前提：属于基本安全例外中的任一客观情形

GATT、GATS、RCEP 等大部分经贸协定中对大部分章节水平适用的基本安全例外均授予了缔约方决定行动对于维护其基本安全利益必要性的自裁权，其中证明采取的源代码措施属于任一基本安全例外情形是缔约方行使自裁权的前提。鉴于本书第三章第二节发现“战争或国际关系中的其他紧急情况”和“国家紧急状态例外”这两类客观情形在实践中是难以被满足或很少见的情形，而这一结论对于源代码措施同样适用，本部分将重点分析源代码措施是否可能符合基本安全例外中所描述的其他情形。

1. 作战物资例外情形

GATT 第 21.2 条（ii）项与 GATT 1947 第 21.2 条（ii）项等货物贸易领域的“作战物资例外”情形表述完全相同。其中，“直接和间接供军事机构用的其他物品或原料的贸易”从字面意思看，其涵盖的物品或原料非常宽泛，似乎也涵盖“武器、弹药和军火”之外可间接供给军事机构的物品或原料，特别是铁矿石等“双重目的货物（dual-purpose goods）”。但如果考虑 GATT 的目的和宗旨，似乎更应将本项善意地解释为仅涵盖与作战活动相关且具有作战特征的货物。并且，鉴于该项涉及的是特定货物贸易，市场（例如潜在的买方和生产者）也应认为这些货物具有与作战活动相关等特征。[①]这一理解也被 GATT 1947 第 21 条相关资料所支持。例如，曾有 GATT 缔约方提出任何具有引发战争可能性属性的货物均属于 GATT 1947 第 21 条的范围，但该提议最终因 17 票反对、1 票赞同、3 票弃权而未获通过。[②]多边出口管制统筹委员会（COCOM）也曾提出避免将可以军民两用的火箭技术用于军事目的，几乎没有国家以“作战物资例外”为由反对这一提议。[③]上述两个事例表明大部分国家赞同严格解释“作战物资例外”中的涵盖货物。

在货物贸易领域，一国要求外国软件所有人提供源代码算法的对象可能是包含在物理载体中的数字产品或含有数字产品的制造业产品等货物。尽管数字技术和物联网等技术的扩散使得越来越多的货物中包含了载有源代码或算法的软件，但并非上述货物均可能构成基本安全例外中所指的作战物资，因为大部分货物最多属于“双重目的货物”。允许被诉方对“双重目的货物”采取的源代码措施援引作战物资例外既不符合 WTO 相关判例和谈判历史，也容易助长被诉方利用该例外不公平地扶持国内产业、扭曲国际竞争的行为。[④]因此，通常只

---

① See Michael J. Hahn, *Vital Interests and the Law of GATT: An Analysis of GATT'S Security Exception*, 12 Michigan Journal of International Law 585 (1991).

② WTO, *Article XXI Security exceptions*, WTO (visited on 29 September 2021), https://www.wto.org/english/res_e/booksp_e/gatt_ai_e/art21_e.pd f.

③ See Michael J. Hahn, *Vital Interests and the Law of GATT: An Analysis of GATT'S Security Exception*, 12 Michigan Journal of International Law 585–586 (1991).

④ 例如，在加拿大影响民用飞机出口措施案（案号：WT/DS70）中，加拿大政府企图利用国家安全例外为其向国内飞机制造公司提供的专向补贴提供合法性依据。但专家组认为这些飞机制造公司往往具有“半军半民”的性质，允许加拿大向其提供转向补贴会为这些企业创造不公平的竞争优势、扭曲国际竞争，使得这些补贴措施成为 WTO 法中的“灰色地带”。参见陈卫东：《WTO 例外条款解读》，对外经济贸易大学出版社 2002 年版，第 371–372 页。

有当一国要求转让或获取狭义范畴内作战物资中的源代码或算法时，该国才可能符合“作战物资例外”所描述的情形。并且，专家组或仲裁庭还可能进一步考察市场是否也认为上述货物具有与作战活动相关的特征。

2. 军事给养服务例外情形

与GATT第21.2条（ii）项类似，GATS第14条之二第2款（i）项等服务贸易领域的“军事给养服务例外”情形也存在表述较为宽泛的问题，这就同样造成了如何解释“间接为军事机构提供服务相关的活动”的问题。目前研究这一问题的文献较为匮乏，本书认为可参考GATT第21.2条（ii）项的“作战物资例外”，结合GATS等经贸协定的目的和宗旨，同样将本项善意地严格解释为不涵盖“双重目的服务”，而是通常仅涵盖与军事给养服务相关且具有军事给养特征，并且市场也认为具有与军事给养服务相关特征的服务。

在服务贸易领域，一国要求外国服务提供者提供源代码算法的对象可能是依靠源代码或算法运行的软件数字服务，但并不意味着这些软件数字服务均可能构成基本安全例外所指的军事给养服务，因为大部分软件数字服务也最多属于“双重目的服务”。只有当一国要求软件数字服务提供者转让或获取源代码或算法的情形构成狭义范畴下的为军事机构提供给养服务相关的活动时，该国才可能符合“军事给养服务例外”所描述的情形。

3. 保护关键公共基础设施情形

尽管本书第三章第二节的分析表明“保护关键公共基础设施例外”要求专家组或仲裁庭在确定何谓关键公共基础设施时应赋予缔约方一定的遵从边界，但鉴于关键公共基础设施通常需具备“涉及重要行业+具有重要性”两大特征，援引“保护关键公共基础设施例外”的被诉方仍应同时证明源代码措施所涉及的设施属于重要行业或领域的设施且该设施一旦遭到破坏会威胁国家安全。但实践中，源代码措施涉及的大部分软件产品属于“双重目的货物”或“双重目的服务”，因而被诉方证明源代码措施符合“保护关键公共基础设施例外”所描述情形的难度较大。例如，部分国家包含获取源代码要求的强制性产品认证制度所涵盖的产品为路由器和服务器等明显的“双重目的货物”。此时，该源代码措施可能仅在其适用于关键公共基础设施的范围内符合“保护关键公共基础设施例外”所描述的情形。

（二）决定源代码措施必要性的条件之一：旨在保护的利益为基本安全利益

如本书第三章第二节第一部分所述，基本安全例外中的“基本安全利益”比“安全利益”更窄，通常限于与国家基本职能有关的利益，例如保护国家免受外部或内部威胁直接相关的特定利益。这些利益取决于特定国家的具体情况和观念，并预计可随着情况的变化而变化，因而应允许每个国家自行定义其基本安全利益，同时自裁权的行使应受到“两层善意测试”的限制：第一层限制是阐明任一客观情形中的基本安全利益以证明该利益的真实存在，第二层限制是证明采取的行动与其主张的基本安全利益之间存在“看似合理的联系”。在适用第一层善意测试时，专家组或仲裁庭需要重点考虑基本安全利益的涵盖事项。

本书第三章第二节第二部分的分析表明，打击恐怖主义和保障网络安全这两类非传统安全事项可能构成基本安全利益。除此之外，大部分国家目前还面临经济安全和单边贸易主义等非传统国家安全威胁，这些威胁也是一国采取源代码措施的重要考虑因素，可否将基本安全利益解释为也涵盖上述非传统国家安全事项呢？在货物贸易领域，GATT 第 19 条允许成员在紧急情况下为了保护国内产业而采取限制部分产品进口的紧急措施。按照 VCLT 有效性解释通则，如果允许将 GATT 第 21 条中的“基本安全利益”解释为涵盖成员经济利益，这将使得第 19 条等其他条文显得毫无意义。并且，GATT 委员会在“瑞典鞋案”中也曾表示应区分商业目的和真正的国家安全利益，为救济产业损害而采取的限制货物进口措施不符合援引基本安全例外的条件。[①]因此，GATT 第 21 条中的“基本安全利益”通常不应涵盖纯粹的经济利益，除非被诉方能够证明不保护经济利益将会严重损害其政治、军事或外交利益。

据此，为了保障网络安全或出于经济等目的而采取的源代码措施是否构成基本安全利益事项需结合具体情况分析：首先，如果含有源代码或算法的软件产品、制造业产品或服务属于狭义范畴内的作战物资或军事给养服务，或被用于关键公共基础设施，则可以认为保障网络安全的利益构成基本安全利益；其次，为了促进创新、弥合数字鸿沟、避免支付高昂许可费而采取的源代码措施属于经济和发展利益维度，通常不构成基本安全利益事项，除非不保护该经济或发展利益将严重损害被诉方的国家政治、军事或外交利益。

（三）决定源代码措施必要性的条件之二：措施与保护基本安全利益之间满足“看似合理的联系”这一最低要求

WTO 专家组在俄罗斯过境运输案中将基本安全例外中的“必要性”解释为措施与基本安全利益之间应存在“看似合理的联系”这一最低要求。尽管基本安全例外中的必要性测试法律门槛较低，但沙特阿拉伯知识产权案的专家组报告表明并非所有的措施都一定能达到这一标准，因为专家组仍会独立客观地审查一国采取的行动是否符合这一最低要求。

就源代码措施而言，各国要求转让或获取源代码或算法的情形主要集中在进口 ICT 等货物的强制性认证或合格评定、关键公共基础设施的网络安全审查和政府采购等领域。一国要证明对关键公共基础设施的网络安全审查中要求转让或获取源代码或算法是为了保护其基本安全利益通常较为容易，因为确保关

① 参见陈喆：《WTO 安全例外条款的适用问题研究》，西南政法大学 2018 年博士论文，第 54－56 页。

键公共基础设施和政府采购中的网络安全与行使国家职能有关的利益往往密切相关。但在进口 ICT 等货物的强制性认证或合格评定中采取源代码措施是否是为了保护一国的网络安全类基本安全利益可能存在争议。第一个原因是，大部分货物均属于非专门用于军事用途的普通货物，与基本安全利益缺乏看似合理的联系。如果轻易认可一国要求外国软件所有人转让或允许获取这些货物的源代码或算法是为了保护一国的基本安全利益，就可能使贸易保护主义者滥用基本安全例外，以软件所有人的合法利益和自由贸易为代价谋取不正当利益。第二个原因是，以国家安全为由要求获取源代码或算法对于保障国家安全的必要性受到诸多因素的影响，例如当一国缺乏保护源代码等保密信息的强有力制度和技术保障时反而可能造成源代码或算法泄露，加剧网络安全风险，因而在这种情况下采取的源代码措施可能难以被认为与保障国家安全之间存在看似合理的联系。

（四）小结

若一国的源代码措施适用于与作战活动相关且具有作战特征的货物、与军事给养服务相关且具有军事给养特征的服务或关键公共基础设施中的软件产品，则该国通常比较容易证明该措施符合援引“作战物资例外”“军事给养服务例外”或“保护关键公共基础设施例外”的前提和两大要件；反之，该国则需提供更多证据予以证明。但在实践中，部分源代码措施追求的是经济和发展维度的目标，或者源代码措施被一视同仁地适用于（包括具有双重目的的货物或服务在内的）所有货物或服务。在前一情形中，此类源代码措施通常不符合基本安全例外中的两大要件；在后一情形中，可能仅有满足基本安全例外前提和要件的部分源代码措施能够成功援引该例外。

二、其他例外下的合理可用性

专家组或仲裁庭在适用基本安全例外之外的其他例外时，通常需考察争议措施是否具有初步必要性，以及起诉方提出的替代措施是否合理可用。鉴于本章第一节第二部分的分析表明大部分源代码措施具有临时必要性，本部分将重点考察在确保遵守法律法规相关例外下，加大研发投入和引进技术人才以及基于风险路径是否可能成为源代码措施的合理可用替代措施。

（一）加大研发投入等替代措施对于确保遵守自主创新类法律法规的合理可用性

一国要求软件所有人转让源代码或算法的重要原因是为了确保遵守本国自主创新或促进技术扩散相关法律法规。鉴于加大研发投入和引进外国技术人才是符合 WTO 协定等国际经贸规则且贸易限制性更低的措施，本部分将重点考察此类替代措施对于实现相关目标的等效性和合理可用性问题。

就等效性要素而言，鉴于各国科研水平可能存在巨大差异，一国加大研发投入能否研发出高质量的源代码和算法具有较大的不确定性。虽然引入外国技术人才能够增加获得高水平源代码和算法的可能性，但若外国技术人才与原单位存在竞业禁止合同或保密合同，则引入国不一定能通过引入技术人才迅速获得高质量的源代码和算法。当然，在不存在上述问题的情况下，引入外国技术人才的确有助于一国实现确保遵守自主创新和促进技术扩散类法律法规的目标。

就合理可用性要素而言，鉴于各国经济发展水平和政府财政水平可能存在巨大差异，加大研发投入和引入外国技术人才可能给一国造成不同程度的财政负担。WTO 上诉机构在美国博彩案中曾表示，当替代措施会给一成员施加过高成本或重大技术困难等不当负担时，该替代措施就不是合理可用的。[①]因此，当加大研发投入和引入外国技术人才可能给一国造成不当或严重的财政等负担时，其就不能被认为是合理可用的替代措施。

综上所述，加大研发投入和引进外国技术人才等替代措施是否可能构成合理可用的替代措施需要结合个案具体情况判断，例如被诉方的科研发展水平、经济发展水平、国家财政情况等。

（二）基于风险路径对于确保遵守网络安全类法律法规的合理可用性

鉴于一国确保本国网络安全类法律法规的遵守主要通过要求获取软件所有人的源代码或算法实现，本部分将重点考察基于风险路径可否构成合理可用的、能同等实现确保遵守网络安全类法律法规目标的替代措施。与源代码措施相比，考察基于风险路径对于确保遵守网络安全类法律法规是否具有同等效果的关键在于确定一国期待的网络安全保护水平，同时也需考虑该国的加密技术和整体法律环境等其他影响因素。

根据 WTO 相关法理，专家组或仲裁庭在适用例外条款时一般会倾向于尊重被诉方声称所期待的网络安全保护水平，除非起诉方提出了相反的证据予以反驳。[②]因此，尽管网络风险是不可能完全避免的，一国客观上必须容忍一定程度的网络安全风险，但若一国期待的网络安全保护水平较高，采用基于风险路径则可能无法同等实现该国采用源代码措施所期待实现的网络安全保护水平。

在考察基于风险路径的等效性时，则应综合考虑一国对软件源代码和算法采用加密技术以及整体法律环境等所有因素，因为这些因素会影响对等效性的判断。例如，尽管要求获取源代码或算法可能实现或有助于实现一国确保网络安全类法律法规遵守的目标，但若该国国家机关在获取源代码或算法的过程中

① WTO Appellate Body Report, United States-Measures Affecting the Cross-Border Supply of Gambling and Betting Services, WT/DS285/AB/R, adopted 20 April 2005, para. 308.

② 这里再次强调，除了韩国牛肉案以外，WTO 争端解决机构在根据 WTO 例外条款审查替代措施是否符合等效性要素时采用的基本均是“缔约方期待的保护水平”标准。

未采用恰当的加密等技术保护软件所有人提供的源代码或算法，或者该国关于国家机关工作人员泄露源代码或算法的追责制度不完善，反而会加剧源代码和算法被泄露并被不法分子利用等网络安全风险。在上述情形下，即便一国声称其期待的网络安全保护水平很高，这些不利因素也可能减损源代码措施对于实现确保遵守网络安全类法律法规目标的贡献，甚至导致专家组或仲裁庭认定源代码措施对于实现相关目标无法作出贡献。因此，在考察获取源代码或算法措施对于实现确保法律法规的遵守目标的贡献时，应考虑一切可能影响等效性判断的因素。

在确定基于风险路径的等效性时，还需注意两个问题。第一，如果专家组或仲裁庭在个案中发现被诉方存在滥用确保遵守法律法规相关例外情形行贸易保护主义之实的可能性，那么其可能会将等效性的法律标准从“期待的保护水平”标准下调为“实际贡献水平”标准，这可能使得基于风险路径被认定为能够作出与争议措施相同的实际贡献水平。

第二，当一国采取的源代码措施所追求的目标不限于确保遵守网络安全类法律法规，也包括其他目标（例如确保遵守自主创新类法律法规）时，通常需要分别确定该措施能否对于实现各个目标作出贡献以及具体贡献水平。首先，当替代措施均能对实现各个目标作出与争议措施相同的贡献时，替代措施就满足等效性要件。其次，当替代措施无法同等实现争议措施所追求的其他目标时，其很可能无法被认为是合理可用的替代措施。但一个复杂的问题是，当替代措施仅能对实现部分目标作出贡献而无法对实现其他目标（例如无法实现确保遵守网络安全类法律法规目标）作出贡献，如何认定替代措施是否合理可用呢？本书认为，可结合本书第三章第三节第二部分提到的宪法和行政法学者的观点，考察替代措施无法作出同等贡献的目标是否为主要目标。如果替代措施无法作出同等贡献的目标为主要目标，则替代措施必然不符合等效性要素，反之则需要由专家组综合认定。假设一国要求获取源代码主要是为了确保遵守网络安全类法律法规，同时也是为了确保遵守自主创新类法律法规，若证据表明基于风险路径仅能就实现主要目标作出同等贡献，则基于风险路径可能就不能被认为是合理可用的替代措施。

第三节　源代码规则对国家规制权的影响与应对

尽管源代码规则有助于保障软件所有人的知识产权和创新积极性，但也应该看到，该规则带有维护发达国家大型软件、互联网和人工智能企业竞争优势的色彩，不利于促进技术扩散和弥合数字鸿沟，且不同程度地限制了国家为追求特定公共政策目标而在源代码和算法国内规制领域行使规制权的自主性和灵活性。

一、原则性规定的影响与应对

源代码规则可能在三大领域对国家进行源代码和算法国内规制产生不利影响。首先，鉴于数字贸易下部分软件类数字产品和服务的界限越发模糊，源代码规则可能限制缔约方对软件相关服务贸易的规制权。例如，“抖音”等手机应用软件既属于软件类数字产品，又同时涉及视听服务、计算机和相关服务等部门。[①]如前所述，上述由软件驱动的服务贸易应叠加适用源代码规则和（跨境）服务贸易等其他章节规则，并在发生规则冲突时优先适用后者，根据上述章节保留的不符措施不受源代码规则管辖。相反，当缔约方未根据（跨境）服务贸易等章节的不符措施条款在负面清单中列出与市场准入或非歧视待遇等条款不符的措施时，缔约方不仅不得维持或采取与上述条款不符的措施，也不得将软件所有人转让或允许获取其源代码作为市场准入的条件，或者作为实现国内规制目标的手段，除非符合例外情形。可见，源代码规则的存在进一步限制了缔约方对软件相关服务贸易的规制权。缔约方若想减少源代码规则对国家规制权的限制，应注意通过不符措施附件保留一定的规制余地。

其次，源代码规则会对缔约方实施开源政策造成潜在不利影响。“开源”指公开源代码并允许他人学习、测试、修改和二次发布等。鉴于开源有助于协同提升软件的质量和性能，其已成为促进培育新技术和新业态的重要手段。并且，由于开源软件具有开发成本较低、许可费较少、技术风险较低等优点，[②]部分国家也开始实施开源政策。[③]值得注意的是，部分开源许可协议不是在商业谈判基础上达成的合同。以 GNU 通用公共许可证（GNU General Public License）为例，

---

① 需注意，将手机应用归入《服务部门分类表》哪一类或哪几类服务部门需结合手机应用的功能或服务的性质分析。See Ruosi Zhang, *Covered or not covered: That is the question-Services classification and its implications for specific commitments under the GATS*, WTO Staff Working Paper, No.ERSD－2015－11, 2015, p.18－19; Sunanda Tewari, *The TikTok Controversy: Can WTO Prevent Bans?*, Regulating For Globalization (September 2020), http://regulatingforglobalization.com/2020/09/01/the-tiktok-controversy-can-wto-prevent-bans/.

② 参见《开源：数字技术扩散促进数字技术创新》，http://www. cac. gov. cn/2019-09/11/c_1569729940581059.htm，2020 年 12 月 15 日访问。

③ 例如，美国要求政府采购一定比例的开源软件，并通过科研所引领开源生态建设；韩国计划在 2026 年以前确保所有政府和公共机构使用 Linux 的 OpenOS 系统；英国要求政府公开所有新的代码，并选择合适的许可证开源。参见中国信通院：《开源生态白皮书（2020 年）》，http://www.caict.ac.cn/kxyj/qwfb/bps/202010/P020201211560823978082.pdf，2021 年 4 月 4 日访问。

该许可证属于自由软件基金会（Free Software Foundation）享有著作权的许可协议，被许可人对使用该许可证的软件进行任何修改后有义务公开衍生版本的源代码。[①]如果被许可人将改进后的开源软件变为专有软件并拒绝公开源代码，就违反了此类软件的许可协议。[②]当缔约方强制该被许可人提供衍生版本的源代码时，就可能落入源代码规则的管辖范围。但由于这类开源软件的许可协议不是在商业谈判基础上达成的，缔约方不符合援引“商业谈判合同例外”的条件。为了给实施开源政策保留更大的规制空间，国家在经贸谈判中可考虑设置专门的“开源软件或自由软件例外”，[③]或效仿欧盟在合并文本的源代码提案，将开源许可作为除外适用情形。

最后，当源代码规则涵盖算法时，还可能对国家在算法规制中协调多种政策目标产生一定影响。算法透明度支持者认为获得算法有助于了解算法的工作原理和判断是否存在算法妨害，并检验算法结果是否一致。[④]特别是，当基于人工智能算法的自动化决策可能对个人权利和自由产生不利影响时，往往需要更高程度的算法透明度。对此，欧美等国都在密集制定相关规则。[⑤]例如，纽约市议会成员 James Vacaa 在 2017 年的“1696 号提案”中提议任何使用算法或自动化处理系统为个人提供定向服务或进行治安处罚的政府机关应公开该系统的源代码、允许用户输入数据自行检验并获得处理结果。[⑥]但该提案受到了科技企业和网络安全专家的批评，最终通过的立法未采纳公开源代码提案，而是要求成立工作组在未来就涉及自动化决策系统的算法可解释性等问题提交建议报告。[⑦]纽约市公开算法立法的受挫反映了算法规制中协调软件所有人知识产权、个人权利和公共安全等价值之间的难题。值得注意的是，欧盟的《条例》为保护个

---

① GNU 通用公共许可证是自由软件基金会的理查德·斯托曼撰写的一种自由软件许可证，该许可证以著佐权（copyleft）的授权方式要求被许可人对软件衍生版本也采用相同的授权方式，例如公开衍生版本的源代码。See Li-Cheng(Andy)Tai, *The History of the GPL*, Free Software (4 July 2001), https://www.free-soft.org/gpl_history/.

② See Neeraj.R.S., *Trade Rules on Source Code-Deepening the Digital Inequities by Locking up the Software Fortress*, Centre for WTO Studies Indian Institute of Foreign Trade Working Paper, CWS/WP/200/37, 2017, p. 24－25.

③ 有学者提到 TiSA 源代码提案中就包含了“开源软件和自由软件例外”。See Sanya Reid Smith，*Some Preliminary Implications of WTO Source Code Proposal-MC11 Briefing Paper*, Third World Network Briefings，No. 4，December 2017，p. 2.

④ 参见魏远山：《算法透明的迷失与回归：功能定位与实现路径》，载《北方法学》2021 年第 1 期，第 154 页。

⑤ 例如欧盟的《通用数据保护条例》和《数字服务法（草案）》，美国的《2019 年算法问责法（草案）》和《2020 年数据问责和透明度法（草案）》，以及纽约市在 2018 年就自动化决策系统通过的地方立法。

⑥ 关于本提案及其听证会和立法过程，可访问纽约市议会网站 https://legistar.council.nyc.gov/LegislationDetail.aspx?ID=3137815&GUID=437A6A6D-62E1-47E2-9C42-461253F9C6D0&Options=&Search=。

⑦ See Local Laws of The City of New York for The Year 2018 (No.49).

人权利而要求公开完整算法预留了解释空间。[①]不过，鉴于各国在算法规制问题上仍处在探索阶段，国家应谨慎考虑是否将算法纳入源代码规则。

二、必要性测试的影响与应对

基本安全例外和确保遵守法律法规相关例外中的必要性测试与 WTO 必要性测试法理基本一致，适用条件较为严格，可能不同程度地影响一国对源代码和算法的国内规制自主权。

（一）基本安全例外中的必要性测试的可能影响与应对

本书第三、四章涉及国家安全例外的分析表明，尽管“国家紧急状态例外”相比“国际关系中的紧急情况例外”的援引条件更加宽松，但鉴于国家紧急状态仍然是临时性的，一国在进入国家紧急状态后采取的源代码等措施应在国家紧急状态解除后相应取消，否则可能不符合该例外所描述的情形；“作战物资例外”和“提供军事给养服务例外”通常仅适用于狭义范畴的货物或服务，不适用于军民两用货物和服务；仅“保护关键公共基础设施例外”赋予了被诉方决定关键公共基础设施的较大裁量权，但被诉方采取源代码等措施所保护的对象是否为关键公共基础设施仍需专家组或仲裁庭结合国际社会的共识或被诉方的国内法客观认定。因此，大部分源代码措施可能不符合基本安全例外所描述的情形，导致援引基本安全例外所需满足的前提条件构成一国成功援引该例外的最大阻碍。另外，鉴于“基本安全利益”这一要件的法律标准较高，且满足“手段和目的之间的关系”要件也有一定门槛，这两个要件也是影响一国成功援引基本安全例外的阻碍。

正是考虑到在和平时期，一国采取的源代码措施等行动通常很难满足GATT和 GATS 等基本安全例外中列出的情形，CPTPP 和 DEPA 等区域经贸协定未在基本安全例外中列出具体情形，这有助于减少该例外对一国源代码和算法国内规制造成的不利影响。[②]各国在对外谈判国际经贸协定时也可效仿类似的做法，不在基本安全例外中列举具体情形或在该例外中或源代码规则中列举更多更宽松的具体情形。

（二）确保遵守法律法规相关例外中的必要性测试的可能影响与应对

尽管确保遵守法律法规相关例外中的必要性测试较为严格，援引相关例外

---

① 《条例》第 22 条规定了纯粹由自动化处理作出对个人有法律影响或类似严重影响的决策时的算法可解释性规则，结合该条例第 13 条至第 15 条的数据主体知情权和访问权规则，数据控制者在数据主体请求下应提供自动化决策的相关逻辑等信息。尽管《条例》的背景引言 63 指出数据主体的访问权受到商业秘密和知识产权限制，但其与背景引言47也强调了数据主体基本权利和自由的压倒性地位，因此不排除国家机关以此为依据要求提供完整算法。See Andrew D. Selbst and Julia Powles, *Meaningful Information and the Right to Explanation*, 7 International Data Privacy Law 242 (2017).

② Article 29.2 of CPTPP; Article 15.2 of DEPA.

的被诉方需要初步证明源代码措施的临时必要性，并且通常还需反驳起诉方提出的替代措施并非合理可用的，能够同等实现目标且贸易限制性更低的替代措施，但本章第二节第二部分的分析表明加大研发投入和引进技术人才对于部分国家而言，可能无法被认为是确保遵守自主创新和促进技术扩散类法律法规的合理可用替代措施。因此，至少在目前看来，确保遵守法律法规相关例外中的必要性测试对于部分发展中国家和最不发达国家在自主创新和促进技术扩散等领域进行源代码和算法国内规制的影响可能较小。

但本章第二节第二部分的分析也表明，当确保遵守网络安全类法律法规的目标是一国采取源代码措施的唯一目标或主要目标时，如果该国在获取软件所有人的源代码或算法时未采用恰当的加密技术，或者缺乏对国家机关工作人员泄露源代码或算法的责任机制，那么要求获取源代码或算法反而可能加剧源代码或算法的泄露，从而增加网络安全风险。在这种情况下，确保遵守法律法规相关例外中的必要性测试就可能对该国以确保网络安全类法律法规的遵守为由要求获取源代码或算法的国内规制产生不利影响，因为这类源代码措施不仅可能无法通过临时必要性测试，也可能因基于风险路径等替代措施可能被认定为合理可用的替代措施而难以通过最低贸易限制测试。

上述分析对一国的启示是，如果一国要求获取软件所有人源代码或算法主要是出于网络安全考量，那么该国应该考虑本国是否存在相应的加密技术来保护获得的源代码，或者是否存在对国家机关工作人员泄露源代码或算法情形的责任制度来减少源代码或算法泄露的风险，确保要求获取源代码或算法的措施能否对于实现确保遵守网络安全类法律法规目标作出正的“净贡献”；或者一国应确保采取源代码措施旨在实现多重目标，进而增加替代措施被认定为具有合理可用性的难度。

第五章

必要性测试的中国因应

当前，尽管中国国内法中尚未明确规定必要性测试和最低限制性测试等比例原则要求，但比例原则精神仍可散见于诸多法律法规的具体规定中，这意味着中国存在培育必要性测试本土实践的制度土壤。同时，根据中国已经缔结的 WTO 协定等国际经贸协定，中国还明确、直接地承担了相应的国际法义务，其应当或努力确保相关国内规制符合国际经贸协定中的必要性测试要求。考虑正在积极推进加入 CPTPP 和 DEPA 谈判，中国还需提前梳理与清理可能不符合相应必要性测试要求的数字贸易国内规制，或在谈判中就行使某些具体的国家规制权作出合理保留。鉴于此，本章将全面考察中国在数字贸易领域的国内规制现状与立场，并综合运用必要性测试的基础理论与前沿理论，分析必要性测试对中国在数字贸易领域行使国内规制权的挑战，并提出具体应对路径。

第一节　中国的规制现状与基本立场

目前，中国缺乏对数字贸易的统一立法，与数字贸易直接相关的基本法主要是《中华人民共和国对外贸易法》和《中华人民共和国电子商务法》，并散见于《中华人民共和国国家安全法》《中华人民共和国网络安全法》《中华人民共和国数据安全法》《中华人民共和国个人信息保护法》等其他国内法（下文分别用简称）。尽管制定一部统一的数字贸易法有助于提升规则之间的一致性和法律确定性，但因数字贸易特别是数字服务贸易涉及的部门过多，不同部门具有不同特点，因而需分别制定专门规范，且中国在各部门承诺的开放水平也不大相同，现阶段采取统一立法模式的条件尚不成熟。对此，本节将基于对中国现阶段分散性立法的全面考察，分析中国的数字贸易国内规制现状，并总结中国在上述国内规制领域的基本立场。

一、数字贸易国内规制的现状考察

《对外贸易法》中的货物和技术进出口贸易、国际服务贸易、与对外贸易有关的知识产权保护等内容可不同程度地适用于数字贸易。《电子商务法》适用于在中国境内通过互联网等信息网络销售商品或者提供服务的经营活动（但该法第 2 条也规定法律法规另有规定的从其规定，并排除了几类适用情形），因此中国公民、法人和其他组织以及境内设立的外资企业等主体进行的大部分电子商务活动属于该法的管辖范围。[①]除此之外，反映中国数字贸易国内规制的规定散见于不同层级、不同服务部门或领域的国内法。本节将以上述国内法为载体，分别考察中国在数字贸易国内规制法律框架、数据跨境流动、源代码和算法领域的国内规制现状。

（一）中国数字贸易国内规制法律框架

尽管国际经贸协定中的国内规制规则通常适用于市场准入和国民待遇纪律管辖范围外的非歧视性国内规制，但鉴于部分市场准入措施与国内规制密切相关，本部分考察的规定不仅涉及“QTL 措施”等典型的非歧视性国内规制，也涉及 GATT 第 11 条和 GATS 第 16 条所管辖的市场准入措施，以及与跨境服务贸易市场准入密切相关的当地存在（local presence）要求。[②]

① 根据《电子商务法》第 2 条，中国主体通过境外电子商务网站或平台进行的电子商务活动受到本法管辖。并且，境外主体通过中国电子商务平台从事的电子商务经营活动或也可受到本法管辖。薛虹：《国际电子商务法通论》，中国法制出版社 2019 年版，第 13－19 页。

② “当地存在”要求指一国将外国服务提供者在当地设立、维持商业存在或成为居民作为允许其通过跨境方式提供服务的前提条件。参见石静霞、鄢雨虹：《论服务跨境提供中的“禁止要求当地存在规则”——兼论对中国服务市场开放的启示》，载《上海对外经贸大学学报》2020 年第 3 期，第 60 页。

1. 数字贸易中与市场准入相关的规定

（1）数字货物贸易领域的规定

数字货物贸易的经营主体主要是电子商务平台内的货物贸易经营者。结合《电子商务法》第10条和《对外贸易法》（2023年修订）第10、14至18条，除非法律法规另有规定，依托电子商务平台从事货物进出口贸易的平台内经营者应办理市场主体登记，同时应明确其希望进出口的货物属于自由进出口货物、国营贸易管理货物或《禁止出口货物目录》和《两用物项和技术进出口许可证管理目录》等名单内的限制或禁止进出口货物。[①]中国对部分自由进出口货物采取进出口自动许可，电商平台内经营者可结合相关目录确定其经营的货物是否属于进出口自动许可货物。对于不属于国营贸易管理货物和禁止进出口货物但属于限制进出口的货物，平台内经营者则应遵守中国的配额、许可、管制物项最终用户和最终用途风险管理等制度。此外，根据《对外贸易法》第20条，平台内经营者还应遵守中国对进出口商品进行认证、检验、检疫的商品合格评定制度，这属于与市场准入相关的质量措施。

除对平台内货物贸易经营者施加的市场准入相关措施之外，运输、快递物流和电子支付服务也与数字贸易特别是数字货物贸易密切相关，此处将一并分析中国对这三类服务采取的市场准入相关措施。就运输服务而言，经营国际客船、国际散装液体危险品船运输这两类国际海运业务的经营者须为中国企业法人，并符合其他规定条件；外国国际船舶运输经营者不得经营或变相经营中国港口之间的船舶运输业务；国际道路货物运输经营者须为取得相关经营许可证的中国企业法人。[②]就快递物流服务而言，只有具备企业法人等条件、取得经营快递业务许可证并需凭该许可证到相关部门注册登记的主体方可经营国内或国际快递业务。[③]就电子支付服务而言，在中国境内设立外资金融机构应满足最低注册资本额等市场准入要求，且应在中国人民银行批准后取得金融业务许可证并办理工商登记；在中国境内经营电子银行业务的金融机构还应获得中国银保监会批准，获得支付业务许可证并在中国境内设立营业性机构；当从事电子银行业务的外资金融机构的电子银行业务运营系统和业务处理服务器设置在境外时，其应在中国境内设置可记录和保存交易数据的设施设备。[④]

---

① 现有禁止或限制货物进出口目录主要是依据《对外贸易法》《出口管制法》《海关法》等基本法以及涉及核、生物、化学、导弹和军品等物项的行政法规或规章制定的。需指出，2022年最新修订的《对外贸易法》删除了第9条中的外贸经营者备案登记制规定，这意味着市场主体无须再向有关部门提供外贸经营者备案登记材料便可自动获得外贸经营权。

② 《国际海运条例》（2023年修订）第5、19条、《国际道路运输管理规定》（2022年修订）第5条。

③ 《对外贸易经济合作部关于进一步明确航空快递业务是国际货运代理业务的组成部分的通知》第1条、《邮政法》第51－53条。

④ 《外资金融机构管理条例》第5－16条、《电子银行业务管理办法》第2、4、10、11条。

（2）数字服务贸易领域的规定

数字服务贸易的经营主体主要包括电子商务平台经营者、平台内服务提供者、自建网站提供服务的服务提供者以及新兴数字服务提供者四类主体。根据《电子商务法》第10条和《对外贸易法》第9、24、25、26条，从事数字服务贸易的经营者同样应办理市场主体登记或满足法律法规规定的其他要求（例如具备相关资质或取得行政许可），从事国际服务贸易的服务提供者还应明确其希望提供的服务根据国际服务贸易准入目录（目前主要指外资市场准入负面清单和跨境服务贸易负面清单）是否为允许进出口的服务，同时应遵守中国关于国际服务贸易的其他法律法规。

除上述一般规定外，中国与数字服务贸易市场准入相关的具体规定主要集中在两大领域：一是对所有数字贸易具有支撑性作用的数字基础设施服务（digital infrastructure services）领域，这主要包括电信服务和计算机以及其他服务中的传输服务、网络管理服务、主机和IT基础设施提供服务、电子商务平台服务；二是被数字化赋能的服务（digitally enabled services）领域，这不仅包括通过互联网和数字技术等形式跨境提供的教育、医疗和支付等传统服务，也包括部分增值电信服务和互联网相关业务（例如云计算和搜索引擎等新兴数字服务）。[①]中国在上述数字服务贸易领域涉及的市场准入相关规定包括以下几类。

对于基础电信服务等所有电信服务，中国要求外商投资电信业务应采取中外合资经营形式，并满足最低注册资本额、外资股比限制、获得电信业务经营许可证等设立要求。[②]对于部分增值电信服务和互联网相关业务，中国还规定了特别的市场准入相关措施。[③]设立的外商投资电信企业如若经营跨境电信业务，还需经主管部门批准后向国际通信出入口局租用专线方可经营该项业务。[④]根据中国在对外缔结的国际经贸协定中的服务贸易具体承诺表，跨境提供电信服务应遵守与通过商业存在模式提供服务相同的设立要求，因此跨境提供电信服务的服务提供商也应遵循上述规定。

对于依托互联网和数字技术等形式跨境提供传统服务的贸易，其市场准入相关措施还体现为对跨境服务贸易采取的当地存在要求。目前，中国明确采取的当地存在要求主要集中在电信服务、广告服务、运输服务、认证认可服务以

---

① See Ines Willemyns, *GATS Classification of Digital Services—Does "The Cloud" Have a Silver Lining?*, 53 Journal of World Trade 64 – 65 (2019).

② 参见《外商投资电信企业管理规定》（2022年修订）。

③ 例如，《外商投资准入特别管理措施（负面清单）（2021年版）》“（七）信息传输、软件和信息技术服务业”禁止投资互联网新闻信息服务、网络出版服务、网络视听节目服务、互联网文化经营（音乐除外）、互联网公众发布信息服务（上述服务中，中国入世承诺中已开放的内容除外）。

④ 《外商投资电信企业管理规定》第12条。

及申请商标、药品或医疗器械的注册代理服务等领域，其他法律法规通常将适用范围限于“在中国境内提供服务”（对应商业存在模式），未对跨境提供模式进行明确规制。[①]结合中国在对外缔结的国际经贸协定中作出的服务贸易具体承诺情况，可以认为中国未来在教育、娱乐、文化、体育、健康和相关社会服务等传统服务部门仍有采取当地存在要求的较大政策空间。[②]

2. 数字贸易中与边境后措施相关的规定

本部分将从电子商务合同的订立、履行到争议解决等环节考察中国数字贸易中与边境后措施相关的规定。

（1）合同的订立和履行

《电子商务法》第 3 章涉及电子商务合同的订立与履行问题，包括合同的订立形式、格式合同、交付方式和交付时间确定、电子支付等规则。例如，第 47 条规定订立电子商务合同应适用本章和《民法总则》（已废止）、《合同法》（已废止）、《电子签名法》等法律规定。2004 年通过的《电子签名法》缺乏在民事合同中采用电子签名时的法律效力规定，2019 年修订的《电子签名法》明确了电子签名的法律效力。[③]

就电子支付服务而言，《非银行支付机构网络支付业务管理办法》对从事网络支付服务的非银行支付机构（例如支付宝和微信）规定了具体的管理办法。《电子商务法》第 53 条至第 57 条规定了电子支付服务提供者和用户的基本义务和在违反支付、错误支付、未经授权的支付等情形中的责任划分。

（2）经营者义务

《电子商务法》第 2 章第 1 节规定了电子商务经营者办理登记、依法取得行政许可、纳税、提供保障人身或财产安全和符合环境保护要求的商品或服务、出具发票、信息公示等一般义务，第 2 节则专门规定了电子商务平台经营者核验平台内经营者真实信息、保护用户信息、保障交易安全、留存交易信息、知

① 参见石静霞、鄢雨虹：《论服务跨境提供中的“禁止要求当地存在规则”——兼论对中国服务市场开放的启示》，载《上海对外经贸大学学报》2020 年第 3 期，第 65 – 67 页。

② 中国在已生效的多边和区域经贸协定的服务贸易具体承诺表中对跨境提供模式作出明确保留的措施有：（1）广告服务只能通过在中国注册且有权提供外国广告服务的广告中介提供。（2）外国计算机预订系统可以为有权根据双边航空协议从事业务的外国航空企业在中国目的地城市设立的代表处和销售办事处提供服务。（3）电信服务部门的“见模式三”。中国在具体承诺表中未对跨境提供模式作出承诺的服务部门主要是建筑和相关服务、分销服务下的代理商服务、批发服务、零售服务（邮购除外）、教育服务、除环境咨询服务外的环境服务、部分运输服务和金融服务。中国在具体承诺表中几乎均未列出的服务主要集中在兽医服务、助产士等辅助医疗人员服务、数据库服务、研发服务等商业服务、邮政服务、电影电视和新闻社等文化服务以及其他人类健康服务以及运输服务等领域。

③ 参见贺小勇、黄琳琳：《WTO 电子商务规则提案比较及中国之应对》，载《上海政法学院学报（法治论丛）》2020 年第 1 期，第 112 页；王拓：《数字服务贸易及相关政策比较研究》，载《国际贸易》2019 年第 9 期，第 86 – 87 页。

识产权保护等义务。例如，《电子商务法》第 31 条要求平台经营者记录、保存平台上发布的商品和服务信息、交易信息，保存时间自交易完成之日起不少于 3 年。

（3）电子商务争议解决

《电子商务法》第 4 章涉及电子商务的争议解决，包括设立消费者权益保证金、电商平台经营者的先行赔偿义务以及提供原始合同和交易记录的义务、建立投诉和举报机制、建立争议在线解决机制等问题。

（二）中国数据跨境流动国内规制现状

目前，可从《网络安全法》第 37 条、《数据安全法》第 21 和 31 条、《个人信息保护法》第 38 至 40 条等已生效法律或立法草案中窥探中国数据跨境流动规则的基本架构。事实上，中国已初步形成了以“数据安全流动和自由流动并举”为原则，①以重要数据、国家核心数据和个人信息出境②为重点的分类规制现状。③

首先，中国逐渐建立了重要数据的本地存储和附条件出境等制度。第一，中国明确要求关键信息基础设施（critical information infrastructure，CII）运营者④在境内运营中收集和产生的重要数据应存储于境内，确有必要向境外提供重要数据时应经安全评估后才能向境外提供；同时，法律法规另有规定的从其规定。⑤第二，鉴于实践中非关键信息基础设施运营者的数据处理和出境等活动中也可能存在网络安全和国家安全等风险，《网络安全法》第 37 条中的数据出境安全评估仅针对 CII 运营者存在涵盖范围过于狭窄的问题，《数据安全法》第 31 条进一步授权网信办等部门制定针对其他数据处理者的数据出境办法。网信办

---

① 参见许可：《自由与安全：数据跨境流动的中国方案》，载《环球法律评论》2021 年第 1 期，第 32 页。

② 2017 年发布的《信息安全技术 数据出境安全评估指南（征求意见稿）》（“《数据出境指南》”）第 3.7 条将“数据出境”界定为“网络运营者通过网络等方式，将其在中华人民共和国境内运营中收集和产生的个人信息和重要数据，通过直接提供或开展业务、提供服务、产品等方式提供给境外的机构、组织或个人的一次性活动或连续性活动”，并通过脚注列举了三类数据出境的情形和两类不属于数据出境的情形。

③ 《数据安全管理办法（征求意见稿）》第 38 条、《数据安全法》第 21 条第 2 款、《个人信息保护法》第 4 条分别对重要数据、国家核心数据、个人信息进行了界定。

④ 2021 年 8 月通过的《关键信息基础设施安全保护条例》第 2 条从重要行业和领域以及一旦遭到破坏、丧失功能或数据泄露可能导致的后果等方面对关键信息基础设施的范围进行了初步界定，但第 9 条也要求本法第 2 条涉及的相关部门结合本行业、本领域实际制定关键信息基础设施认定规则。

⑤ 《网络安全法》第 37 条、《数据安全法》第 31 条、2021 年 10 月《数据出境安全评估办法（征求意见稿）》第 4 条第 1 项。《网络安全法》第 37 条所规定的“法律法规另有规定”主要涉及绝对禁止数据出境的情形，例如《人类遗传资源管理条例》第 7 条禁止外方在中国境内采集、保藏中国人类遗传资源，也禁止向境外提供中国人类遗传资源等规定。

据此在 2022 年 7 月公布的《数据出境安全评估办法》第 4 条中新增了向境外提供重要数据需进行安全评估的具体情形。与对 CII 运营者采取的数据本地存储措施相比，中国对非 CII 运营者采取了附条件出境做法，对此类运营者的数据跨境流动活动限制性相对更小。

其次，2021 年 6 月通过的《数据安全法》还首次引入了国家核心数据这一概念，要求对关系国家安全、国民经济命脉、重要民生、重大公共利益的数据建立更严格的管理制度。因此，此类数据的跨境流动规则势必更加严格。例如，工信部在 2021 年 9 月发布的《工业和信息化领域数据安全管理办法（试行）（征求意见稿）》第 24 条就明确禁止核心数据出境。

再次，中国基本建立了个人信息的本地存储或附条件出境等制度。第一，对于 CII 运营者在境内运营中产生的个人信息以及处理个人信息达到规定数量的个人信息处理者，其应以数据本地存储为原则、安全评估后允许流出为例外。[①]《数据出境安全评估办法》第 4 条进一步明确“规定数量”指处理个人信息达到 100 万人以上的个人信息处理者，或自上年 1 月 1 日起累计向境外提供 10 万人个人信息或者 1 万人敏感个人信息。第二，对于个人金融信息、网约车平台采集的个人信息等特殊个人信息，中国也以数据本地存储为原则、附条件流出为例外。[②]第三，掌握超过 100 万用户个人信息的网络平台运营者赴国外上市须接受网络安全审查。[③]第四，对于不属于上述情形的个人信息或个人信息处理者，向境外提供个人信息的基本规则是获得专业机构的个人信息保护认证或与境外接收方订立能确保达到法定个人信息保护标准的合同。[④]

最后，中国对于金融和电信等特定部门中的服务提供者在中国境内运营时收集或产生的信息也存在特殊规定，主要是要求数据存储在境内或附条件地允许数据流出。[⑤]例如，《征信业管理条例》第 24 条与《征信业务管理办法（征求意见稿）》第 35、36 条要求在中国境内开展业务的征信机构将生产数据库和备份数据库设在中国境内，且当其向境外提供企业征信信息时须向央行备案。《非银行支付机构网络支付业务管理办法》第 26 条第 2 款规定支付机构为境内交易

---

① 《网络安全法》第 37 条、《个人信息保护法》第 38 和 40 条。

② 例如，《个人金融信息保护技术规范》第 7.1.3 节规定在中国境内提供金融产品或服务过程中收集和生产的个人金融信息应在境内存储、处理和分析，因业务需要确需向境外提供的也仅限于在公司内部跨境流动且需要满足多项条件。《网络预约出租汽车经营服务管理暂行办法》第 27 条规定网约车平台公司采集的个人信息和生成的业务数据应当在中国内地存储和使用，保存期限不少于 2 年，除法律法规另有规定外，上述信息和数据不得外流。

③ 《网络安全审查办法》第 7 条。

④ 《个人信息保护法》第 38 条第 1 款第 2 项和第 3 项。

⑤ 参见刘俊敏、郭杨：《我国数据跨境流动规制的相关问题研究——以中国（上海）自由贸易试验区临港新片区为例》，载《河北法学》2021 年第 7 期，第 80－81 页。

提供服务的，应当通过境内业务处理系统完成交易处理，并在境内完成资金结算。《中华人民共和国证券法》（下称《证券法》）第177条规定任何单位和个人未经相关部门同意，不得擅自向境外提供与证券业务活动有关的文件和资料。《网络出版服务管理规定》第8条要求从事网络出版服务所需的服务器等设备设置在中国境内。《国务院关于大力推进信息化发展和切实保障信息安全的若干意见》第6条和《中央网络安全和信息化委员会办公室关于加强党政部门云计算服务网络安全管理的意见》第2条要求为党政机关提供服务的数据中心、云计算服务平台等应设于中国境内。《地图管理条例》第34条要求互联网地图服务单位将存放地图数据的服务器设在中国境内。不论法律法规规定了何种个人信息出境规则，个人信息处理者还需根据《个人信息保护法》第39条和第55条，在向境外传输个人数据前进行个人信息保护影响评估，并向数据主体告知境外接收方的特定信息、取得其单独同意（除非法律法规另有规定）。①

此外，中国自由贸易试验区和海南自由贸易港也在积极探索如何促进数据安全和自由地跨境流动。例如，2019年8月生效的《中国（上海）自由贸易试验区临港新片区管理办法》第36条首次以地方性法规的形式要求在集成电路、人工智能、生物医药和总部经济等关键领域试点开展数据跨境流动的安全评估，建立数据保护能力认证、数据流通备份审查、跨境数据流通和交易风险评估等数据安全管理机制。

值得关注的是，国家网信办在2023年9月发布《规范和促进数据跨境流动规定（征求意见稿）》，该文件进一步澄清了不需要申报数据出境安全评估、订立个人信息出境标准合同、通过个人信息保护认证的具体情形，以及可豁免数据出境安全评估的特定情形。据此，中国数据跨境流动分类管理制度愈发清晰，法律确定性进一步增强。（见表5.1）

表5.1　　中国数据跨境流动分类管理制度

数据类型	具体描述	数据出境制度	主要法律依据
重要数据	CII 运营者在中国境内运营中收集和产生的重要数据	以数据本地存储为原则、安全评估后允许流出为例外	《网络安全法》第37条、《数据安全法》第31条

① 需指出，《网络安全法》第41条和《个人信息保护法》第29、31、39条均规定了“同意”规则。《民法典》第1036条、《信息安全技术 个人信息安全规范》第5.6条和第9.5条、《最高人民法院关于审理利用信息网络侵害人身权益民事纠纷案件适用法律若干问题的规定》则规定了未经同意处理个人信息的免责情形，包括个人信息处理者在合理范围内处理个人自行公开的信息或其他已合法公开的信息等情形。《个人信息保护法》第13条还新增了履行法定职责或法定义务、应对突发公共卫生事件等几类不需要取得个人同意的具体情形。

续表

数据类型	具体描述	数据出境制度	主要法律依据
重要数据	其他数据处理者在中国境内运营中收集和产生的重要数据	以安全评估后允许流出为条件	《数据安全法》第 31 条、《数据出境安全评估办法》第 2 条
	未被相关部门、地区告知或者公开发布为重要数据的	数据处理者不需要作为重要数据申报数据出境安全评估	《规范和促进数据跨境流动规定（征求意见稿）》第 2 条
核心数据	关系国家安全、国民经济命脉、重要民生、重大公共利益等数据	实行更加严格的管理制度	《数据安全法》第 21 条第 2 款
个人信息	CII 运营者在境内运营中产生的个人信息	以数据本地存储为原则、安全评估后允许流出为例外	《网络安全法》第 37 条、《个人信息保护法》第 38 条和第 40 条、《数据出境安全评估办法》第 2 条
	处理个人信息达到规定数量的个人信息处理者	以数据本地存储为原则、安全评估后允许流出为例外。 进一步明确：预计 1 年内向境外提供 1 万人以上、不满 100 万人个人信息，与境外接收方订立个人信息出境标准合同并向省级网信部门备案或者通过个人信息保护认证的，可以不申报数据出境安全评估。预计 1 年内向境外提供不满 1 万人个人信息的，不需要申报数据出境安全评估、订立个人信息出境标准合同、通过个人信息保护认证	《网络安全法》第 37 条、《个人信息保护法》第 38 条和第 40 条、《数据出境安全评估办法》第 2 条、《规范和促进数据跨境流动规定（征求意见稿）》第 5 条和第 6 条
	个人金融信息、网约车平台采集的个人信息等特殊个人信息	以数据本地存储为原则、附条件流出为例外	《个人金融信息保护技术规范》第 7.1.3 节、《网络预约出租汽车经营服务管理暂行办法》第 27 条
	掌握超过 100 万用户个人信息的运营者赴国外上市	以网络安全审查后允许流出为条件	《网络安全审查办法》第 7 条
	其他类型的个人信息或个人信息处理者	以获得专业机构认证为条件；或与境外接收方订立符合法律规定的合同为条件；或其他	《个人信息保护法》第 38 条；《个人信息出境标准合同规定》《网络安全标准实践指南——个人信息跨境处理活动认证技术规范》（TC260－PG－20222A）

续表

数据类型	具体描述	数据出境制度	主要法律依据
特殊行业或领域的数据或个人信息	金融、电信、政府采购等特殊行业或领域的数据或个人信息	以数据本地化为原则或附条件地允许流出	略
进一步明确或豁免安全评估等出境机制的其他情形	国际贸易、学术合作、跨国生产制造和市场营销等活动中产生的数据出境，不包含个人信息或者重要数据的	不需要申报数据出境安全评估、订立个人信息出境标准合同、通过个人信息保护认证	《规范和促进数据跨境流动规定（征求意见稿）》第 1 条
	不是在境内收集产生的个人信息向境外提供	不需要申报数据出境安全评估、订立个人信息出境标准合同、通过个人信息保护认证	《规范和促进数据跨境流动规定（征求意见稿）》第 3 条
	符合以下情形之一的：（一）为订立、履行个人作为一方当事人的合同所必需，如跨境购物、跨境汇款、机票酒店预订、签证办理等，必须向境外提供个人信息的；（二）按照依法制定的劳动规章制度和依法签订的集体合同实施人力资源管理，必须向境外提供内部员工个人信息的；（三）紧急情况下为保护自然人的生命健康和财产安全等，必须向境外提供个人信息的	不需要申报数据出境安全评估、订立个人信息出境标准合同、通过个人信息保护认证	《规范和促进数据跨境流动规定（征求意见稿）》第 4 条
	自贸区制定的负面清单外的数据出境	可以不申报数据出境安全评估、订立个人信息出境标准合同、通过个人信息保护认证	《规范和促进数据跨境流动规定（征求意见稿）》第 7 条
	国家机关和 CII 运营者向境外提供个人信息和重要数据的；向境外提供涉及党政军和涉密单位敏感信息、敏感个人信息的	依照有关法律、行政法规、部门规章规定执行	《规范和促进数据跨境流动规定（征求意见稿）》第 8 条

（三）中国源代码与算法国内规制现状

除 2019 年通过的《中华人民共和国密码法》（下称《密码法》）等少数法律明确禁止相关部门获取源代码外，[①]中国明确要求或可能要求软件所有人转让或

① 例如，《密码法》第 31 条明确禁止相关部门要求商用密码从业单位等主体向其提供源代码等相关信息。

允许获取其源代码或算法的规定主要体现在以下几个方面。

第一，网络安全等级保护制度明确要求获取源代码。《网络安全法》出台后，中国的等级保护制度从以往的计算机信息网络扩展到了云计算和物联网等新技术和新应用。[①]根据相关国家标准，第三级以上信息安全系统应对源代码进行安全审查，为第三级以上信息安全系统提供软件的外包开发单位应提供软件源代码。[②]由于信息系统的安全保护等级按照受侵害的客体及其侵害程度划分，因此被定级为第三级以上的信息系统均需要提供源代码。

第二，关键信息基础设施的网络安全审查中或要求获取源代码。为了落实《网络安全法》第 35 条的安全审查要求，2022 年 1 月正式发布的《网络安全审查办法》进一步明确了网络安全审查的适用范围、适用条件、应评估因素等内容。尽管该办法未明确要求获取源代码，但如果结合关键信息基础设施的等级保护要求，不排除主管机关在网络安全审查中要求这类运营者提供源代码。[③]并且，有观点认为中国的网络安全审查制度不同于产品认证制度，其未将安全审查明确限于准入阶段，表明安全审查也可能在营运阶段介入。[④]

第三，强制性认证中或要求获取源代码。对特定产品实行认证认可制度是国际通行做法。自 2010 年 5 月开始，中国已正式要求在政府采购法的范围内对安全操作系统等 13 种重要信息安全产品实行强制性认证。[⑤]2017 年 6 月，中国进一步根据《网络安全法》第 23 条等规定对路由器等 15 类关键设备和网络安全专用产品采取安全认证或安全检测，作为产品在中国销售或提供的前提。[⑥]

第四，强调信息技术的安全可控或隐含强制获取源代码要求。例如，原银

---

① 《网络安全法》出台前，《计算机信息系统安全保护条例》和《信息安全等级保护管理办法》等文件规定的等级保护制度仅适用于计算机信息系统。基于《网络安全法》第 21 条，2021 年 4 月正式发布的《网络安全等级保护条例》将等级保护制度扩展到了云计算等新技术。

② 相关国家标准包括《信息安全技术 网络安全等级保护测评要求》《信息安全技术 网络安全等级保护实施指南》《信息安全技术 网络安全等级保护基本要求》《信息安全技术 网络安全等级保护定级指南》等。

③ 《网络安全法》第 31 条和《关键信息基础设施安全保护条例》第 6 条要求在网络安全等级保护制度基础上重点保护关键信息基础设施，但目前尚未出台具体实施细则。

④ See Samm Sacks and Manyi Kathy Li, *How Chinese Cybersecurity Standards Impact Doing Business in China*, CSIS (August 2018), https://csis-website-prod.s3.amazonaws.com/s3fs-public/publication/180802_Chinese_Cybersecurity.pdf.

⑤ 《关于部分信息安全产品实施强制性认证的公告》（原国家质检总局、国家认监委公告 2008 年第 7 号）；《关于调整信息安全产品强制性认证实施要求的公告》（原国家质检总局、财政部、国家认监委公告 2009 年第 33 号）。

⑥ 《关于发布〈网络关键设备和网络安全专用产品目录（第一批）〉的公告》（国家网信办、工信部、公安部、国家认监委公告 2017 年第 1 号）。

监会在 2014 年确立了银行业的安全可控目标，并就此提出了技术提供方在中国境内拥有技术研发与服务中心、源代码交银保监会备案等要求。[①]但为了回应外方的担忧，原银监会澄清相关要求不存在国别差别，且源代码备案制尚在研究中，暂不予以实施。[②]此外，2016 年的《国家信息化发展战略纲要》和信息技术服务业的“十三五”规划从更广泛层面确立了形成安全可控的信息技术产业体系等目标。[③]

第五，将促进自主创新和安全可控等目标与政府采购挂钩的做法可能暗含要求外方转让或提供源代码。中国曾在 2007 年提出政府采购应有利于自主创新，但将有权申请自主创新产品的主体限于中国法人的规定引发了是否构成 WTO《政府采购协定》项下“非违反之诉”的关切。[④]不过，中国在 2011 年主动暂停执行上述争议措施，并在 2016 年要求全面停止此类做法。[⑤]近年来，中国更强调信息技术的安全可控，并提出了国产自主可控替代计划。[⑥]当政府更信任国产软件或转让源代码的供应商时，外国供应商为了获得政府订单可能只能同意转让或提供源代码。

中国的人工智能算法规制尚处于探索阶段。2018 年出台的《关于规范金融机构资产管理业务的指导意见》明确规定金融机构运用人工智能技术开展资产管理业务应当向监管机关报备人工智能模型的主要参数。《个人信息保护法》第 24 条从更一般的层面触及了利用个人信息进行自动化决策情形下的算法可解释性问题。2021 年 2 月公布的《国务院反垄断委员会关于平台经济领域的反垄断指南》将互联网平台利用算法操纵价格和限制交易等情形认定为垄断行为，实践中不排除反垄断执法机构要求获取平台的算法以确定是否构成垄断。

① 例如“到 2019 年，掌握银行业信息化的核心知识和关键技术……安全可控信息技术在银行业总体达到 75%左右的使用率”等目标。参见《关于应用安全可控信息技术加强银行业网络安全和信息化建设的指导意见》（银监发〔2014〕39 号）、《银行业应用安全可控信息技术推进指南（2014—2015 年度）》（银监办发〔2014〕317 号，已失效）。

② 《中国银监会关于〈银行业应用安全可控信息技术推进指南（2014—2015 年度）〉（银监办发〔2014〕317 号）的相关说明》（2015 年）。

③ 《国家信息化发展战略纲要》（中共中央办公厅、国务院办公厅 2016 年 7 月）、《工业和信息化部关于印发软件和信息技术服务业发展规划（2016—2020 年）的通知》（工信部规〔2016〕425 号）。

④ 参见尚妍：《我国自主创新措施引起 WTO“非违法之诉”的法律分析》，载《河北法学》2015 年第 6 期，第 124－134 页。

⑤ 参见胡海鹏、袁勇：《新形势下创新产品政府采购国际规则及对策研究》，载《科技管理研究》2019 年第 5 期，第 22－23 页。

⑥ 参见新华社：《网络安全需要核心技术自主可控》，http://www.gov.cn/xinwen/2019-07/17/content_5410689.htm，2021 年 1 月 3 日访问。

二、数字贸易国内规制的基本立场

中国数字贸易国内规制现状整体体现了中国进一步扩大对外开放的基本国策和基本立场，但中国在数字贸易具体规制领域的基本立场仍存在一定差异。

（一）促进数字货物贸易的进一步自由化与便利化

《电子商务法》的涵盖范围不仅包括电子交易，也包括电子支付、快递物流、个人信息保护、消费者保护、跨境电子商务、在线争议解决等问题，是中国首部针对电子商务的基础性和综合性立法，[①]能够集中反映中国数字贸易国内规制的基本立场。尽管《电子商务法》将电子商务界定为“销售商品或者提供服务”表明本法不仅适用于数字货物贸易也适用于数字服务贸易，但鉴于本法选择了“电子商务”而非侧重于数字内容与服务贸易的“数字贸易”表述，这意味着中国数字贸易国内规制的核心和促进数字贸易进一步自由化的重点仍为数字货物贸易。[②]中国在 WTO 电商谈判中的提案与主张也反映了这一基本立场。根据中国在 2019 年 4 月、5 月、9 月向 WTO 提交的提案，中国的主张主要针对数字货物贸易，例如主张为跨境电子商务以及相关的支付服务和快递物流服务创造更自由的环境、不得歧视电子商务有关的 ICT 产品和设备或阻碍上述产品的供应或供应链，对数据跨境流动和源代码等议题采取了比较保守和谨慎的态度。[③]

（二）进一步扩大数字服务市场开放，但对数字内容产品贸易仍采取强监管立场

2018 年，中国服务业在 GDP 的占比超过 50%，服务贸易成为中国经济增长的主要动力。“英国电信入华”[④]和“标普入华”[⑤]等重要事件显示了中国扩大服务市场开放的成果与力度。在新冠疫情暴发后，习近平总书记在多个场合强调继续坚定不移扩大改革开放和放宽市场准入等“稳外贸稳外资”要求，表明扩大服务贸易进一步开放的基本面不会改变。[⑥]自 2018 年上海自贸区发布第一份自贸试验区跨境服务贸易负面清单后，海南自贸港于 2021 年也发布了首份自贸港跨境

---

① 参见薛虹：《国际电子商务法通论》，中国法制出版社 2019 年版，第 11 页。

② 参见石静霞：《数字经济背景下的 WTO 电子商务诸边谈判：最新发展及焦点问题》，载《东方法学》2020 年第 2 期，第 171 页。

③ 参见石静霞：《数字经济背景下的 WTO 电子商务诸边谈判：最新发展及焦点问题》，载《东方法学》2020 年第 2 期，第 174 页。

④ 参见新华社：《英国电信“入华”将带来什么》，http://www.xinhuanet.com/tech/2019-01/29/c_1124056085.htm，2021 年 9 月 10 日访问。

⑤ 参见《中国人民银行营业管理部关于标普信用评级（中国）有限公司完成信用评级机构备案办理的公告》，http://beijing.pbc.gov.cn/beijing/132024/3753866/index.html，2021 年 9 月 10 日访问。

⑥ 参见石静霞、鄢雨虹：《解析上海自贸区跨境服务贸易负面清单管理制度》，载中国服务贸易协会专家委员会编：《全球视野下服务业、服务贸易发展研究》，中译出版社 2020 年版，第 171－175 页。

服务贸易负面清单，清单中保留的不符措施数量进一步减少，再次反映了国家进一步扩大包括数字服务在内的服务市场开放的决心和基本方向。

不过，《电子商务法》第 2 条第 3 款将金融类产品和服务、利用信息网络提供新闻信息、音视频节目、出版、文化产品等服务作为本法的除外适用情形并规定法律法规对上述服务另有规定的从其规定表明中国对数字内容产品贸易仍采取了强监管立场。[①]例如，《互联网新闻信息服务管理规定》第 7 条禁止外商参与提供互联网新闻信息服务；《互联网视听节目服务管理规定》第 8 条规定申请从事互联网视听节目服务的主体须为具备法人资格的国有独资或国有控股单位；《出版管理条例》第 41 条规定报纸、期刊、图书、音像制品、电子出版物等出版物的进口业务只能由依照本条例设立的出版物进口经营单位经营。

（三）对数据跨境流动采取分类规制立场

中国数据跨境流动规制现状表明中国现已能针对不同的公共政策目标采取日趋精细化的分类规制立场。首先，对于与保障网络安全和国家安全有密切联系的 CII 运营者采取数据本地化措施有助于实现安全目标。同时，鉴于大数据的发展日益模糊了国家秘密信息和非国家秘密信息的界限，获取非 CII 运营者掌握的重要数据或大规模个人信息的海外不法势力若利用大数据技术处理这些数据可能获得国家秘密信息并威胁国家安全，将安全评估或安全审查作为此类运营者数据流出的条件也有助于实现安全目标。[②]其次，将数据本地存储作为个人金融信息等特殊个人信息出境的原则、将认证或合同等制度作为一般情形下的个人信息跨境流动的条件一方面反映出中国保护个人隐私的立场，另一方面也反映出中国努力兼顾保护个人隐私和合理利用个人信息的立场。总之，中国数据跨境流动分类规制模式反映出了既不“一刀切”地追求美式数据自由跨境流动方案也不盲目追求欧式高标准个人数据保护方案的均衡规制立场。

（四）源代码和算法国内规制旨在确保网络安全，兼顾其他政策考量

首先，对中国源代码和算法规制现状的考察表明中国的源代码措施涵盖以电子方式交付的软件、包含在物理载体中的软件和软件相关服务，在上述措施影响软件数字贸易时就可能落入源代码规则的管辖范围。其次，确保重要信息安全产品、使用于关键信息基础设施中的软件和金融行业的安全是中国源代码和算法规制中的核心诉求，将外方转让源代码作为政府采购的条件是确保国家安全并推进自主创新政策和产业政策的重要手段，确保自动化决策情形下的算法可解释性和反垄断也将成为未来算法规制中的焦点问题。

---

① 需注意，不可僵化地认为《电子商务法》第 2 条第 3 款列出的服务完全不再适用本法，而是应结合立法目的、现实需要和法律规范之间的关系，确保上述服务在可适用《电子商务法》的范围内仍应适用本法相关规定。参见薛虹：《国际电子商务法通论》，中国法制出版社 2019 年版，第 19－24 页。

② 参见黄志雄主编：《网络主权论——法理、政策与实践》，社会科学文献出版社 2017 年版，第 176－178 页。

第二节　必要性测试对中国的挑战

目前，中国已与二十多个国家和地区签署了多部自贸协定，其中RCEP以及中国与毛里求斯、韩国、澳大利亚、智利、新加坡、新西兰等国签署或升级的自贸协定中包含了单独的电子商务章节。[①]从整体来看，尽管上述协定与CPTPP等高标准国际经贸协定的电子商务章节在部分必要性测试规定上仍存在一定差距，[②]但前者的部分必要性测试规定已与后者趋同甚至标准更高。[③]尽管中国已签署的包含电子商务章节的自贸协定均规定本章下的任何事项不适用协定中的争端解决规则，[④]使得违反电子商务章节必要性测试规定的国内规制不具有可诉性，但分析必要性测试对中国可能产生的挑战仍有助于中国明确如何更好地自觉遵守相关义务、提升中国的国际遵约形象，且有助于中国提高本国规制能力建设。RCEP还规定缔约方在未能通过磋商解决本章的解释和适用问题时可将该事项提交至RCEP联合委员会解决，因此分析必要性测试对中国的挑战也有助于中国预先明确如何制定应对策略。[⑤]此外，中国已正式申请加入CPTPP和DEPA，而与上述协定中的电子商务规则不一致的国内规制不仅具有可诉性，且上述协定载有对缔约方数字贸易国内规制采取更加严格的必要性测试，因此中国更需尽快明确相关必要性测试对本国现有规制的潜在挑战，及早调整国内规制，或通过谈判为相关国内规制预留相应的规制空间。

一、对数字服务贸易国内规制的挑战：以承诺为限

中国对外签署的多边和区域经贸协定中的货物贸易、服务贸易和电子商务等章节均包含可适用于数字贸易国内规制的必要性测试规定。其中，GATT等货物贸易规则对一国在数字货物贸易领域采取的国内规制具有普遍适用性，但GATS等服务贸易规则以及区域经贸协定中的数字贸易规则对一国数字贸易国内规制的可适用性却通常以缔约方的具体承诺为限度。因此，明确中国在已签署国际经贸协定中的服务贸易具体承诺是分析相关必要性测试可能对中国数字

---

① 数据来源于中国自由贸易区服务网，http://fta.mofcom.gov.cn/，2023年12月2日访问。

② 例如，RCEP数据跨境流动规则中的正当公共政策目标例外所要求的必要性测试相比CPTPP更加宽松。又如，与USMCA第19.8条相比，RCEP等协定中的个人信息保护规则均未规定“缔约方就个人信息跨境流动进行的任何限制与出现的风险应必要且成比例”这一积极义务。

③ 例如，《中澳自贸协定》和RCEP设置了国内规制框架规则，且《中澳自贸协定》第12.5条国内监管框架规则规定的“应将电子商务的监管负担最小化”义务则比RCEP第12.10条和CPTPP第14.5条“努力避免不必要监管负担”这一软性义务更加严格。

④ 例如RCEP第17.3条。

⑤ RCEP第17.2条。

贸易特别是中国数字服务贸易国内规制造成何种挑战的重要前提。但这里的问题是，制造业服务化（servicification）、书籍等传统货物的数字化趋势使得货物和服务的界限日益模糊，使用互联网而非专用网络传输由数据构成的内容服务也导致以“内容/传输二分法”这一传统方式来对部分内容服务进行归类的“失灵”，并由此引发了对一国数字贸易国内规制所涉服务部门进行归类的难题。对此，本节首先将澄清服务部门归类方法，然后分析中国数字贸易国内规制所涉服务部门的归类，最后分析中国的具体承诺情况。

（一）服务部门归类方法澄清

首先比较明确的是，电信服务和计算机相关服务等数字基础设施服务主要应归入 WTO《服务部门分类表秘书处注解》（W/120）中列出的任一电信服务子部门（W/120 2.C），或者联合国《核心产品分类临时目录》（PCPC）中的“数据和消息传输服务”（PCPC 7523）或计算机以及其他服务部门（PCPC 84）。①其次，根据美国博彩案和中国出版物案等案件确立的技术中立原则，即便 WTO 成员在对某一服务部门作出具体承诺时未能评估出该服务已经或未来能以电子方式提供，服务的提供方式（例如通过线上或线下方式提供）也不会影响对该服务的归类。②因此，被数字化赋能、能以电子方式提供的大部分传统服务仍应归入原有的服务部门。但为了准确地对数字贸易国内规制所涉服务部门进行归类，仍有几个重要问题需要澄清。

1. 新兴服务可否归入传统服务部门及其归类方法

有观点认为，部分被数字化赋能的新兴数字服务可能属于全新的服务，无法被归入 PCPC 或 W/120 中的任一服务部门或子部门，因而这部分新兴数字服务不受 GATS 等服务贸易规则管辖。对此，有三个问题需要澄清。第一，尽管技术进步和商业模式的创新催生了一些新兴服务，但真正的新服务是非常少的，大部分新兴服务只是基于技术或商业的原因而被赋予了新名称，其本质上仍然属于 PCPC 或 W/120 中列出的服务部门，因而是可以被归类的。第二，GATS 等服务贸易规则涵盖所有的服务部门和子部门，既然服务的提供方式不会改变服务被归入的部门，那么也就不会影响上述规则对某一服务的适用，除非成员

① 例如，网络管理服务和为接入互联网提供的传输服务可能归入“封包交换数据传输服务”（PCPC 7523），主机和 IT 基础设施服务可能被归入“软件启用服务”（PCPC 842）或“其他服务”（PCPC 845+849）；电子商务平台属于经营类电子商务，应归入增值电信服务中的“在线信息和/或数据处理（包括交易处理）”（W/120 2. C. n）。See Ines Willemyns, *GATS Classification of Digital Services—Does “The Cloud” Have a Silver Lining?*, 53 Journal of World Trade 73 – 74 (2019).

② WTO Panel Report United States - Measures Affecting the Cross-Border Supply of Gambling and Betting Services, WT/DS285/R, adopted 20 April 2005, para. 6.285; WTO Appellate Body Report, China-Measures Affecting Trading Rights and Distribution Services for Certain Publications and Audiovisual Entertainment Products, WT/DS363/ AB/R, adopted 19 January 2010, paras. 408, 412.

对以电子方式提供服务作出了明确保留。[①]第三，上诉机构在中国出版物案中对中国 GATS 承诺表中的“录音制品”和“分销”的解释表明其支持服务归类采用发展的解释方法。[②]因此，大部分新兴数字服务实际上仍可被归入 PCPC 或 W/120 中的任一服务部门或子部门，因而也就在 GATS 等服务贸易规则的管辖范围内。

既然大部分新兴服务均可被归入 PCPC 或 W/120 中的服务部门，那么接下来需解决的问题是如何对新兴服务进行归类。“功能或目的论归类法（functional or teleological approach）”认为服务应被归入与服务所能实现的功能具有最密切关系的部门，“文义归类法（textual approach）”指根据服务所采用术语的一般含义进行归类。尽管 VCLT 解释通则将平义解释法作为解释条约的一般方法之一，但不应采用“文义归类法”对服务进行归类，因为具有相似名称的服务可能属于不同服务部门，而具有不同名称的服务可能属于同一服务部门，采用该方法容易造成不合理的结果。相反，采用“功能或目的论归类法”更加科学和准确，因为该归类法符合技术中立原则，即不论服务以何种方式提供，该归类法仅关注服务最终所能实现的功能或目的。[③]

2. 集成服务的归类方法

还需明确的一个问题是，部分服务（特别是部分新兴服务）是由多个服务构成的集成服务（integrated services），此时如何对集成服务进行归类呢？在中国电子支付案中，专家组将争议的集成服务归入了“所有支付和汇款服务”这个服务子部门。[④]专家组解释道，将集成服务归入单个服务子部门与“每一服务子部门均是相互排斥的”原则并不冲突，因为集成服务是由多个服务组合起来

---

① See Ines Willemyns, *GATS Classification of Digital Services—Does "The Cloud" Have a Silver Lining?*, 53 Journal of World Trade 61 – 64 (2019).

② 上诉机构在中国出版物案中表示，中国 GATS 承诺表中的“录音制品”和“分销”的内涵非常宽泛，它们适用的内容可能随着时间推移而变化；如果解释 GATS 具体承诺表的术语只应基于成员达成具体承诺表时的通常含义，将意味着非常相似甚至相同的承诺都可能基于成员加入协定时间的不同而被解释为具有不同的含义、内容和涵盖范围。WTO Appellate Body Report, China-Measures Affecting Trading Rights and Distribution Services for Certain Publications and Audiovisual Entertainment Products, WT/DS363/ AB/R, adopted 19 January 2010, paras.396 – 397.

③ See Ines Willemyns, *GATS Classification of Digital Services—Does "The Cloud" Have a Silver Lining?*, 53 Journal of World Trade 70 – 72 (2019).

④ 在本案中，美国主张争议电子支付系统是由多项服务构成的单一集成服务，因为每一服务构成对于完成支付卡交易、EPS 提供者为消费者提供全部服务包、参与支付卡交易的机构均非常关键，是促进支付卡交易不可或缺的一部分。WTO 专家组指出电子支付系统既可能是由一个服务提供者提供的单个服务，也有可能是由多个服务提供者在一致行动下提供的由多个服务构成的服务，本案属于后一情形。另外，专家组认为提供给直接用户的由多个服务构成的电子支付系统这一最终产品看起来是单一服务，因此同意本案中的电子支付系统构成集成服务。WTO Panel Report, China-Certain Measures Affecting Electronic Payment Services, WT/DS413/R, adopted on 31 August 2012, paras.7.55 – 7.62.

构成的一个提供服务和进行消费的独特服务。专家组强调，对集成服务进行归类时应考虑的相关因素不是该服务由一个还是多个服务提供者提供，而是各服务结合起来能否产生一个新的、独立的服务，即集成服务。[①]

本案专家组对集成服务采用的归类方法可称为“产出归类法（output approach）”，该方法和 PCPC 文件第一部分第五节中的解释规则具有一致性。[②]与“产出归类法”相关的归类法还有“基于构成的归类法（components-based approach）”。该归类法认为当一个独特服务由多个服务构成时，应将该独特服务归入主要服务构成所对应的服务子部门。但不应将该方法作为集成服务的归类法，因为它容易导致许多主要服务构成相似的独特服务均被归入同一服务子部门。例如，采用该归类法将导致许多数字服务被归入数据传输服务，因为数据传输服务是数字服务的主要构成服务，但这不仅不合理，而且降低了解释服务贸易具体承诺表的有效性和明确性。[③]

（二）对中国数字贸易国内规制所涉服务部门进行归类

在明确数字服务的归类方法后，可综合运用上述归类法对中国数字贸易国内规制所涉服务进行归类。

首先，根据技术中立原则，“互联网＋”服务通常仍应归入原有服务子部门，除非 PCPC 明确将该服务子部门描述为只包括线下服务，或者某一服务以电子方式提供后与其原有服务子部门所描述的服务功能或目的明显不相符。据此，利用互联网销售医疗器械可归入“药品、医疗品或化妆品批发”（PCPC 6225）或“药品、医疗品或化妆品零售”（PCPC 6321）；经营网约车可归入“其他非班车制旅客运输”（PCPC 7122）；从事经营性互联网文化活动可归入“娱乐服务（包括剧院、现场乐队和马戏团服务）”（PCPC 9619），互联网新闻信息服务可归入“通讯社服务”（PCPC 962），利用互联网销售彩票可归入“体育和其他娱乐服务”（PCPC 964）；互联网保险服务可归入“所有的保险和保险相关服务”（W/120 7.A）；电子支付服务可归入“所有支付和汇款服务”（W/120 7.B.d）；互

---

① WTO Panel Report, China-Certain Measures Affecting Electronic Payment Services, WT/DS413/R, adopted on 31 August 2012, paras.7.188, 7.204.

② ……B. 1. 当服务从表面上看可以被归入两个或以上服务子部门时，应采用以下归类规则：（a）提供详细描述的类别优先于提供一般描述的类别；（b）当由多个服务构成的混合服务（composite services）无法根据前一规则进行归类时，应将其归入赋予该混合服务核心特征的单一服务；（c）当适用前两个规则仍无法对服务进行归类时，应将其归入所有值得考虑的类别中最后出现的序号。2. 当适用上述规则仍难以对服务进行归类时，应将其归入与之最相似的服务类别。C. 由货物和服务构成的捆绑产品应该基于产品的主要构成（增值）归类，如果该标准是可适用的。See United Nations, Provisional Central Product Classification, Statistical Paper Series M No.77, p. 20.

③ See Ines Willemyns, *GATS Classification of Digital Services—Does "The Cloud" Have a Silver Lining?*, 53 Journal of World Trade 69 – 70 (2019).

联网视听服务可归入“视听服务”（W/120 2.D）。

其次，根据“功能或目的论归类法”，“百度”和“谷歌”等搜索引擎利用算法允许用户访问包含大量网页的数据库，其与“数据库服务”（PCPC 844）描述的功能一致，因而可归入此类服务子部门；“微博”和“脸书”等社交网络使得用户可通过分享文字、图片或音频互动，其与“电子信件和信息服务”（PCPC 75232）的功能一致，因而可归入此类服务子部门；“微信”提供的在线电话等互联网电话服务在功能上与传统的“声音电话服务”（PCPC 7521）并无本质差别，因而也可归入这一服务子部门；“腾讯视频”等提供电视剧和电影等在线观看和下载服务的应用程序与 W/120“视听服务”中列出的前三个子部门描述的功能均存在差异，但与“广播和电视传播服务”（PCPC 7524）描述的功能很相似，因而归入该服务子部门更加恰当。[①]

最后，需强调两个问题。第一，尽管越来越多的服务采用了云计算服务，但却不可直接将这些服务归入“数据库服务”，因为云计算的定义和功能表明其有时不是直接提供给消费者的服务，而是提供服务的方式。[②]因此，仍应根据技术中立原则、“功能或目的论归类法”或“产出归类法”对使用云计算技术的服务进行归类。第二，不宜将“微信”等由一个服务提供者提供的互联网电话、社交网络、网络游戏等多个服务认定为集成服务。这是因为，此类混合服务与中国电子支付案中被认定为集成服务的争议电子支付系统具有根本差异，互联网电话、社交网络、网络游戏均是可独立提供的不同服务而非需要结合到一起才能提供给消费者的一个新的独特服务。若一国对一个提供混合服务的服务提供者采取了限制性措施，应根据受到限制的具体服务来判断该国是否对该服务所对应的服务子部门作出了具体承诺。

（三）中国在其数字贸易国内规制所涉服务部门的承诺情况

在 GATS 具体承诺表中，除相关健康和社会服务、娱乐、文化和体育服务以及其他服务部门之外，中国对 W/120 中列出的其他九大部门均作出了不同程度的承诺。近年来，中国在部分已签署的区域经贸协定具体承诺表中也新增了对其他专业服务、体育和其他娱乐服务、运输等服务子部门的承诺。中国在 GATS 和已签署的区域经贸协定具体承诺表中均未列出的服务主要集中在兽医服务、助产士等辅助医疗人员服务、数据库服务、研发服务等商业服务、邮政服务、

---

① See Ines Willemyns, *GATS Classification of Digital Services—Does "The Cloud" Have a Silver Lining?*, 53 Journal of World Trade 75 – 79 (2019).

② “云计算（cloud computing）”通常指交付计算服务，是在互联网中进行的提供服务器、存储、数据库、网络、软件、分析服务的统称，它是通过使用远程而非本地服务器来存储、管理和处理数据的个人计算机功能的在线对应物。See Ines Willemyns, *GATS Classification of Digital Services—Does "The Cloud" Have a Silver Lining?*, 53 Journal of World Trade 74 – 75 (2019).

电影电视和通讯社等文化服务以及其他人类健康服务、运输服务等领域。整体看来，中国对境外消费模式和跨境提供模式作出的承诺较多，对自然人移动模式作出的承诺最少（基本限于水平承诺），对商业存在模式作出的限制较多。

本书以中国的 GATS 具体承诺表为例，结合中国的承诺情况和数字贸易国内规制现状，梳理出中国保留了在以下服务部门或子部门对数字服务贸易进行相应限制的空间：第一，可对药品、医疗品或化妆品批发服务的模式一作出市场准入、国民待遇和国内规制限制，并对药品、医疗品或化妆品零售服务的模式三和非邮购此类医疗器械的零售服务模式一作出相关限制；第二，可在列出的保留范围内对新兴数字服务、互联网视听服务、互联网保险、电子支付等服务进行市场准入、国民待遇或国内规制限制；第三，鉴于中国未对旅客运输（W/120 11.F.a）、娱乐、文化和体育服务作出承诺，其可对经营网约车、从事经营性互联网文化活动、利用互联网销售彩票等服务作出相关限制；第四，在中国未作出服务具体承诺或者未对具体服务部门的模式一作出具体承诺的情况下，中国可在这些服务部门采取数据跨境流动等限制性措施。

二、不同必要性测试对中国的具体挑战

明确中国在其对外签署的国际经贸协定中承担的义务和作出的承诺后，可发现部分经贸协定中的“不造成不必要规制负担”测试以及基本安全例外、一般例外和正当公共政策目标例外中的必要性测试可能对中国数字贸易国内规制现状构成一定挑战。

（一）“不造成不必要规制负担”测试对中国的挑战

瑞典国家贸易委员会曾在 2012 年发布了一份调查阻碍电子商务发展的新壁垒的报告。根据该报告，报关手续、退货产品的关税政策、海淘产品标识要求和增值税政策、电子支付政策、知识产权政策等均可能对电子商务发展造成沉重的负担。[①]联合国产业发展组织也在一份分析中国电子商务发展的工作文件中提到了中国跨境电子商务发展中的问题。[②]受到国内外现有研究成果的启发，本书发现中国数字贸易国内规制框架中的部分措施可能给数字贸易造成较大负担，进而可能基于中国在《中澳自贸协定》和 RCEP 项下已作出具体承诺的范围内涉嫌违反“不造成不必要规制负担”义务，并可能基于未来可能签署的 CPTPP 和 DEPA 等协定同样违反该义务。

---

① See The Swedish National Board of Trade, E-commerce-New Opportunities, New Barriers: A Survey of E-Commerce Barriers in Countries outside of EU (2012).

② See Yue Hongfei, *National Report on E-Commerce Development in China, Department of Policy*, Research and Statistics Working Paper, WP17/2017, p. 21 – 23 (2017).

1. 部分数字贸易国内规制或对数字贸易造成不必要规制负担

（1）工商登记制度或对外国电子商务经营者造成较大负担

《电子商务法》第 10 条对平台内自然人采用的是"以强制登记为原则、特殊类型豁免登记为例外"的模式，即经营特殊类型之外的所有电子商务经营者（包括平台内自然人经营者）均应办理登记，表明在中国境内进行工商登记是所有经营者在中国市场从事电子商务的前提，但严格执行工商登记制度可能给外国电子商务经营者在中国境内从事电子商务造成较大负担。[①]

一方面，在中国境内设立的电商平台经营者（例如"淘宝"）以及平台内经营者（法人和其他组织）当然进行了工商登记，但许多平台内自然人经营者因没有实体经营场所，不符合登记注册条件，其实际上只需在平台注册并完成实名认证即可从事电子商务。[②]之所以出现实践与法律规定不符的情况，是因为《电子商务法》仅规定了电商平台在未尽到核验义务时应承担的行政责任，并未禁止电商平台接受未进行工商登记的自然人入驻申请，这就造成电商平台在审核平台内经营者的市场主体登记或许可信息等方面产生了消极态度。另一方面，实践中所有的外国电商经营者（自然人、法人或其他组织）均无法直接在中国境内办理工商登记。鉴于《电子商务法》可能扩展适用于入驻中国电子商务平台的外国平台经营者以及网站语言、支付货币或配送方式等直接面向中国消费者的外国电子商务经营者，[③]上述经营者为了中国市场可能主动或被动在中国境内进行工商登记，但这可能导致上述经营者改变其商业、财务、法务等架构，甚至可能需要改变与平台内经营者的合作与服务关系，这显然会增加企业各类成本。

因此，外国电商经营者主动或被动遵守中国的工商登记制度均可能给上述电商经营者造成不必要负担。其中，工商登记制度对外国平台内货物贸易经营者造成不必要负担直接涉嫌违反数字贸易章节中的国内规制框架规则；对外国电商平台造成不必要负担通常未违反中国的承诺，因为中国在已缔结的经贸协定中对"在线信息和/或数据处理（包括交易处理）"（W/120 2.C.n）的模式一作出了有限承诺（"见模式三"），即对模式一作出了当地存在要求保留；根据技术中立原则和本书第五章第二节第一部分的分析，对外国电商平台内服务提供者造成不必要规制负担也很可能违反了中国对所涉服务部门的模式一作出的承诺。

（2）电商平台经营者承担的部分法定义务或责任可能造成负担

第一，要求电商平台严格履行信息核验义务可能给电商平台造成不必要负

---

① 参见凌斌主编：《电子商务法》，中国人民大学出版社 2019 年版，第 30 页。

② 参见贺琼琼主编：《电子商务法》，武汉大学出版社 2016 年版，第 106－107 页。

③ 参见薛虹：《国际电子商务法通论》，中国法制出版社 2019 年版，第 15－18 页。

担。《电子商务法》第 27 条、第 31 条等条款规定了电商平台核验平台内经营者信息、商品和服务信息、交易信息真实性的义务（信息核验义务），这有助于创造更加安全和信任的交易环境。但在实践中，平台仅对经营者提交的工商登记等信息进行形式上的真实性审核，并不审核经营者的营业执照内容与实际经营范围是否相符。[①]另外，海淘中也存在大量为规避消费额度而借用其他消费者身份的情况，平台也只审核消费者提供的身份信息是否真实，并不审核该身份信息是否对应真正的消费者。严格地说，电商平台在这两种情况下均未充分履行信息核验要求，但未来如果要求其严格履行信息核验义务又会给电商平台造成较大负担，因为让电商平台一一核验海量的经营者和交易等信息与实际情况是否相符并不现实，特别是当海淘消费者位于境外时更是如此。

第二，对于关系消费者生命健康的商品或服务，《电子商务法》第 38 条第 2 款规定电商平台在未尽到资质核验义务或安全保障义务并造成消费者损害时应承担相应责任，这可能给电商平台造成较大负担。首先，鉴于外国平台内经营者难以直接在中国境内办理登记，电商平台通常只能审核其海外注册信息和许可资质，往往难以判断上述信息是否符合中国法规定。并且，当出现国内外资质要求不一致、符合外国资质要求的产品或服务可能不符合中国的资质要求的情况时，电商平台更容易因未尽到资质核验义务或消费者安全保障义务而承担相应责任。鉴于相关实践与法律规定存在割裂问题，电子商务平台陷入了“为遵守相关规定则需投入较大成本核验相关资质是否与实际情况或中国法相符”或者说“消极履行资质核验义务或安全保障义务则可能面临承担较重责任的风险”的两难境地。

另外，中国法就关系消费者生命健康的商品或服务对电商平台施加的注意义务比部分国家更高。具体而言，美国、英国和德国主要采用“避风港”原则，在电子商务中扮演中立性角色的电商平台仅在明知发生了侵权行为而未采取必要措施的情况下才承担相应责任；法国主要采用“红旗”规则，中立性电商平台在知道或应当知道平台内发生侵权行为时即需承担相应责任；中国《消费者权益保护法》第 44 条第 2 款和《电子商务法》第 38 条第 1 款与法国一样，对于中立性电商平台的消费者保护义务采用的是比美国等国家更严格的“红旗”规则，同时《电子商务法》第 38 条第 2 款就关系消费者生命健康的商品或服务对电商平台施加了比“红旗”规则所要求的注意义务更高的“瞭望塔”原则，即中立性电商平台应积极地监控平台上的广告、展示、交易等各类行为，并对平台内发生的侵权行为承担相应责任，不论其是否知道或应当知道相关产品或服务危害消费者生命健康。尽管《电子商务法》第 38 条第 2 款对于违反本款的

① 参见凌斌主编：《电子商务法》，中国人民大学出版社 2019 年版，第 33 页。

行为采用了灵活性较强的“相应责任”表述，使得法院可结合个案判断电商平台应承担连带责任、补充责任还是相应责任，但“瞭望塔”原则仍可能导致电商平台将关系消费者生命健康的商品或服务转为直营、不再对平台内经营者开放的结果，或者导致电商平台在权衡合规成本和违法成本后放任此类侵权行为发生的问题。[①]总之，中国法对电商平台施加的消费者保护义务更高，可能给电商平台造成较大负担，进而涉嫌违反数字贸易国内规制框架规则。

第三，电商平台承担的知识产权保护义务和责任可能给电商平台造成较大负担。美国贸易代表（USTR）曾在 2019 年“特别 301 报告”中指责中国的《电子商务法》对寻求知识产权保护的权利人施加了负担性要求，但《电子商务法》与美国《数字化千年版权法》（DMCA）中的知识产权保护规则不仅高度一致，而且还与时俱进地扩充了知识产权保护的范围和内容，因而 USTR 的指责毫无根据。[②]事实上，《电子商务法》的负担性更多地体现在对电商平台承担的知识产权保护义务所适用的“红旗”规则上。本书第二章第一节的研究表明，即便一国的国内规制因其他国家均具有相同的做法因而可能未对国际贸易造成限制，但其仍可能属于负担性措施。尽管《电子商务法》第 45 条采用了国际上比较通行的“红旗”规则，规定电商平台知道或应当知道平台内经营者侵犯知识产权时应采取必要措施，否则应与侵权人承担连带责任，这有助于保护知识产权权利人的合法权益。但考虑知识产权的地域性特点，“山寨”产品和平行进口等问题的普遍性以及发生知识产权侵权时法律适用问题的复杂性，该义务可能给电商平台保护外方知识产权造成较大负担，进而涉嫌违反数字贸易国内规制框架规则。

鉴于中国对“在线信息和/或数据处理（包括交易处理）”（W/120 2.C.n）的模式一仅作出了当地存在要求保留，中国对该服务部门维持或采取的信息核验、消费者安全保障、知识产权保护等国内规制涉嫌违反“不造成不必要规制负担”义务。

2. 是否存在合理可用的替代措施证明相关国内规制的非必要性

考察是否存在合理可用的能够同等实现目标且贸易限制更低的替代措施是判断争议措施必要性的关键。与数据本地化措施和源代码措施等对数字贸易造成较大阻碍的国内规制相比，中国的工商登记制度以及对电商平台施加的信息核验等义务所引起的争议相对较小，且目前理论界和实务界几乎均未提出可能的合理可用替代措施。因此，尽管中国的上述措施可能涉嫌违反“不造成不必

---

① 参见凌斌主编：《电子商务法》，中国人民大学出版社 2019 年版，第 135－171 页。

② 参见薛虹：《中国电子商务平台知识产权保护制度深度剖析与国际比较》，载《法学杂志》2020 年第 9 期，第 21－23 页。

要规制负担”义务，但鉴于现阶段上述措施引发国际争端的可能性较小，本书暂不对这一问题进行深入分析。

（二）例外条款中的必要性测试对中国的挑战

中国的部分数字贸易国内规制不仅可能涉嫌违反“不造成不必要规制负担”义务，部分国内规制还可能涉嫌违反市场准入或非歧视待遇等传统义务，甚至可能违反 RCEP 项下的数据跨境自由流动和禁止数据本地化等新义务。首先，中国的跨境电商零售进口产品目录可能涉嫌违反 GATT 等货物贸易规则中的最惠国待遇义务，因为只有目录内产品可享受免关税等待遇，但并非所有 WTO 成员的相关产品均可被列入该目录。[①]其次，要求外国经营者通过中国跨境电商平台向中国消费者销售产品涉嫌违反 GATT 等货物贸易规则中的国民待遇义务，因为该措施可能不当改变外国经营者在国内销售或分销货物的竞争条件。[②]再次，在中国作出服务贸易具体承诺的范围内，对 CII 运营者采取的数据本地存储措施和对其他数据处理者采取的以安全评估作为数据出境条件的措施还可能违反中国对相关服务部门作出的市场准入或国民待遇承诺。[③]最后，数据跨境流动限制性措施可能违反 RCEP 中的数据自由跨境流动和禁止数据本地化义务。[④]此外，若中国成功加入 CPTPP，相关源代码措施还可能违反 CPTPP 中的源代码规则。当中国被认定违反上述规则后，相关数字贸易国内规制能否通过例外条款中的必要性测试就是需要重点关注和研究的问题。

1. 基本安全例外中的必要性测试对中国的挑战

如本书第三、四章所述，大部分限制数据跨境流动的国内规制和源代码措施通常均可能援引的国家安全例外主要是列举的各类基本安全例外情形，但上述国内规制在援引基本安全例外时存在不同程度的障碍。

（1）大部分数字贸易国内规制可能不符合任一基本安全例外情形

本书的研究表明 WTO 基本安全例外所列出的具体客观情形是一国成功援

---

① See Jie (Jeanne) Huang, *The Latest Generation of SEZs: Consumer-Oriented Unilateralism in China's E-Commerce Trade*, 24 Journal of International Economic Law 313 – 314 (2021).

② See Jie (Jeanne) Huang, *The Latest Generation of SEZs: Consumer-Oriented Unilateralism in China's E-Commerce Trade*, 24 Journal of International Economic Law 319 (2021).

③ 例如，外国经营者直接向中国消费者销售货物或物品属于零售服务，要求外国经营者通过中国跨境电商平台向中国消费者提供零售服务可能违反中国在 GATS 等具体承诺表中对零售服务的跨境提供模式作出的“无限制（None）”承诺。See Jie (Jeanne) Huang, *The Latest Generation of SEZs: Consumer-Oriented Unilateralism in China's E-Commerce Trade*, 24 Journal of International Economic Law 318 (2021).

④ 例如，要求 CII 运营者原则上将重要数据存储于境内就是典型的数据本地化措施。对其他数据处理者采取的数据出境安全评估制度的触发条件又过低，数据处理者可能需投入更多合规成本和调整 IT 架构等成本，甚至不得不选择成本可能更高的数据本地存储，这就造成了事实上的数据本地化效果。

引基本安全例外的主要阻碍。鉴于中国目前已签署的国际经贸协定大多以GATT第21条和GATS第14条之二的国家安全例外条款为基础，其基本安全例外所列出的具体客观情形同样是中国成功援引该例外的主要阻碍。

首先，WTO相关法理表明构成“国际关系中的紧急情况”情形的门槛非常高。尽管“国家紧急状态例外”的门槛相对稍低，但国际关系中的紧急情况和国家紧急状态均具有临时性，中国以安全为由、通过立法长期性地限制数据跨境流动或采取的源代码措施显然不符合“国际关系中的紧急情况例外”和“国家紧急状态例外”所允许被诉方采取之行动的临时性要求。并且，中国国内法规定的触发进入国家紧急状态的情形有限，[①]有学者在考察中国宪法立法轨迹后认为《中华人民共和国宪法》（下称《宪法》）条文中的“国家紧急状态”仅限于由“战争”或“内乱”引起的紧急状态。[②]按照这一理解，中国在恐怖主义等其他严重威胁国家安全和公民生命财产安全等非传统安全问题下采取的数据跨境流动限制性措施或源代码措施就不符合进入国家紧急状态的条件，此类措施也就可能不符合援引“国家紧急状态例外”的条件。

其次，“作战物资例外”和“军事给养服务例外”通常仅涵盖狭义范畴的军事物资和军事给养服务，不涵盖“双重目的货物”和“双重目的服务”。中国现行立法均未将适用对象限定为狭义范畴的军事物资和军事给养服务，表明中国大部分数据跨境流动限制性措施和源代码措施不符合这两类例外描述的情形。

最后，尽管“保护关键公共基础设施例外”通过不对关键公共基础设施进行界定赋予了被诉方在这一事项上的较大规制空间，但被诉方仍应提供相关证据证明采取的行动旨在保护的是关键公共基础设施，以供裁判者进行独立客观审查。对于中国而言，除了其要求关键信息基础设施中存储的个人信息和重要数据原则上在境内存储、对使用于关键公共基础设施的软件产品采取的源代码措施可能满足“关键公共基础设施例外”所描述的客观情形外，其对一般主体采取的数字贸易国内规制可能不符合“关键公共基础设施例外”所描述的情形。并且，中国目前缺乏对“关键公共基础设施”的权威定义，2021年通过的《关键信息基础设施安全保护条例》第2条仅对“关键信息基础设施”进行了抽象和宽泛的界定，第9条要求相关部门结合本行业和本领域实际，制定关键信息

① 例如，《宪法》第67条和第80条规定全国人大常委会有权决定是否进入国家紧急状态，国家主席负责宣布进入紧急状态；《反恐怖主义法》第57条进一步明确发生恐怖事件是可以进入紧急状态的情形；《突发事件应对法》第69条则进一步描述了需要进入紧急状态的条件，厘清了紧急状态和突发事件的界限，在一定程度上限制了进入紧急状态的任意性。并且，《国家安全法》第64条至第66条还规定特定国家机关在进入紧急状态后应依法或依全国人大常委会的决定采取增减公民和组织权利或义务的措施，例如相关措施应与国家安全危机的性质、程度和范围相适应，且应选择能最大化保护公民和组织权益的措施。

② 参见李晓安：《“国家紧急权力”规范约束的法治逻辑》，载《法学》2020年第9期，第56页。

基础设施认定规则，但目前尚未出台具体认定规则，这可能会增加实践中对关键信息/公共基础设施认定的随意性和不确定性。在发生贸易争端时，中国就有可能难以说服裁判者其采取的相关措施符合“关键公共基础设施例外”所描述的情形。

（2）部分国内规制或不符合目的要件和“手段和目的”的关系要件

根据 WTO 相关法理，援引基本安全例外的被诉方还需证明行动是为了保护其基本安全利益，并且行动与保护基本安全利益之间存在看似合理的联系，因此中国对相关国内规制满足这两个要件负有举证责任，且需受到善意原则的约束。

实践中，中国部分数字贸易国内规制不是针对关键公共基础设施等特殊情形。例如，要求一般网络运营者的重要数据存储在境内或者要求获取一般的 ICT 产品中的源代码可能就与行使国家基本职能关系不大，可能不符合目的要件和“手段和目的”的关系要件。因此，如果中国要援引基本安全例外证明实施此类措施的合法性，则需要提供更多证据进行证明，但中国能否成功举证具有较大的不确定性。

2. 正当公共政策目标例外和一般例外中的必要性测试对中国的挑战

本书第三章第一节和第四章第一节已经分析了数据本地化措施和源代码措施对于实现相关目标具有临时必要性，而该结论同样适用于中国的相关措施，本部分将重点分析是否存在可替代中国数据本地化措施和源代码措施的合理可用措施，进而说明 RCEP 正当公共政策目标例外或一般例外中的必要性测试是否将对中国的数据本地化措施和源代码措施构成挑战。

（1）正当公共政策目标例外和一般例外中的必要性测试对数据本地化措施构成的挑战

中国已签署的国际经贸协定均规定了对大部分章节水平适用的一般例外，并且 RCEP 数据跨境流动规则中还规定了包含自裁权的正当公共政策目标例外。因此，中国的数字贸易国内规制在不符合援引基本安全例外的情况下，可尝试援引一般例外或 RCEP 正当公共政策目标例外。

本章第一节的分析表明，中国的数据本地化措施主要针对以下四类数据或数据处理者：一是 CII 运营者在境内运营中产生的重要数据和个人信息；二是处理个人信息达到规定数量的个人信息处理者；三是个人金融信息、网约车平台采集的个人信息等特殊个人信息；四是金融和电信等特殊行业的数据。在上述四类数据本地化措施中，鉴于相当部分国家均对 CII 运营者掌握的重要数据、个人金融信息等特殊个人信息以及金融等特殊行业的数据施加了数据本地化要求，而对 CII 运营者在境内运营中产生的个人信息以及对处理个人信息达到规定数量的个人信息处理者施加的数据本地化措施最可能受到挑战（下称“争议数据本地化措施”)，本书将重点分析是否存在可替代此类数据本地化措施的合理可用措施。

结合《网络安全法》《数据安全法》《个人信息保护法》的立法目的条款，可以发现上述法律追求的目标不限于保障网络安全、维护网络空间主权、国家安全、保护个人信息权益，也包括维护社会公共利益、保护公民和法人等的合法权益，以及促进数据开发利用和个人信息合理利用等经济和发展维度利益等目标。因此，尽管中国的争议数据本地化措施追求的主要是安全和隐私类目标，但不排除其也同时追求经济和发展维度的目标。在确定中国数据本地化措施所追求的目标后，还需要确定相关目标所期待的保护水平，因为这是判断替代措施等效性的重要尺度。鉴于 OECD“隐私指南”和 APEC“隐私框架”代表了第一代个人信息保护水平，欧盟“95 指令”新增的数据最小化等内容代表了第二代个人信息保护水平，欧盟《数据条例》新增的数据保护官和数据保护影响评估等内容代表了第三代个人信息保护水平，[①]可认为中国采取的体现规则制定路径的争议数据本地化措施所期待的保护水平大致处于第二代个人信息保护水平甚至之上，即期待的个人信息保护为中等偏上水平。

首先，对中国而言，中国的争议数据本地化措施首先体现了强烈的规则制定路径，即不论存在何种程度的风险均需要遵守该要求，而采用基于风险路径很可能达不到争议数据本地化措施所期待达到的安全或隐私保护水平，因而无法被认为是可替代争议数据本地化措施的合理可用措施。其次，尽管中国作为部分国际标准化机构的会员国，有义务采用上述机构通过的网络安全等相关标准或最佳实践，但如果该标准或最佳实践无法实现与争议数据本地化措施相同的保护水平，则中国可以此为由主张不以该标准或最佳实践取代争议数据本地化措施。最后，尽管中国不是 CBPRs 成员，但基于部分国内学者建议中国早日加入该体系，需要考虑加入 CBPRs 体系是否会影响对争议数据本地化措施的必要性判断。本书认为，鉴于中国的争议数据本地化措施所体现的期待保护水平高于 CBPRs 体系，即便未来中国加入该体系，中国也可主张该体系因达不到本国期待的安全或隐私保护水平而无法被认为是可替代争议数据本地化措施的合理可用措施。

（2）确保遵守法律法规相关例外对源代码措施构成的挑战

尽管中国目前签署的国际经贸协定尚未像 CPTPP 和《欧日经济伙伴关系协定》等协定那样包含明确的源代码规则，但鉴于中国已正式申请加入 CPTPP，且 WTO 电商谈判中也包含源代码提案，本部分将预先研判中国接受源代码规

① 参见洪延青：《推进“一带一路”数据跨境流动的中国方案——以美欧范式为背景的展开》，载《中国法律评论》2021 年第 2 期，第 32 页。

则以后，其涉嫌违反该规则的源代码措施是否可能通过确保遵守法律法规相关例外中的必要性测试，进而明确必要性测试可能给中国源代码和算法国内规制带来的挑战。

本章第一节的分析表明，中国采取源代码措施主要是为了确保网络安全，将外方转让源代码作为政府采购的条件主要是为了确保国家安全并推进自主创新政策和产业政策，确保自动化决策情形下的算法可解释性则主要是为了追求反垄断和保护消费者权益等目标。在中国采取的源代码措施中，影响范围最广因而最容易受到争议的源代码措施是为了实现安全可控的信息技术产业体系等目标暗含的强制转让或获取源代码要求，本部分将重点分析是否存在可替代该源代码措施（下称“争议源代码措施”）的合理可用措施。

本书第四章第二节的分析表明一国的加密技术和整体法律环境等因素会影响对基于风险路径等替代措施的等效性判断。并且，当一国采取的源代码措施所追求的目标为多重目标时，往往需要分别分析替代措施能否对实现主要目标和其他目标作出同等贡献。对于中国而言，基于风险路径是否可能被认定为实现安全可控目标而采取源代码措施（特别是强制获取源代码措施）的合理可用措施呢？就目前而言，本书认为回答可能是肯定的。这是因为，中国目前尚未建立有效防止国家机关工作人员泄露源代码等保密信息的法律制度，这可能会降低国家机关工作人员在执法或司法中对所获取的保密信息进行严格保密的动力，从而加剧网络安全风险，使得争端解决机构可能认为争议源代码措施无法对实现网络安全作出贡献，或者认为替代措施能够作出同等贡献。此时，确保遵守法律法规相关例外中的必要性测试就可能对中国的源代码和算法国内规制构成一定挑战。对此，中国应加快建立获取的源代码或算法相关的配套制度以减少网络安全风险，提升源代码措施被认定为保护网络安全目标所必要的可能性。此外，中国也可尝试抗辩安全可控目标内含经济和发展维度的目标，采用基于风险路径难以对实现经济和发展维度的目标作出与争议源代码措施相同的贡献。

第三节　中国因应必要性测试的路径

在明确国际经贸协定中的必要性测试可能对中国数字贸易国内规制现状构成的挑战后，就可以为中国因应必要性测试提出针对性建议。对此，本书从“攻防”两方面提出三点建议，分别是以中国现有服务贸易具体承诺为基础编制负面清单、发展对规制措施进行必要性评估的规制影响评估制度以及利用国际规制合作输出数字贸易国内规制的中国方案。

一、以服务贸易具体承诺为基础编制负面清单

鉴于一国在服务部门采取或维持的国内规制以该国的服务贸易具体承诺为限，中国在已签署国际经贸协定中作出的服务贸易承诺对于判断其是否适用数字贸易章节的相关义务非常关键。目前，中国在 GATS 和区域经贸协定具体承诺表中采用的主要是正面清单的承诺方式，WTO 电商谈判也是以成员现有的 GATS 具体承诺表为基础。但采用负面清单方式编制服务贸易具体承诺表是国际主流做法和趋势，RCEP 等少数区域经贸协定也开始采用混合清单方式，即对跨境服务贸易采用正面清单方式、对投资采用负面清单方式。并且，中国开始在与新西兰、澳大利亚等国家的自贸区升级谈判中采用负面清单方式，中国参与 CPTPP 和 DEPA 谈判大概率也将采用负面清单方式。因此，中国应特别注意如何依托国内负面清单改革实践并参考国际先进经验，以现有服务贸易具体承诺为基础编制负面清单，避免其签署的国际经贸协定中所载的数字贸易规则对本国数字贸易国内规制造成不利影响。

（一）对国内外负面清单技术的对比分析

国际经贸协定中的服务贸易负面清单技术较早出现于 1980 年美式双边投资协定（BIT），并在《北美自由贸易协定》（NAFTA）签署后逐渐扩散到其他国家和地区。2009 年《里斯本条约》生效后，欧盟也改变了以往重投资保护、轻投资准入的模式，开始在欧式双边投资协定中采用负面清单方式。[①]CPTPP 等美国主导谈判的区域经贸协定中的服务贸易具体承诺表对跨境服务贸易也采用了负面清单方式。

中国的负面清单改革分为投资和跨境服务贸易两个部分。在 2013 年中美 BIT 谈判前，中国明确拒绝承担全面的“准入前国民待遇（pre-establishment national treatment）”义务，哪些领域对外资开放完全由中国自主决定。[②]在这一时期，外商投资主要应根据《外商投资产业指导目录》中列出的禁止类、限制类和鼓励类行业进行。在 2013 年中美 BIT 谈判后，中国同意以“准入前国民待遇加负面清单模式（即准负模式）”开展谈判，使得 2013 年成为中国外资市场准入负面清单改革的“元年”，上海自贸区在当年 9 月即出台了国内首张自贸区外资市场准入负面清单（沪发〔2013〕75 号）。目前，最新的 2021 年全国版外资市场准入负面清单已经缩减到了 31 项不符措施，使得中国外资负面清单更加

---

① 参见张庆麟、钟俐：《外资准入负面清单管理模式比较研究——以透明度原则为视角》，载《经贸法律评论》2019 年第 5 期，第 48－50 页。

② “准入前国民待遇”通常指外资准入阶段的国民待遇，包括设立、取得、扩大等方面，但不包括管理、运营、经营以及其他投资部署等。

简短。另外，中国跨境服务贸易负面清单改革相对滞后。直到2018年，上海自贸区才公布了中国首份自贸区跨境服务贸易负面清单，海南自贸港也在2021年才公布了首份自贸港跨境服务贸易负面清单。

一般而言，服务贸易自由化与清单编制技术无必然关联，因为贸易自由化主要取决于一国的开放意愿。[①]另外，采用负面清单也并非必然意味着其能够解决采用正面清单技术带来的服务部门归类问题，因为一国仍然可以在编制负面清单时比较宽泛地列出不符措施。[②]但与正面清单方式相比，负面清单技术中的透明度、静止条款（standstill clause）和棘轮机制（ratchet mechanism）等要求客观上更有助于提升各国具体承诺的简洁性和法律确定性，促进服务贸易自由化的效果更明显。

首先，透明度客观上要求负面清单尽量简短、编制要求尽量具体。负面清单越短通常意味着一国保留的不符措施越少、作出的承诺越多；美式经贸协定通常还要求缔约方在编制负面清单时列出采取或维持不符措施的政府部门层级、对应的义务保留和具体法律法规条文。目前，RCEP 投资负面清单中的编制要求已经与 CPTPP 基本一致，中国也按照 RCEP 的编制要求首次在对外缔结的经贸协定中对外商投资采用了负面清单方式，并在清单一和清单二中分别列出了其在所有部门或具体服务部门中维持的或将来可采取的不符措施的部门层级、对应的义务保留或具体法律法规条文，表明中国的外资负面清单编制技术已经与国际接轨。但目前中国国内实施的两张跨境服务贸易负面清单的编制技术仍比较粗疏，仅对保留的不符措施进行了粗略描述，未列出不符措施的部门层级、对应的义务保留或具体法律法规条文，仍有进一步优化的空间。

其次，负面清单中若包含静止条款和棘轮机制将进一步锁定开放水平，避免服务贸易自由化进程发生倒退。静止条款要求对负面清单内维持的不符措施的修改、延续或更新不能比之前更加严格；基本目标是通过排除额外的或新的限制来确保不可逆转的自由化最低标准。棘轮机制是与静止条款相关的动态机制，若纳入负面清单的不符措施在将来被修订减少了限制，该新的、更优惠的待遇将会成为“静止条款”要求的基础。“静止条款”是“棘轮机制”的起点，任何新的自由化措施都会被锁定，随着时间推移也不能被撤销或废除。[③]目前，CPTPP 和 RCEP 等区域经贸协定中的服务贸易负面清单中均包含了“静止条款”

① See Rudolf Adlung and Hamid Mamdouh, *How to Design Trade Agreements in Services: Top Down or Bottom-Up?*, 48 Journal of World Trade 191 – 218 (2014).

② See Ines Willemyns, *GATS Classification of Digital Services—Does "The Cloud" Have a Silver Lining?*, 53 Journal of World Trade 66 – 67 (2019).

③ See Mechanisms for Standstill and Rollback and Listing of Country Specific Reservations (Note by the Chairman), OECD DAFFE/MAI/DG2(95) 3/REV1, 15 February 1996, p. 2 – 4.

和“棘轮机制”，[①]但《中澳自贸协定》这一澳方采用负面清单方式进行承诺的协定未规定静止条款和棘轮机制，[②]中国缔结的其他双边或区域经贸协定中规定的则是正面清单承诺方式，这表明外方可能难以预见中国未来在现有服务部门或新的服务部门中可能采取何种限制性措施，但这也给中国采取数字贸易国内规制措施保留了相应的政策空间。

（二）对中国编制服务贸易负面清单的建议

首先，中国应结合中国数字贸易国内规制现状和在经贸协定中作出的具体承诺，明确现在和未来可采取数字贸易国内规制限制性措施的政策空间，同时清理一批不符合开放型经济新体制的限制性措施。根据本章第一、二节的考察，可以发现中国大部分数字贸易限制性措施基本上都在具体承诺表的范围内，但仍可结合本章第二节中提到的问题进一步清理或改进部分阻碍数字贸易进一步自由化的限制性措施。例如，可考虑优化外国经营者在中国境内进行工商登记和税务申报的制度，减少对数字贸易造成的不必要规制负担。又如，可进一步细化对数据的分类管理，尽量减少以中国的争议数据本地化措施对数字贸易造成不必要壁垒的影响范围。此外，可进一步研究当地存在要求的存废。鉴于中国直到2018年上海自贸区跨境服务贸易负面清单发布后才首次涉及“禁止要求当地存在规则”，国内对该规则以及当地存在要求的研究较为匮乏，相关国内法是否禁止对外国服务提供者施加当地存在要求也较为模糊，因此特别需要明确当地存在要求的存废问题。[③]

其次，可以CPTPP和RCEP负面清单技术为参照，依托上海等自贸区和海南自贸港等平台改进国内版跨境服务贸易负面清单的编制技术。鉴于负面清单制度下未作出保留的措施则不得再实施，中国一方面亟须提升跨境服务贸易负面清单的编制技术，另一方面也需要巧用编制技术为进行必要的国内规制保留政策空间。对此，本书提出如下建议。第一，细化对不符措施的编制要求，列出不符措施对应的政府层级、具体义务保留和具体国内法律规定。第二，逐步引入静止条款和棘轮机制，提升负面清单的确定性与稳定性。第三，增设多种

---

① 例如CPTPP投资章第9.12.1（c）条和跨境服务贸易章第10.7.1（c）条；RCEP服务贸易章第8.8.1条第3项。

② 参见《中澳自贸协定》服务贸易章第8.9条。

③ 例如，中国可考虑逐步放开健康、文化、娱乐和体育服务以及包括外语语言学习等非学历培训在内的教育服务的跨境提供，或同时要求一定的当地存在；可适当开放运输服务和电信服务的跨境提供，并放开研发和管理咨询等商业服务的跨境提供；对于建筑服务和环境服务等因缺乏技术可行性而未对跨境提供模式作出承诺的服务，可结合5G技术和3D打印等科技发展趋势评估此类服务的跨境提供是否可能被科技激活并作出相应制度回应。参见石静霞、鄢雨虹：《论服务跨境提供中的“禁止要求当地存在规则”——兼论对中国服务市场开放的启示》，载《上海对外经贸大学学报》2020年第3期，第67－70页。

类型的负面清单，增加管理不同国内规制措施的灵活性。例如，CPTPP 和 RCEP 负面清单均包含了“普通版”和“特别版”清单，其中“特别版”负面清单对不符措施的编制要求更宽松，也未规定静止条款和棘轮机制，为缔约方保留的自由裁量权更大。因此，中国也可尝试将跨境服务贸易负面清单进一步细化为不同类型的清单。

二、发展评估数字贸易国内规制必要性的规制影响评估制度

事后评估、国际规制合作、规制、规制影响评估、规制政策、规制质量、利益攸关者参与等良好规制实践（good regulatory practices）是政府可用来确保规制能够实现目标的关键工具。[①]其中，“规制影响评估（RIA）”指识别并量化进行规制或不规制所获得的成本和收益的系统性过程。[②]目前，CPTPP 等越来越多的国际经贸协定规定了评估规制提案必要性的规制影响评估要求。对于中国而言，发展规制影响评估制度有助于其预先明确现有数字贸易国内规制是否可能通过相关国际经贸协定积极义务条款或例外条款中的必要性测试，进而提前修改相关国内规制或通过谈判保留相应的国内规制空间。对此，本部分将分析中国发展评估数字贸易国内规制必要性的规制影响评估制度的国内制度环境、可适用该制度的重要情形以及具体建议。

（一）中国国内制度环境分析

当前，中国现有法律法规或政策性文件未明确规定必要性测试和最低限制性测试等比例原则要求，但部分法律法规体现了上述精神。在宪法和行政法领域，2004 年修订的《宪法》第 11 条第 2 款和第 13 条强调对私人利益的保护，并体现了对保护公共利益与私人利益的平衡。[③]并且，自 2004 年以来颁布的依法行政系列文件以及《中华人民共和国行政处罚法》《中华人民共和国治安管理处罚法》《中华人民共和国行政强制法》《中华人民共和国行政复议法》《中华人民共和国行政诉讼法》等法律均体现了合理性原则和对相对人权益侵害最小化

---

① See Robert Basedow and Celine Kauffmann, *International Trade and Good Regulatory Practices: Assessing the Trade Impact of Regulation*, OECD Regulatory Policy Working Papers No.4, 2016, p. 3.

② “事后评估（ex post evaluation）”指在政策法规生效后评估其有效性；“国际规制合作（International Regulatory Cooperation，IRC）”通常指国家间为了促进规制设计、监督、执行或事后评估一致性而签订的任何正式或非正式协议或安排；“法规（regulation）”指体现国家对企业或公民要求的各类文件；“规制质量（regulatory quality）”指促进法规和行政程序的执行情况、成本效率和法律质量；“利益攸关者参与（stakeholder engagement）”指政府通知所有规制可能影响到的利益攸关方发表意见的过程。See Celine Kauffmann and Camila Saffirio, *Good Regulatory Practices and Co-operation in Trade Agreements: A Historical Perspective and Stocktaking*, OECD Regulatory Policy Working Papers No.14, 2021, p. 11.

③ 参见曾华群主编：《WTO 与中国外贸法的新领域》，北京大学出版社 2006 年版，第 38 页。

等比例原则精神。[①]在外贸领域，2004 年修改后的《对外贸易法》第 1 条新增“保护对外贸易经营者的合法权益”内容体现了平衡公共利益与私人利益的精神。此外，近年来影响数字贸易的立法也多处体现了必要性测试等比例原则精神。例如，《国家安全法》第 65 条、第 66 条、第 83 条表明不论国家是否处于紧急状态、战争状态或实施国防动员情形，有关机关在履行国家安全危机管控职责或开展安全工作时所采取的措施均应遵循相应限度；[②]《网络安全法》第 10 条要求建设、运营网络或者通过网络提供服务应依法或依照相关标准的强制性要求采取技术措施和其他必要措施来保障网络安全。[③]

另外，中国相关立法往往规定了经济和非经济等多重目标，这暗示了比例原则的用武之地。例如，《国家安全法》第 8 条第 1 款规定“维护国家安全，应当与经济社会发展相协调”；《网络安全法》第 3 条规定“坚持网络安全与信息化发展并重”；《数据安全法》第 1 条、第 7 条、第 13 条规定“保障数据安全，促进数据开发利用”“保障数据依法有序自由流动”“国家统筹发展和安全”；《个人信息保护法》第 1 条规定“保护个人信息权益……促进个人信息合理利用”。有学者以数据自由流动和安全流动为例，指出可参考阿列克西的权衡法则，通过三个步骤来最大化地实现两个看似不兼容的原则：一是确定数据自由流动原则的未满足程度；二是确定数据安全流动原则的重要性；三是确定数据安全流动原则的重要性能否证立数据自由流动原则的未满足程度。[④]总之，中国影响数字贸易的国内立法中存在发展评估数字贸易国内规制必要性的规制影响评估制度的国内制度环境。

（二）规制影响评估制度的重要适用情形：标准制定中的必要性评估

发展标准是中国制度型开放的重要内容，也是构建开放型经济新体制和促进国内国际双循环的重要手段，积极发展数字贸易相关标准和最佳实践具备充分的国内法和国际法依据。

---

① 参见黄学贤、杨红：《我国行政法中比例原则的理论研究与实践发展》，载《财经法学》2017 年第 5 期，第 12 – 15 页。

② 《国家安全法》第 65 条规定：“国家决定进入紧急状态、战争状态或者实施国防动员后，履行国家安全危机管控职责的有关机关依照法律规定或者全国人民代表大会常务委员会规定，有权采取限制公民和组织权利、增加公民和组织义务的特别措施”。第 66 条规定：“履行国家安全危机管控职责的有关机关依法采取处置国家安全危机的管控措施，应当与国家安全危机可能造成的危害的性质、程度和范围相适应；有多种措施可供选择的，应当选择有利于最大程度保护公民、组织权益的措施。”第 83 条规定：“在国家安全工作中，需要采取限制公民权利和自由的特别措施时，应当依法进行，并以维护国家安全的实际需要为限度。”

③ 《网络安全法》第 10 条规定：“建设、运营网络或者通过网络提供服务，应当依照法律、行政法规的规定和国家标准的强制性要求，采取技术措施和其他必要措施，保障网络安全、稳定运行，有效应对网络安全事件，防范网络违法犯罪活动，维护网络数据的完整性、保密性和可用性。”

④ 参见许可：《自由与安全：数据跨境流动的中国方案》，载《环球法律评论》2021 年第 1 期，第 33 页。

一方面，具有国际影响力的标准往往发端于国内，随后才通过国际组织或机构等平台逐渐推广到全球市场。中国的数字贸易国内市场规模较大、市场主体活跃度较强，且国内法也鼓励发展完善相关国内标准、促进国际标准转化应用并积极参与国际标准化活动。例如，自党的十八届三中全会提出要建设统一开放、竞争有序的市场体系后，为了推行全国统一和合理的技术标准进而在国内形成统一市场，国务院 2015 年发布的《深化标准化工作改革方案》总结了现行标准体系中存在的标准缺失、滞后、交叉重复、协调性差等问题，并提出了标准化改革的基本原则、总体目标、改革措施等内容。[①]2017 年修订的《中华人民共和国标准化法》（下称《标准化法》）亮点颇多，进一步体现了中国标准化治理水平的提升。[②]2021 年 10 月发布的《国家标准化发展纲要》进一步明确了标准化工作的总体方向、总体要求和具体要求。除上述与标准化工作专门相关的政策文件和基本法外，部分其他法律法规也鼓励发展与数字贸易相关的标准和实践。[③]

另一方面，USMCA 等美式经贸协定已经开始在数字贸易章节的“网络安全”条款中要求缔约方努力采取一致同意的标准和风险管理最佳实践，中国在 WTO 电商谈判的网络安全议题中也提议成员交换最佳实践。因此，可以预见随着网络安全和保护个人隐私等相关标准和最佳实践的日益成熟，标准将对判断缔约方限制数据跨境流动等国内规制的必要性产生重大影响。

目前，中国已经签署了《电子通信公约》和《亚洲及太平洋跨境无纸贸易便利化框架协定》，在电子签名及其互认、无纸化贸易的规则和标准制定领域走在了国际前列，但在数据跨境流动等其他数字贸易领域的标准和最佳实践的培育和引领方面仍存在不足。对此，中国可在推进标准化工作中积极发展与网络安全和隐私保护等相关的国内标准与最佳实践，探索如何更好地转化应用国际标准，促进国内外标准的协调，避免在援引正当公共政策目标等例外证明相关

---

① 标准化改革的三大基本原则是坚持简政放权、放管结合；坚持与国际接轨、适合国情；坚持统一管理、分工负责。改革的总体目标是形成政府引导、市场驱动、社会参与、协同推进的标准化工作格局等。

② 《标准化法》（2017 年修订版）的亮点包括但不限于以下内容：第一，为了有效减少地区间的贸易壁垒，将制定地区标准的条件从国家标准和行业标准缺位修改成了“为满足地方自然条件、风俗习惯等特殊技术要求”；第二，简政放权、强调发挥市场作用，新增市场化的团体标准，并鼓励企业、社会团体、教育和科研等机构参与各类标准化活动；第三，为了提升不同标准之间的统一性，要求建立多层级标准化协调体系；第四，对国际标准从被动的鼓励采取态度转变为要求积极推动参与国际标准化活动，开展对外合作与交流，推动中国标准与国际标准之间的转化运用。参见《标准化法》（2017 年修订版）第 2、7、6、8、13、15、18 条。

③ 例如，《电子商务法》第 8 条要求电子商务行业组织建立健全行业规范，《网络安全法》第 15 条、第 16 条要求国家建立完善网络安全标准体系，《数据安全法》第 10 条要求行业组织制定数据安全行业规范和团体标准。

措施的必要性时陷入被动局面。并且，鉴于《标准化法》第 15 条规定制定强制性或推荐性标准须对制定标准的必要性进行论证评估，中国还可在更早的阶段将国际贸易法中的必要性测试作为标准制定中可参考的论证评估内容，提升相关标准和实践对于实现目标的必要性。

（三）对中国发展数字贸易国内规制措施必要性评估的具体建议

考虑中国希望塑造更加透明和法治化的营商环境，并且已正式申请加入 CPTPP 和 DEPA，中国预先发展与必要性测试有关的规制影响评估制度有助于实现中国的相关目标和计划。

1. 建构评估数字贸易国内规制措施必要性的规制影响评估制度

目前，涉及可进行必要性评估的规定散见于不同的法律法规，且多数法律法规就何谓必要措施以及如何采取必要措施来实现相关目标语焉不详。因此，中国可从以下几个方面探索建构对数字贸易国内规制措施进行必要性评估的基本法律制度或具体法律制度，增强体现必要性评估要求的现有法律法规的可操作性。第一，明确监管机关进行必要性评估的启动条件。例如，可规定当拟出台的国内规制对数字贸易造成的影响可能超过最低限度或本国可以容忍的具体限度时，监管机关必须启动必要性评估。①第二，规定规制影响评估的基本内容。例如，监管机关应明确拟实施国内规制措施所追求的公共政策目标以及目标的正当性和重要性、措施能够在何种程度上对目标的实现作出贡献、是否存在能同等实现目标且对数字贸易限制程度更低的合理可用的替代措施；还可规定监管机关应评估国内规制措施可能对中小微企业的潜在影响。②第三，规定规制影响评估制度的透明度要求。例如，可要求监管机关以简明、可理解的语言描述拟实施的国内规制、提前公开拟实施的国内规制的信息、告知公众可从何种渠道获取国内规制措施信息等。③

2. 发布对数字贸易国内规制进行规制影响评估的指南

鉴于在法律法规中规定详细的必要性评估条款所要求的立法水平较高且灵活性较差，为了更好地指导监管机关对可能影响数字贸易的国内规制措施进行科学和恰当的规制影响评估，可探索制定必要性评估指南甚至合比例测试指南。例如，欧盟数据保护官就在 2017 年和 2019 年先后发布了评估限制隐私或个人数据保护这两项基本权利的措施的必要性和合比例性指南。④因此，中国可效仿

---

① E.g., Article 25.5.1 of CPTPP.

② E.g., Article 25.5.2 and Article 25.5.3 of CPTPP.

③ E.g., Article 25.5.4 – 25.5.7 of CPTPP.

④ European Data Protection Supervisor, Assessing the Necessity of Measures that Limit the Fundamental Right to the Protection of Personal Data: A Toolkit, 11 April 2017; European Data Protection Supervisor, EDPS Guidelines on Assessing the Proportionality of Measures that Limit the Fundamental Rights to Privacy and to the Protection of Personal Rights, 19 December 2019.

欧盟，在必要性评估指南中说明进行必要性评估的目的和步骤等内容供监管机关参考。

3. 允许利益攸关方和公众参与必要性评估并发表意见

CPTPP 第 25.8 条等经贸协定条款要求监管机关在进行规制影响评估时允许利益攸关方和公众参与必要性评估并发表意见。中国的《电子商务法》第 7 条、《网络安全法》第 6 条、《数据安全法》第 9 条、《个人信息保护法》第 11 条均倡导形成多元主体共同参与相关治理并促进发展的良好环境，表明中国具有允许利益攸关方和公众参与必要性评估的政策依据，这样做也有助于增强必要性评估的透明度、民主性与科学性。因此，中国可在发展规制影响评估制度时设置鼓励和保障利益攸关方和公众参与必要性评估并发表意见的条款。

4. 加强与外国监管机构在规制影响评估中的国际合作

加强与外国监管机构在必要性评估方面的国际合作有助于优化中国必要性评估、提升必要性评估的国际水平。中国的《网络安全法》第 7 条、《个人信息保护法》第 12 条、《数据安全法》第 11 条要求国家开展网络空间治理、数据安全治理和数据开发利用以及个人信息保护国际规则制定和实践等方面的国际交流合作。对此，中国可加强与外国监管机构关于数字贸易国内规制必要性评估的信息交流、对话或会议，并可尝试与外国监管机关开展培训项目或援助等。[①]

三、通过国际规制合作输出数字贸易国内规制的中国方案

“国际规制合作”（International Regulatory Cooperation，IRC）与规制影响评估制度一样是良好规制实践的表现形式之一，它还是对外输出一国价值观和国内规制实践等内容的重要途径。各国可通过超国家机构等主体实现规则或标准的统一、与其他国家达成条约或公约、国家间建立监管伙伴关系、建立政府间网络、在制定法规时考虑国际监管合作的正式要求、认可国际标准、制定软法、建立对话和非正式信息交流等方式进行国际规制合作。[②]结合中国的国情和数字贸易国内规制现状，本书认为中国可从以下两方面着手，通过国际规制合作输出数字贸易国内规制的中国方案。

（一）通过国际规制合作增强保障网络主权目标正当性的国际法依据

在中国规制数字贸易所追求的公共政策目标中，维护网络空间主权是在互联网诞生后逐渐出现的非传统目标。在 WTO 电商谈判中，中国在提出对整个诸边协定水平适用的正当公共政策目标例外时，也主张将维护网络空间主权明

---

① E.g., Article 25.7 of CPTPP.

② See Lawrence Kay, *Why International Regulatory Cooperation Matters for Data in International Trade*, Open Data Institute (3 April 2020), https://theodi.org/article/why-international-regulatory-cooperation-matters-to-data-in-international-trade/.

确列举为正当公共政策目标。

"网络空间主权"最早由美国学者吴修铭在1997年提出，2003年以后，部分国家不断通过联合国信息社会世界峰会、联合国信息安全政府专家组、二十国集团领导人峰会、金砖国家领导人宣言等路径明确指出与互联网等信息通信技术相关的公共政策决策权属于各国的主权。[①]国内主流观点认为网络空间主权是国家主权在网络空间的自然延伸，即一国基于国家主权对本国境内的网络主体（人）、网络行为（事）、网络设施及存储其中的信息和数据（物）享有的最高权力和对外独立权。[②]也有学者从法律角度进一步将网络空间主权界定为一国根据其意志对境内的网络主体、网络设施、网络行为享有的相关立法、行政和司法管辖权，以及对他国主张的本国对网络主体、网络设施、网络行为享有的独立权、共治权以及合作义务。[③]从网络空间主权的定义可以看出其在众多公共政策目标中具有基础性地位，因为它使得一国有权基于国家主权在网络空间中追求各种规制目标。

互联网的运行规则、对连结网络空间和真实空间的"人、事、物"的管辖权规则均表明网络空间具有可规制性，日益多发的网络攻击等威胁进一步表明国家在网络空间行使国家主权具有正当性。[④]但是，中国在WTO电商谈判中提出将保障网络空间主权目标纳入正当公共政策目标例外仍可能面临来自美国等成员的阻碍，上述成员很可能会质疑网络空间主权目标的正当性。[⑤]这是因为尽管早期在西方一度盛行的"网络空间主权否定论"[⑥]已经偃旗息鼓，近年来美国

① 参见《网络主权：理论与实践2.0》第四部分"网络主权的实践进程"。

② 2019年和2020年，由国内多所科研机构和大学在世界互联网大会上共同发布的《网络主权：理论与实践》1.0版本和2.0版本均将网络空间主权视为国家主权在网络空间的自然延伸。部分学者进一步指出在网络空间行使国家主权时需注意其与真实空间的区别，应基于网络空间的分层形态或区分人、事、物采取不同的规制策略。参见刘晗、叶开儒：《网络主权的分层法律形态》，载《华东政法大学学报》2020年第4期，第73－81页；张新宝、许可：《网络空间主权的治理模式及其制度构建》，载《中国社会科学》2016年第8期，第153－154页。

③ 参见张新宝、许可：《网络空间主权的治理模式及其制度构建》，载《中国社会科学》2016年第8期，第151页。

④ 参见张新宝、许可：《网络空间主权的治理模式及其制度构建》，载《中国社会科学》2016年第8期，第141－142页。

⑤ 需指出，除了网络空间主权目标外，中国列举的其他目标被认定为正当公共政策目标的争议较小。首先，WTO合并文本中有专门的网络安全提案，并且当保障网络安全与增强消费者对数字贸易的信心等协定中列举的目标相关时，保护网络安全目标更容易被认为是正当公共政策目标。其次，WTO合并文本中明确规定了保护个人在线隐私、避免消费者接收非应邀商业电子信息、避免消费者受到欺诈和误导等体现保护特定主体合法权益的提案，因此保护公民、法人和其他组织的合法权益目标也容易被认定为正当公共政策目标。

⑥ "网络空间主权否定论"也被称为"网络空间自身主权论"，即基于网络的虚拟性、互联性、即时性等特征而主张网络空间是海洋、国际空域、太空之外的又一个国家不享有主权的"全球公域"。

开始在网络空间治理中极力倡导由政府、私营部门、市民社会等主体共同参与的“多利益攸关方规制模式”，[①]但该模式仍然是“网络空间主权否定论”的变种。美国自知单凭网络空间的自我规制已难以应对层出不穷的网络风险等问题，良好的网络治理离不开国际社会的共同协作，但又不愿承认网络空间主权，因而提出了旨在弱化网络空间主权的“多利益攸关方规制模式”。鉴于美国在互联网技术和产业上具有巨大影响力，并在互联网管理权和规则制定权上具有相当的话语权，采用“多利益攸关方规制模式”将放大美国产业界的利益。此外，鉴于“多利益攸关方规制模式”存在的正当性和有效性缺失问题，其宣示性功能大于实际效果，该模式实际上将巩固和强化美国等网络空间既得利益者的网络霸权地位。[②]因此，在上述因素的驱动下，美国势必会阻碍中国将网络空间主权目标纳入 WTO 电商诸边协定。

不论中国最终能否成功说服 WTO 其他成员明确将网络空间主权目标列为正当公共政策目标，其均可从以下两方面进一步增强网络空间主权目标的合法性、法律约束力和国际影响力。

第一，鉴于嗣后协定和嗣后惯例是解释条约时应当与上下文一同考虑的作准的解释资料，可与相关国家签订明确保障网络空间主权目标正当性的嗣后协定或发展相关嗣后惯例。[③]例如，RCEP 电子商务章第 14 条、第 15 条规定了正当公共政策目标例外，但整个协定未列举哪些目标属于正当公共政策目标。因此，中国可尝试与 RCEP 全体缔约方就正当公共政策目标的解释问题明确达成

① 2005 年召开的信息社会世界峰会上通过的《突尼斯议程》（Tunis Agenda For the Information Society）首次倡议各国在各个层面的互联网治理中采用 “多利益攸关方路径（multi-stakeholder approach）”，美国在网络空间中也极力推崇“自下而上”的“多利益攸关方规制模式”。例如，在 2013 年“斯诺登事件”后，美国为了扭转国际形象，将网络空间逻辑层中的域名系统管理权从由美国控制的非营利公司“互联网名称与数字地址分配公司”（ICANN）让渡给了由多利益攸关方参与管理的互联网数字分配权力机构（IANA）；在网络安全治理中，NIST 发布的“网络安全框架”也是由 NIST 牵头、联合国内外多个利益攸关方共同参与制定的网络安全标准。

② 参见张新宝、许可：《网络空间主权的治理模式及其制度构建》，载《中国社会科学》2016 年第 8 期，第 145－174 页；程卫东：《网络主权否定论批判》，载《欧洲研究》2018 年第 5 期，第 71－74 页；刘晗、叶开儒：《网络主权的分层法律形态》，载《华东政法大学学报》2020 年第 4 期，第 75－78 页。

③ VCLT 第 31.3 款规定了解释条约时应当与上下文一并考虑的嗣后协定、嗣后惯例和国际法规则。根据本条，“嗣后协定”指当事国嗣后所订关于条约之解释或其规定之适用的任何协定；“嗣后惯例”指嗣后在条约适用方面确定各当事国对条约解释之协定的任何惯例。联合国国际法委员会在 2013 至 2018 年召开的会议上先后审议了与条约解释相关的嗣后协定与嗣后惯例的五份报告并通过了 13 项结论草案及其评注、各国的评论和意见（下称“结论草案”），进一步明确了嗣后协定和嗣后惯例是解释条约时应当与上下文一同考虑的作准的解释资料（结论 2）。参见联合国国际法委员会：《大会正式记录，第七十三届会议，补编第 10 号》（A/73/10），2018 年，第 11－120 页。

一致同意，将保障网络空间主权列为正当公共政策目标。[①]中国也可提出将该目标列为正当公共政策目标的主张或提案，然后争取逐一获得其他 RCEP 缔约方的同意，上述两种情形均构成对嗣后协定的实践。[②]此外，中国也可单独或联合其他 RCEP 缔约方一同发出将网络空间主权作为正当公共政策目标的声明或采取相关行动，争取获得全体缔约方的一致同意，这构成对嗣后惯例的实践。[③]

第二，可依托国际组织明确保障网络空间主权目标正当性的国际软法，并择机将其引入国际经贸协定。[④]尽管国际软法通常对各国不具有法律约束力，但在数据跨境流动领域，ISO 等国际标准制定机构的网络安全等技术标准、OECD 和 APEC 等国际组织的隐私保护文件具有较大的国际影响力。晚近经贸协定也尝试在数字贸易章节中进一步增强相关国际软法的约束力。例如，RCEP 电子商务章第 8.2 条要求缔约方在发展个人信息保护法律框架时考虑相关国际组织或机构的标准、原则、指南和建议，美国更是在 USMCA 和 WTO 电商谈判中“夹带私货”，将符合美国利益和价值观的国际软法融入相关规则或提案。[⑤]目前，中国已经联合俄罗斯等几个发展中国家在 2011 年和 2015 年先后向联合国提交了《信息安全国际行为准则》，重申“与互联网有关的公共政策问题的决策权是各国的主权”。中国应继续推动该准则的早日通过，并可在其他国际组织或平台下加强类似实践，择机在国际经贸谈判中输出上述国际软法，争取早日将其引入国际经贸协定。

（二）通过国际规制合作减少不必要的数字贸易壁垒

目前，签订互认协议和制定国际标准是减少数字贸易壁垒的两种重要手段，

---

① VCLT 第 31.3 款和“结论草案”的结论 6 均未限定嗣后协定和嗣后惯例的形式（书面或口头的声明、正式行动、投票、国内立法、行政或司法行为等均可），仅要求嗣后协定需全体缔约方作出明确表示，因此中国可优先考虑最容易达成嗣后协定的形式。

② “结论草案”的结论 6 仅要求嗣后协定和嗣后惯例必须是各缔约方知悉并接受的关于条约解释的共同理解，未限定嗣后协定和嗣后惯例的达成时间。国际投资仲裁领域的 Loewen 案也表明全体缔约方对同一协定的达成无须在同一时间完成。参见黄世席、范璐晶：《国际投资仲裁中缔约国嗣后行为的条约解释》，载《苏州大学学报（法学版）》2019 年第 3 期，第 110–112 页。

③ 嗣后协定与嗣后惯例的主要区别在于，嗣后协定通常是缔约方就同一个协定的解释问题在单一协定中达成的共同理解，而嗣后惯例是一个或多个缔约方就同一个协定的条约解释达成的数个协定。嗣后惯例不要求每个缔约方均采取相关声明或行为，仅由部分缔约方采取即可，但必须反映全体缔约方的共同理解。参见黄世席、范璐晶：《国际投资仲裁中缔约国嗣后行为的条约解释》，载《苏州大学学报（法学版）》2019 年第 3 期，第 112 页。

④ 国际软法主要指国际组织或国际会议中的决议、宣言、建议、标准等不具有强制约束力的文件。

⑤ 例如 USMCA 第 19.8 条要求缔约方在发展个人信息保护法律框架时考虑相关 OECD 和 APEC 的“隐私指南”或“隐私框架”，第 19.15 条要求在应对网络威胁时考虑建立在一致同意的标准和风险惯例最佳实践上的“基于风险路径”。之所以说上述条款符合美国利益和价值观，是因为“隐私指南”和“隐私框架”所能达到的个人信息保护水平较低，与美国国内个人信息保护水平基本一致，因而不仅不会对美国国内个人信息保护框架造成影响，反而有助于美式个人信息保护模式的对外输出。并且，美国也一直坚持以“基于风险路径”而非欧盟式的“规则制定路径”来防范和应对网络风险，因而该规则也符合美国利益。

中国立法和实践支持且表明上述两种国际规制合作形式同样有助于减少不必要的数字贸易壁垒。

首先，“互认”指对规制制度整体或具体领域进行互相认可，其中对规则或标准进行互认是更有雄心的体现。签订具有法律约束力的互认协议是互认机制的重要形式之一，其主要功能是避免国际贸易中的双重测试。与签订传统的经贸协定相比，互认协议的优势在于进行互认的国家无须统一各自的技术要求和合格评定程序，因为相关国家已经认可出口国合格评定机构具有以进口国期待的水平进行合格评定的能力以及该机关与进口国合格评定机构一样具有关于技术法规和合格评定程序的同等知识。①在数据跨境流动领域，美欧签署的安全港协议和隐私盾协议是互认协议的典型代表。②中国《网络安全法》第 7 条、《个人信息保护法》第 12 条、《数据安全法》第 11 条均要求国家开展相关领域的国际交流合作，从而建立多边、民主、透明的网络治理体系，促进数据跨境安全、自由流动，推动个人信息保护规则和标准等互认，为中国推进互认工作提供了制度依据。因此，中国可利用“一带一路”和 RCEP 等国际平台与志同道合的国家尝试签订促进数据跨境自由流动、禁止披露软件源代码或算法等规制合作的互认协议。

其次，鉴于国际标准或相关标准以及最佳实践可能影响对一国数字贸易国内规制的必要性判断，中国应积极参与国际标准化工作，推动中国标准与国际标准的转化适用以及中国标准的国际化。鉴于《标准化发展纲要》已经就如何提升标准化对外开放水平提出了具体方向，③本书仅从国际法角度就中国积极参与国际标准化工作提出一点注意事项，即在促进非政府机构参与国际标准化活动时应注意确保相关机构遵守在相关国际经贸协定项下的义务。例如，TBT 协定第 4.1 条要求 WTO 成员采取合理可用的措施保证其领土内的非政府标准化机构或其参加的区域标准化组织接受 TBT 协定附件 3“良好行为规范”。根据 WTO 争端解决机构在日本电影案和阿根廷皮革案中的裁定，当成员实质支持或鼓励私人标准化机构制定私人标准时，该成员很可能也需要遵守 TBT 协定第 4.1 条的规定。④因此，中国在促进非政府机构参与国际标准化活动时应注意确保相关机构遵守在相关国际经贸协定项下的义务，否则可能涉嫌违反中国承担的相关国际法义务。

---

① See Anabela Correia de Brito, Céline Kauffmann and Jacques Pelkmans, *The Contribution of Mutual Recognition to International Regulatory Cooperation*, OECD Regulatory Policy Working Papers, 2016, p. 14.

② See Joshua P. Meltzer, *A WTO Reform Agenda-Data Flows and International Regulatory Cooperation*, SSRN (visited on 20 November 2021),. https://ssrn.com/abstract=3595188.

③ 例如通过履行国际标准化组织成员国际义务、加强与共建“一带一路”国家、金砖国家、APEC 组织的合作、促进非政府机构参与国际标准化组织、保障外资企业依法参与标准制定等途径深化标准化交流合作。

④ See Arkady Kudryavtsev, *Private Standardization and International Trade in Goods: Any WTO Law Implications for Domestic Regulation?*, SIEL Working Paper No.2012/02, 2012, p. 16 – 20.

结　论

WTO 协定及其必要性测试法理是解释国际经贸协定的重要国际法渊源，同时 WTO 争端解决机构在发展必要性测试法理时也受到了主要国家宪法与行政法中比例原则理论的影响。本书的研究表明，WTO 一般例外、TBT 协定第 2.2 条和 SPS 协定第 5.6 条等条款中采用的“必要的”表述所对应的必要性测试本质上均为最低贸易限制测试，并且 WTO 争端解决机构还逐渐在进行最低贸易限制测试前引入了一个预备阶段或者说“初步结论”阶段，使得必要性测试被划分为两大阶段：“初步结论”阶段考察争议措施的临时必要性，即争议措施是否具有贸易限制性以及其能否为实现目标作出并非微不足道的贡献，此环节旨在过滤掉明显符合或不符合 WTO 协定的争议措施；若争议措施具有贸易限制性且能够为实现目标作出一定贡献，则争端解决机构将进入“最终结论”阶段，继续考察起诉方提出的替代措施（如有）是否为合理可用的能够同等实现目标且贸易限制性更低的措施，进而作出争议措施是否必要的最终裁定。但不同 WTO 协定文本中的必要性测试法理也因文本表述上的细微差异而存在以下差异，启示本书在分析数字贸易国内规制中的必要性测试前沿理论问题时也应注意这些问题：第一，是否需引入权衡测试、按照权衡标准安排必要性测试；第二，替代措施是否为审查争议措施必要性的必备内容；第三，对最低贸易限制性和贡献要素所采用的具体法律标准。

结合WTO协定及其法理研究新一代国际经贸协定数字贸易章节中的三大必要性测试前沿理论问题后，本书得出以下结论。

就数字贸易国内规制框架规则中的“不造成不必要规制负担”测试而言，首先，应明确该规则涵盖的措施不限于GATS等服务贸易国内规制规则所涵盖的“QTL措施”，但两类国内规制规则在“QTL措施”涵盖范围上的重合可能带来必要性测试等规则竞合问题，对此可依据“以具体承诺为准”“国内规制规则优先于市场准入规则”“硬法优先于软法”等规则来明确具体适用的规则。其次，数字贸易国内规制框架规则中采用的“负担”表述与“限制”具有不同的法律内涵，数字贸易国内规制框架等规则中以“负担”来描述（实体性或程序性）国内规制造成的影响很可能是为了突出国内规制的非歧视性特点，并且数字贸易国内规制造成不必要规制负担不必然说明该规制也对国际数字贸易造成了限制性影响，反之亦然。最后，对“不造成不必要规制负担”适用何种法律标准应结合规则的结构以及起草者原意确定。鉴于理论界和实务界长期以来均未明确“负担”和“限制”是否具有相同内涵，无法确定起草者是否完全知悉在数字贸易国内规制框架规则中采用“不造成不必要规制负担”测试可能对缔约方施加较重的义务，因此各国最好进一步明确采用该表述意图达到的规制目的和效果，进而对已经达成的必要性测试规定采用何种法律标准作出必要澄清。

就个人信息保护规则中的“必要且成比例”测试而言，USMCA引入该测试或许与以下背景有关：科技进步加剧了个人信息处理和跨境流动中的隐私风险，风险导向型个人信息保护路径成为美欧等国的主流选择，但美欧风险导向型个人信息保护路径存在显著差异，欧盟的保护路径给美国数字贸易企业造成了沉重负担，美国因此希望在个人信息保护规则引入“必要且成比例”测试作为掣肘欧式风险导向型个人信息保护路径的手段。在适用该规则中的“必要且成比例”测试时应注意，该测试关注的是相关措施与存在的风险之间是否存在必要且成比例的关系，而非传统必要性测试所关注的相关措施对于实现缔约方追求的个人信息保护目标及期待的保护水平之间是否存在必要关系。因此，在判断争议措施的贡献和替代措施的等效性时不应以被诉方追求的目标或对该目标所期待的保护水平本身为准，而是应围绕存在的风险，以被诉方希望将存在的隐私等风险降低到某种水平的目标为准，或以被诉方对隐私等风险的容忍程度为准。

就数据跨境流动规则中的正当公共政策目标例外而言，应注意不同协定文本表述差异引发的必要性测试差异。首先，对于CPTPP等未在正当公共政策目标例外中引入自裁权的协定而言，专家组或仲裁庭应对目标正当性要求和必要性测试采取独立自主的审查标准；对于 RCEP 等在正当公共政策目标例外中引入自裁权的协定而言，裁判者应对必要性测试甚至目标正当性要求适用主观审查标准，但缔约方在行使自裁权时也应遵守善意原则。其次，本书在运用 VCLT 解释通则分析“不得超过要求的限度”与“不得超过必要的限度”是否具有相同内涵后，发现运用不同的解释方法可能得出截然不同的结论，因此缔约方或起草者需进一步澄清“要求的”确切内涵。最后，在根据正当公共政策目标例外分析争议措施的必要性时，裁判者可根据协定明示或暗示的目标所保护的价值或利益的重要性确定必要性测试的审查强度，这有助于其更灵活地在个案中行使自由裁量权。必要性测试的“初步结论”阶段应分析争议措施是否对数据跨境流动造成了限制以及具体限制程度、争议措施对于实现目标所追求的保护水平是否有贡献以及具体贡献水平；当争议措施具有临时必要性且起诉方提出了可能合理可用的替代措施时，则应在“最终结论”阶段审查替代措施的合理可用性。

运用前述必要性测试理论分析数据跨境流动、源代码和算法这两大领域的国内规制必要性问题以及中国的必要性测试因应后，本书还得出以下结论。

一国对数据跨境流动采取的国内规制既可能涉嫌违反该国在国际经贸协定下承担的市场准入、非歧视待遇、服务国内规制等传统义务，也可能涉嫌违反数据跨境自由流动和禁止数据本地化等新义务（如有），此时该国通常可援引基本安全例外、一般例外或正当公共政策目标例外等证明争议措施的合法性。本书的研究表明，采取数据本地化措施的国家成功援引基本安全例外的可能性较低，因为相关行动可能很难符合基本安全例外中描述的具体客观情形。相反，被诉方成功援引一般例外或正当公共政策目标例外的可能性更大，因为基于风险路径、相关标准和最佳实践等替代措施更可能被认为是数据本地化措施的补充性措施，或者可能被认定为无法同等实现采取数据本地化措施同时追求的其他目标。CBPRs 体系则难以实现大部分采取数据本地化措施的国家所追求的网络安全或隐私保护水平。因此，上述替代措施至少在现阶段难以被认为是合理可用的替代措施。

一国采取的源代码措施可能涉嫌违反该国在国际经贸协定中根据源代码规则承担的相关义务，此时该国只能援引源代码规则中设置的例外情形或对大部分章节水平适用的基本安全例外或一般例外来证明源代码措施的合法性。本书的研究表明，一国成功援引基本安全例外的可能性同样较低，因为被诉方证明源代码措施符合基本安全例外任一要件要求的难度均较大。就确保遵守法律法规相关例外而言，一国为确保遵守自主创新类法律法规而采取的源代码措施是否必要需结合个案中被诉方的经济与科研发展水平以及国家财政状况等因素确定，例如若被诉方的科研发展水平越低或国家财政状况越差，该国要求转让源代码的措施就越容易被认定为必要的；分析一国为确保网络安全类法律法规而采取的源代码措施是否必要的关键在于确定一国期待的网络安全保护水平，同时该国的加密技术和整体法律环境等其他因素也会影响对争议措施所作贡献和替代措施等效性的判断。此外，当一国采取的源代码措施所追求的目标不限于确保遵守网络安全类法律法规，也包括其他目标（例如确保遵守反垄断类法律法规）时通常需要分情况考察替代措施能否对于实现相关目标作出与源代码措施相同的贡献。

在研究中国的数字贸易国内规制现状后，本书发现以下三类国内规制可能涉嫌违反中国在国际经贸协定中承担的义务，而其能否通过必要性测试获得合法性依据需分情况讨论：第一，中国的工商登记制度、对电商平台经营者施加的信息核验、消费者安全保障和知识产权保护等义务可能给相关主体造成较大负担，因此可能无法通过“不造成不必要规制负担”测试；第二，对 CII 运营者在境内运营中产生的个人数据和掌握个人数据达到法定数量的个人信息处理者施加的数据本地化措施可能因不符合基本安全例外任一要件要求而难以援引该例外，但因目前缺乏合理可用的能同等实现相关目标且贸易限制性更低的替代措施，上述数据本地化措施可能通过正当公共政策目标例外或一般例外中的必要性测试；第三，中国为追求安全可控目标或采取的源代码措施可能因不符合基本安全例外任一要件要求而难以援引该例外，同时还可能因缺乏健全的国家机关工作人员保守在执法或司法中所获秘密信息等制度而降低源代码措施对于实现安全可控目标可能作出的贡献，进而对认定源代码措施在确保遵守法律法规相关例外中的必要性造成不利影响。为了因应必要性测试对中国的可能挑战，本书从“攻防”两方面建议中国以现有服务贸易具体承诺为基础编制负面清单，发展评估数字贸易国内规制必要性的规制影响评估，并利用国际规制合作输出数字贸易国内规制的中国方案。

参考文献

一、中文著作

［1］刘权：《比例原则》，清华大学出版社 2022 年版。
［2］沈玉良等：《全球数字贸易规则研究》，复旦大学出版社 2018 年版。
［3］朱榄叶主编：《世界贸易组织法经典案例选编》，北京大学出版社 2018 年版。
［4］高富平：《个人数据保护和利用国际规则：源流与趋势》，法律出版社 2016 年版。
［5］姜昕：《比例原则研究——一个宪政的视角》，法律出版社 2008 年版。
［6］沈四宝、王秉乾编著：《中国对外贸易法》，法律出版社 2006 年版。
［7］张东平：《WTO 司法解释论》，厦门大学出版社 2005 年版。

二、中文论文

［1］赵鹏：《“基于风险”的个人信息保护？》，载《法学评论》2023 年第 4 期。
［2］张涛：《探寻个人信息保护的风险控制路径之维》，载《法学》2022 年第 6 期。
［3］王丽洁：《个人信息处理中比例原则审查基准体系的建构》，载《法学》2022 年第 4 期。
［4］岳云嵩、霍鹏：《WTO 电子商务谈判与数字贸易规则博弈》，载《国际商务研究》2021 年第 1 期。
［5］马光：《FTA 数据跨境流动规制的三种例外选择适用》，载《政法论坛》2021 年第 5 期。

[6] 冯洁菡、周濛：《跨境数据流动规制：核心议题、国际方案及中国因应》，载《深圳大学学报（人文社会科学版）》2021 年第 4 期。

[7] 吴玄：《数据主权视野下个人信息跨境规则的建构》，载《清华法学》2021 年第 3 期。

[8] 魏远山：《算法透明的迷失与回归：功能定位与实现路径》，载《北方法学》2021 年第 1 期。

[9] 张晓君：《数据主权规则建设的模式与借鉴——兼论中国数据主权的规则构建》，载《现代法学》2020 年第 6 期。

[10] 魏远山：《算法解释请求权及其权利范畴研究》，载《甘肃政法学院学报》2020 年第 1 期。

[11] 余振：《全球数字贸易政策：国别特征、立场分野与发展趋势》，载《国外社会科学》2020 年第 4 期。

[12] 周念利、李金冬：《俄罗斯出台的与贸易相关的数据流动限制性措施研究——兼谈对中国的启示》，载《国际商务研究》2020 年第 3 期。

[13] 许多奇：《论跨境数据流动规制企业双向合规的法治保障》，载《东方法学》2020 年第 2 期。

[14] 谭九生、范晓韵：《算法“黑箱”的成因、风险及其治理》，载《湖南科技大学学报（社会科学版）》2020 年第 6 期。

[15] 叶开儒：《数据跨境流动规制中的“长臂管辖”——对欧盟 GDPR 的原旨主义考察》，载《法学评论》2020 年第 1 期。

[16] 王志安：《云计算和大数据时代的国家立法管辖权——数据本地化与数据全球化的大对抗？》，载《交大法学》2019 年第 1 期。

[17] 赵骏、向丽：《跨境电子商务建设视角下个人信息跨境流动的隐私权保护研究》，载《浙江大学学报（人文社会科学版）》2019 年第 2 期。

[18] 周念利、王千：《美式数字贸易规则对亚洲经济体参与 RTAs 的渗透水平研究》，载《亚太经济》2019 年第 4 期。

[19] 孙益武：《数字贸易与壁垒：文本解读与规则评析》，载《上海对外经贸大学学报》2019 年第 6 期。

[20] 李毅、王迪：《世贸组织背景下中国数据本地化存储要求的评析》，载《重庆邮电大学学报（社会科学版）》2019 年第 4 期。

[21] 徐金海、周蓉蓉：《数字贸易规则制定：发展趋势、国际经验与政策建议》，载《国际贸易》2019 年第 6 期。

[22] 沈伟伟：《算法透明原则的迷思——算法规制理论的批判》，载《环球法律评论》2019 年第 6 期。

[23] 程莹：《元规制模式下的数据保护与算法规制——以欧盟〈通用数据保护

条例〉为研究样本》，载《法律科学（西北政法大学学报）》2019 年第 4 期。

［24］蓝庆新、窦凯：《美欧日数字贸易的内涵演变、发展趋势及中国策略》，载《国际贸易》2019 年第 6 期。

［25］彭岳：《WTO 争端解决报告先例价值之争》，载《法学评论》2019 年第 6 期。

［26］廖凡：《从〈美墨加协定〉看美式单边主义及其应对》，载《拉丁美洲研究》2019 年第 1 期。

［27］郑令晗、肖冬梅：《欧盟非个人数据自由流动制度及其中国本土化》，载《图书情报工作》2019 年第 13 期。

三、英文著作

［1］Christopher Kuner, Lee Bygrave, Christopher Docksey (eds.), *The EU General Data Protection Regulation: A Commentary*, Oxford University Press, 2020.

［2］Raphael Gellert, *The Risk-Based Approach to Data Protection*, Oxford University Press, 2020.

［3］Claus Kreß & Robert Lawless (eds.), *Necessity and Proportionality in International Peace and Security Law*, Oxford University Press, 2020.

［4］Dan Jerker B. Svantesson & Dariusz Kloza (eds.), *Trans-Atlantic Data Privacy Relations as A Challenge for Democracy*, Intersentia, 2017.

［5］Pierre Sauve & Martin Roy (eds.), *Research Handbook on Trade in Services*, Edward Elgar Publishing, 2016.

［6］Jens David Ohlin & Larry May, *Necessity in International Law*, Oxford University Press, 2016.

［7］Boris Rigod, *Optimal Regulation and the Law of International Trade: The Interface between the Right to Regulate and WTO Law*, Cambridge University Press, 2015.

［8］Aik Hoe Lim & Bart De Meester (eds.), *WTO Domestic Regulation and Services Trade: Putting Principles into Practice*, Cambridge University Press, 2014.

［9］Peter Hulsroj, *The Principle of Proportionality*, Spinger, 2013.

［10］E. Thomas Sullivan & Richard S. Frase, *Proportionality Principles in American Law: Controlling Excessive Government Actions*, Oxford University Press, 2009.

四、英文论文

［1］ W. Gregory Voss, *Cross-Border Data Flows, the GDPR, and Data Governance*, 29 Washington International Law Journal 485 (2020).

［2］ Joshua P. Meltzer, *The United States-Mexico-Canada Agreement: Developing Trade Policy for Digital Trade*, 11 Trade Law & Development 239 (2019).

［3］ Andrew D. Mitchell & Neha Mishra, *Regulating Cross-Border Data Flows in a Data-Driven World: How WTO Law Can Contribute*, 22 Journal of International Economic Law 389 (2019).

［4］ Susan Ariel Aaronson, *What are We Talking about When We Talk about Digital Protectionism?*, 18 World Trade Review 541 (2019).

［5］ Neha Mishra, *The Trade – (Cyber)security Dilemma and its Impact on Global Cybersecurity Governance*, 54 Journal of World Trade 567 (2019).

［6］ Scott J. Shackelford, *Smart Factories, Dumb Policy? Managing Cybersecurity and Data Privacy Risks in the Industrial Internet of Things*, 21 Minnesota Journal of Law, Science & Technology 1 (2019).

［7］ Robert Wolfe, *Learning about Digital Trade: Privacy and E-Commerce in CETA and TPP*, 18(S1) World Trade Review S63 (2019).

［8］ Graham Greenleaf, *Global Data Privacy Laws 2019: New Eras for International Standards*, 157 Privacy Laws & Business International Report (2019).

附 录

英文案例

[1] WTO Panel Report, United States-Tariff Measures on Certain Goods from China, WT/DS543/R, circulated 15 September 2020.

[2] WTO Panel Report, Saudi Arabia-Measures Concerning the Protection of Intellectual Property Rights, WT/DS567/R, circulated 16 June 2020.

[3] WTO Appellate Body Report, Australia-Certain Measures Concerning Trademarks, Geographical Indications and Other Plain Packaging Requirements Applicable to Tobacco Products and Packaging, WT/DS435/AB/R, WT/DS441/AB/R, adopted 29 June 2020.

[4] WTO Panel Report, Russia-Measures Concerning Traffic in Transit, WT/DS512/R, adopted 26 April 2019.

[5] WTO Appellate Body Report, Indonesia-Importation of Horticultural Products, Animals and Animal Products, WT/DS477/AB/R, WT/DS478/AB/R, adopted 22 November 2017.

[6] WTO Panel Report, Argentina-Measures Relating to Trade in Goods and Services, WT/DS453/R, adopted 9 May 2016.

[7] WTO Appellate Body Report, European Communities-Measures Prohibiting the Importation and Marketing of Seal Products, WT/DS400/AB/R, WT/DS401/AB/R, adopted 18 June 2014.

[8] WTO Appellate Body Report, United States-Certain Country of Origin Labelling (COOL) Requirements, WT/DS384/AB/R, WT/DS386/AB/R, adopted

23 July 2012.
[9] WTO Appellate Body Report, United States-Measures Concerning the Importation, Marketing and Sale of Tuna and Tuna Products, WT/DS381/AB/R, adopted 13 June 2012.
[10] WTO Appellate Body Report, United States-Measures Affecting the Production and Sale of Clove Cigarettes, WT/DS406/AB/R, adopted 24 April 2012.
[11] WTO Appellate Body Report, China-Measures Affecting Trading Rights and Distribution Services for Certain Publications and Audiovisual Entertainment Products, WT/DS363/ AB/R, adopted 19 January 2010.
[12] WTO Appellate Body Report, Brazil-Measures Affecting Imports of Retreaded Tyres, WT/DS332/AB/R, adopted 17 December 2007.
[13] WTO Appellate Body Report, United States-Measures Affecting the Cross-Border Supply of Gambling and Betting Services, WT/DS285/AB/R, adopted 20 April 2005.
[14] WTO Appellate Body Report, European Communities-Measures Affecting Asbestos and Asbestos-Containing Products, WT/DS135/AB/R, adopted 5 April 2001.
[15] WTO Appellate Body Report, Korea-Measures Affecting Imports of Fresh Chilled and Frozen Beef, WT/DS161/AB/R, adopted 10 January 2001.
[16] WTO Appellate Body Report, United States-Import Prohibition of Certain Shrimp and Shrimp Products, WT/DS58/AB/R, adopted 6 November 1998.
[17] WTO Appellate Body Report, Australia-Measures Affecting Importation of Salmon, WT/DS18/AB/R, adopted 6 November 1998.
[18] WTO Appellate Body Report, United States-Standard for Reformulated and Conventional Gasoline, WT/DS2/AB/R, adopted 20 May 1996.
[19] GATT Panel Report, Thailand-Restrictions on Importation of and Internal Taxes on Cigarettes, DS10/R-37S/200, adopted 7 November 1990.
[20] GATT Panel Report, United States-Section 337 of the Tariff Act of 1930, L/6439-36S/345, adopted 7 November 1989.

后记

本书是我学术生涯中的第一本独著作品，它见证了我从一名“萌新”博士生到毕业后进入中国政法大学从事博士后科研工作，再到重返母校对外经济贸易大学并走向教学科研岗位的全过程，于我有特殊的意义。

和大部分博士生一样，博士论文的选题与写作占据了我求学期间的大部分时间。幸得恩师石静霞教授提供的诸多专业指导与建议，我才得以顺利完成博士论文的选题、写作与答辩，并在毕业后有幸获得母校对外经济贸易大学提供的博士论文资助出版。2022 年博士毕业后，我又幸运获得中国政法大学国际法学院的博士后工作机会，由霍政欣教授指导我的科研工作。两位恩师在专业知识、立德树人、待人接物等方面展现出的优秀素养潜移默化地提升了我的品性修养与科研能力，足以使我受益一生！

从 2020 年金秋十月我通过博士论文开题答辩到本书即将付梓，不觉竟过去快四年，不胜感慨。在这几年，我与科研工作“相爱相杀”，无数次因它而焦虑、迷茫、彷徨，甚至想过放弃。在这几年，我也到而立之年，正在艰难完成从子女到为人妻、为人母的角色转变，并需要学着承担起照顾幼子与家人的责任。这些压力与挑战曾一度压得我喘不过气，但家人的支持以及我对科研工作的热爱帮助我完成了思想与精神上的蜕变，并使我最终在激烈的高校教职竞争中幸运获得对外经济贸易大学政府管理学院抛出的橄榄枝。

于我而言，博士求学、博士后工作以及我正在从事的教学科研工作都是一次次探索未知、遭遇困境、走出困境、寻回自我的宝贵经历。正是这些让人有些许头疼的经历，才塑造了如“小强”般顽强的自己。亲爱的读者，如果你也正好读到了这里，希望我们都能勇敢而乐观，去见山、见海、见自己，回头一望来时路，不觉轻舟已过万重山。